Slow Food Wien, Bio Austria (Hg.)

Eat slow!

Der Weg zum Genuss: 120 Produzenten aus Wien, Niederösterreich, dem Burgenland und der Steiermark

Von Florian Holzer und Nina Kaltenbrunner
Fotos von Gerhard Wasserbauer

Falter Verlag

Eat slow!

Herausgeber: Slow Food Wien, Bio Austria

ISBN 978-3-85439-422-8

1011 Wien, Marc-Aurel-Straße 9
Tel. +43/1/536 60-0, Fax +43/1/536 60-935
E-Mail/Verlag: bv@falter.at
E-Mail/Bestellungen: service@falter.at
www.falter.at

Autoren: Florian Holzer, Nina Kaltenbrunner
Fotos: Gerhard Wasserbauer
Karten: arbeitsgemeinschaft kartographie
Lektorat: Helmut Gutbrunner
Grafik und Layout: Marion Großschädl
Satz: Barbara Blaha
Produktion: Susanne Schwameis
Printed in EU

Inhalt

ANHANG

Regional genießen hat Zukunft

Kennen Sie die Südburgenländische Weidegans? Wenn nicht, dann sicher die Wachauer Marille, das Marchfeld Gemüse oder das Steirische Kürbiskernöl. Sie alle haben etwas gemeinsam. Sie sind Spezialitäten aus einer der inzwischen 113 Genuss Regionen.

Die Initiative GENUSS REGION ÖSTERREICH ist zum Inbegriff für traditionelle regionale Spezialitäten und attraktive, zukunftsorientierte Regionen geworden. Eine Marke mit klarer Botschaft: Kulturlandschaft und die darin produzierten Lebensmittel bilden eine Einheit und prägen den Charakter ihrer Region. Mit der Auszeichnung sollen die Leistungen der Bäuerinnen und Bauern, der verarbeitenden Betriebe bzw. der Lebensmittelmanufakturen und der Gastronomie sichtbar gemacht werden. Die zahlreichen Kooperationen mit dem Tourismus, der Gastronomie und dem Lebensmittelhandel sollen in Zukunft weiterhin ausgebaut werden.

In den 113 Genuss Regionen gibt es eine breite Palette an Produkten: von Gemüse, Obst über Fleisch, Fisch, Käse, Kräuter, Honig bis hin zu Säften oder Mosten. Die zu allen Jahreszeiten stattfindenden GenussWochen – bei denen Genusswirte regionale Schmankerln veredeln – stellen die kulinarischen Besonderheiten der jeweiligen Saison in den Mittelpunkt.

Ich lade Sie ein: Entdecken Sie den Feinkostladen Österreich und seine unverwechselbare Kulturlandschaft. Informationen zu den einzelnen Regionen und zu den Veranstaltungen der GENUSS REGION ÖSTERREICH finden Sie unter www.genuss-region.at.

GENUSS REGION ÖSTERREICH

DI Niki Berlakovich, Landwirtschaftsminister

lebensministerium.at

Von der Langsamkeit der genussvollen Verantwortung

Slow Food ist keine Marke, es gibt keinen Slow-Food-Stempel. Slow Food hat keinen bestimmten Geschmack und auf keinen Fall hat Slow Food ein spezielles Tempo, nein, es ist auch nicht langsam.

Slow Food ist eine Idee, eine Lebenseinstellung, vielleicht sogar eine Philosophie und manchmal sicher auch eine Ideologie, auf jeden Fall aber ein Auftrag. Und wenn es auf den ersten Blick auch absurd oder sogar dekadent erscheinen mag, die Welt auf genussvolle Art verbessern zu wollen, dann tut es das auf den zweiten Blick nicht mehr: Die Organisation Slow Food wurde 1986 in Rom als Reaktion auf die Eröffnung einer Fast-Food-Filiale neben der Spanischen Treppe gegründet, von Carlo Petrini, Redakteuren der Tageszeitung *Il Manifesto* und der Feinschmeckervereinigung Arcigola. Das Ziel war damals, ein „Menschenrecht auf Genuss“ zu postulieren und auf die Gefahr des Verschwindens lokaler und regionaler Esskulturen aufmerksam zu machen.

Inzwischen hat Slow Food weltweit an die 90.000 Mitglieder in über 130 Ländern der Welt, fungiert als NGO und gilt mehr oder weniger offiziell als „Megatrend“. Zum ursprünglichen Ziel kamen im Laufe der Zeit noch viele dazu – seit 2006 lautet der Slow-Food-Slogan „Gut, sauber, fair“ –, etwa die Erhaltung der Biodiversität, die Förderung ökologischer Landwirtschaft, Fairness bei der Erzeugung und im Handel, Vernetzung von Konsumenten, Produzenten, Handel, Gastronomie und Meinungsbildnern, bis hin zur Initiative „Terra Madre“, bei der Globalisierung der etwas anderen Art propagiert und gefördert wird, nämlich durch Vernetzung und gegenseitigen Austausch von soziokulinarischen Förderkreisen und Gruppen.

In dem Moment, da einem bewusst wird, was der Verlust von Biodiversität und die patentrechtliche Sicherung von Arten und Rassen durch internationale Gentechnikkonzerne bedeutet, wird einem auch klar, dass jede Kaufentscheidung, jeder Biss von dem einen oder dem anderen Apfel, von dem einen oder dem anderen Brot ein politischer Akt ist, eine Abstimmung sozusagen …

Wird die Idee der Weltverbesserung nun schon etwas deutlicher? Das hier vorliegende Buch – eine Kooperation von Slow Food Wien, Bio Austria und dem Falter Verlag – soll dabei helfen, sich eine Vorstellung davon zu machen, wie das gehen könnte. Jeder der 120 hier vorgestellten Betriebe aus Niederösterreich, der Steiermark, dem Burgenland und Wien ist im weitesten Sinne Slow Food, manche von ihnen sind klein, andere groß, manche traditionell, andere modern und dynamisch, die einen regional ausgerichtet, die anderen auf internationalen Märkten vertreten. Jeder der vorgestellten Betriebe schöpft aus einer regionalen Tradition, aus einer lokalen Besonderheit, aus der individuellen Kreativität. Und jeder von ihnen erzeugt ganz wunderbare Lebensmittel mit Identität, höchstem qualitativem Anspruch und Terroir, diesem ganz besonderen Umstand, wenn sich Boden, Klima, Geschichte, Tradition und die Persönlichkeit der Hersteller in einem Produkt manifestieren.

Die Auswahl der Produzenten erfolgte durch Zusammenarbeit mit den einzelnen Slow-Food-Convivien und Bio Austria, es finden sich logische Kandidaten, die seit Jahrzehnten für ihr Wirken bekannt sind, ebenso wie Newcomer und Geheimtipps. Am Ende unserer Recherchen für dieses Buch waren wir tatsächlich von den Qualitäten, die hier produziert werden, sehr beeindruckt. Bei nur 120 Plätzen in diesem Buch, konnten wir nicht alle potenziellen Erzeuger aufnehmen, auf jeden Fall sind aber jene vertreten, die uns am meisten überzeugten.

In diesem Sinne hoffen wir, mit diesem Buch ein wenig zu Ihrer Lebens- und Genussqualität und somit zur Verbesserung der Welt beitragen zu können.

Florian Holzer, Nina Kaltenbrunner

PS: Für Tipps und Hinweise bezüglich weiterer Produzenten für kommende Bücher sind wir natürlich überaus dankbar.

HOCH2.AT
WIR SIND
AUS BIOLOGISCHER LANDWIRTSCHAFT
AUSTRIA
BIO
AMA-BIOZEICHEN
Ich bin bio. Ich lebe bio.
Wo das AMA-Biozeichen
drauf ist, ist bio drin. Da
kann ich mir sicher sein.
Ich liebe das pure Leben.
Das AMA-Biozeichen, das Zeichen für Bio-Qualität.
www.bioinfo.at

Auf zu neuen Ufern

New Crowned Hope", das vom amerikanischen Starregisseur Peter Sellars inszenierte internationale Kulturfestival am Ende des Mozartjahrs 2006 stand am Beginn des Neuaufbruchs von Slow Food Wien. Die Überzeugung, dass kulinarische Prägungen und Eigenheiten für eine Kultur genauso bedeutend sind wie Architektur, Sprache, Religion oder Musik führte zur Auseinandersetzung mit den Zielen der weltweiten Slow-Food-Bewegung. Vieles ist seither geschehen: Slow Food Wien hat zahlreiche Verkostungen organisiert, vernetzt Konsumenten und Produzenten, führt erfolgreich ein Slow-Food-Markt-Eck auf dem Karmelitermarkt und hat die Slow Food Wien Cooks – ein Cateringprojekt mit unbegleiteten minderjährigen Flüchtlingen und Migrantinnen und Migranten – auf die Beine gestellt. Slow Food Wien ist Projektträger der „Arche des Geschmacks" und hat wesentlich dazu beigetragen, dass erstmals österreichische „Passagiere", regionale, vom Verschwinden bedrohte Lebensmittel, in die internationale Arche aufgenommen worden sind. Um die Slow-Food-Idee im öffentlichen Raum zu verankern, hat Slow Food Wien in Kooperation mit dem Filmarchiv im Sommer 2009 eine kulinarische Filmreihe im Augarten organisiert und die gesamte Gastronomie auf Lebensmittel umgestellt, die den Slow-Food-Kriterien entsprechen. Der Höhepunkt der Aktivitäten wurde im Oktober 2009 erreicht: Gemeinsam mit der Stadt Wien hat Slow Food Wien im Rathaus die Terra Madre Austria ins Leben gerufen – die bisher größte Veranstaltung, mit dem Ziel, Slow Food österreichweit Beachtung zu verschaffen und zum Druchbruch zu verhelfen.

Barbara van Melle
Slow Food Wien, www.slowfoodwien.at

zurück zum Ursprung
SO WEIT MUSS BIO GEHEN
BIO, DAS WEITER GEHT,
AT STARKE WURZELN.
BIO
BERGKÄSE
Bergbauern
HERZHAFT WÜRZIG
Original
MURAUER
BERGBAUERN
MILCH
Reine Heumilch
HERZHAFTES
SONNENBLUMENKERNBROT
TRINKGENUSS
Erdbeer
weniger
CO2
als herkömmliche Lebensmittel
BERGBAUERN
BUTTER
250g
Exklusiv bei
Hofer

Geselliger Austausch

Slow Food in Niederösterreich war lange Zeit allein durch das Convivium Waldviertel präsent. Bis heute zeichnet sich diese Arbeitsgruppe durch gutorganisierte Treffen einer großen Mitgliederzahl mit Produzenten aus, die einen möglichst genauen Einblick in die Arbeit „hinter" den Lebensmitteln geben – dies geschieht meist durch Verkostungen (teilw. mit Festcharakter), Einladungen und Betriebsbesuche sowie Vorträge.

Seit etwa zwei Jahren gibt es vier weitere Convivien, deren Zielsetzungen eher durch enggefasste, weil regional wichtige Themen gekennzeichnet sind. Die Convivien Weinviertel und Mostviertel setzen Schwerpunkte auf alte Obstsorten, Gemüseraritäten oder Fleischrassen, die gemeinsam den Hintergrund für Themenworkshops, aber auch enge Kooperationen mit der Gastronomie bilden. Slow Food und Film ist einer der Akzente des jungen Convivium Thayatal.

Das Convivium Wachau-plus ist durch konzentrierte punktuelle Arbeit charakterisiert, meist unter Einbeziehung von schulischen Organisationen oder in Zusammenarbeit mit der Arche Noah. Diese Projekte sind mit langjährigen aufbauenden Themen – wie Schulgarten oder Vielfalt im Weingarten – beschäftigt, in der Anfangsphase nur an wenigen Standorten, aber mit großem Anspruch auf Nachhaltigkeit – Produktentwicklung als Verbindung von Produzenten und Co-Produzenten ist dabei eine wesentliche Aufgabe.

Robert Paget
Convivium Wachau_plus, Niederösterreich
paget.robert@netway.at

Initiative Waldviertel
„wir sind so frei!“
... und wachsen ohne Gentechnik
für eine
Gentechnik-freie
Landwirtschaft
und
Gentechnik-freie
Lebensmittel
gen TECHNIK FREI ERZEUGT
www.initiative-waldviertel.at
www.arge-gentechnikfrei.at

Die Freude am Genießen

Slow Food hat im Burgenland eine lange Tradition: Mitte der 1990er gegründet, war das Convivium Südburgenland (unter der Leitung von Trixi Jandresits) eines der ersten und mitgliederstärksten in Österreich. Die Vernetzung mit Slow-Food-Convivien in Österreich sowie in Italien und anderen Nachbarländern wurde von Beginn an gepflegt. Einer der Höhepunkte war der Internationale Slow Food Kongress 2002 in Eisenstadt.

Nach rund einjähriger Unterbrechung wurde Slow Food Burgenland im März 2009 neu gegründet: Einer der Grundgedanken war und ist, Freude am verantwortungsvollen Genießen für alle Alters- und Einkommensgruppen zu vermitteln.

Das Convivium hat sich zum Ziel gesetzt, die Kultivierung und Verbreitung von traditionellen und/oder selten gewordenen Lebensmitteln (Uhudler, Buchweizen, Grammelpogatscherl etc.) zu unterstützen und in der lokalen Gastronomie wieder salonfähig zu machen. Darüber hinaus den Bezug zwischen Endverbrauchern und Produzenten im Zuge von für die breite Öffentlichkeit zugänglichen Veranstaltungen wie Stammtische oder Kochworkshops direkt beim Bauern (wieder-)herzustellen, zu (verantwortungs-)bewusstem Konsumverhalten zu motivieren und somit regionale Wertschöpfungsketten zu stärken.

Für die Zukunft sind speziell für Kinder und Jugendliche ausgerichtete Aktivitäten geplant, unter anderem ein generationenverbindendes Filmprojekt zur Dokumentation alter Rezepte.

Denn gerade das Burgenland hat mit seinem multikulturellen pannonischen Kulturraum eine enorm große kulinarische Vielfalt zu bieten, die auch für die nachfolgenden Generationen bewahrt werden muss.

Kerstin Rohrer
Slow Food Burgenland, slowfoodburgenland@chello.at
www.slowfoodburgenland.at

Bio & Slow Food: Zusammenwächst, was zusammengehört

© Stephanie Golser

Das Jahr 1989 war ein ziemlich turbulentes. Fast unbemerkt neben den Erschütterungen auf der Bühne der europäischen Realpolitik wurde Ende des Jahres in Paris die Slow-Food-Bewegung gegründet. Auch für den Bio-Landbau (vor allem in Österreich) war 1989 ein entscheidendes Jahr. In Oberösterreich startete das erste staatliche Förderprogramm für Bio-Landwirte und löste damit eine enorm dynamische Entwicklung aus.

Zwanzig Jahre später ist „Bio" aus dem Agrar- und Lebensmittelsektor nicht mehr wegzudenken – allein in Österreich wirtschaften 20.000 Biobauern, zwei Drittel davon BIO AUSTRIA-Mitglieder, nach biologischen Richtlinien, und aus Slow Food ist ein weltweit agierendes Netzwerk mit über 100.000 Mitgliedern geworden. Beide Bewegungen entwickelten sich parallel und – gar nicht, wie das Logo mit der Schnecke vermuten ließe – mit enormer Geschwindigkeit. In den letzten Jahren wurden die Berührungspunkte häufiger und intensiver.

Die Zeichen dafür sind nicht zu übersehen. Wer die Entwicklung der Aussteller am Salone del Gusto, der Slow-Food-Messe in Turin, verfolgt hat, wird feststellen, dass die Zahl der Bio-Produzenten rasant gestiegen ist. In Österreich spiegelt sich das durch eine engere Zusammenarbeit zwischen Slow Food und BIO AUSTRIA wider: Mitarbeiter und Biobauern von BIO AUSTRIA haben Funktionen bei Slow Food und der Arche-Kommission übernommen.

Viele Hersteller biologischer Genussmittel sind Mitglieder der Slow-Food-Bewegung oder gar tragende Säulen derselben, wie etwa die Käser Robert Paget aus Diendorf oder Gunther Naynar aus dem Lungau. In der Steiermark lässt sich die Nähe beider Ideen sehr gut am Beispiel des Obsthofes Retter in Pöllauberg zeigen. Werner Retter ist Edelschnapsbrenner mit höchstem Qualitätsanspruch, der mit seinen Produkten in der Topgastronomie des Landes zuhause ist. Als einer der ersten Brenner Österreichs hat er sich dafür entschieden, mit Produkten aus biologischem Obstbau zu arbeiten.

Von Slow Food wurde der BIO AUSTRIA-Partner Obsthof Retter zur Terra Madre eingeladen, um hier die Pöllauer Hirschbirne, eine alte Birnensorte von der es nur noch im Pöllautal relevante Bestände gibt und für die er sich unermüdlich einsetzt, der Öffentlichkeit zu präsentieren.

Nicht oft sind zwei unterschiedliche Ideen so gut vereinbar wie im Falle von Slow Food und der Bio-Landwirtschaft: Gemeinsam können beide noch mehr erreichen, um die Vielfalt und Lebens(mittel)qualität zu erhalten.

BIO AUSTRIA – Die Biobauern Österreichs

BIO AUSTRIA ist Europas größte Biobauern-Organisation. 13.000 Mitglieder, das sind zwei Drittel der österreichischen Biobauern, bewirtschaften 70 Prozent der Bio-Fläche in Österreich. Darüber hinaus gibt es noch die Mitglieder der zum Netzwerk BIO AUSTRIA gehörenden Verbände: Biolandwirtschaft Ennstal, Österreichischer Demeter Bund, BAF – Biologische Ackerfrüchte, Ökologischer Kreislauf Moorbad Harbach und Verein Organisch-Biologischer Landbau Weinviertel. Im Bereich des Lebensmittelhandels und der Wirtschaft arbeitet BIO AUSTRIA eng mit 250 Kooperationspartnern zusammen.

Mehr unter: **www.bio-austria.at**
3000 Bio-Einkaufsadressen unter: **www.bio-austria.at/biomaps**

Die Biobauern schauen aufs Ganze!

Zukünftige Generationen benötigen eine Agrarkultur, die Fortschritt in einem ganzheitlichen Rahmen definiert. Wer sich nur auf Ertragsmaximierung konzentriert, schadet Mensch und Umwelt. Dass es auch anders geht, beweist die österreichische Bio-Bewegung! Biobäuerinnen und Biobauern produzieren Lebensmittel mit höchster Qualität, gleichzeitig schaffen sie lebenswerte Lebensräume und schützen Klima und Umwelt. – Sie schauen aufs Ganze!

Bio-Landwirtschaft bedeutet:

- Hohe Lebensmittelqualität mit guten Erträgen
- Schaffen lebenswerter Lebensräume
- Klimaschutz durch Verringern von Treibhausgasen
- Aufbau gesunder Böden
- Schutz des Trinkwassers
- Fördern von Biodiversität
- Artgerechte Tierhaltung
- Gentechnikfreie Lebensmittelproduktion
- Lebensmittel von gesunden Tieren und Pflanzen
- Bio-Kontrollsystem für Sicherheit

Peter Friese,
Zum Schwarzen Kameel,
Bognergasse 5, Wien

Anfangs haben wir immer versucht, alles selberzumachen, da ging's darum, von wem man die Früchte, das Gemüse bezieht. Und aus dieser Suche wurde ein Prinzip, die Suche nach Produkten mit Identität und Qualität wurde zum wesentlichen Bestandteil unserer Philosophie.
Unsere Produzenten gehören zum Schwarzen Kameel einfach dazu, sie regen unsere Kreativität mit ihren Produkten an.

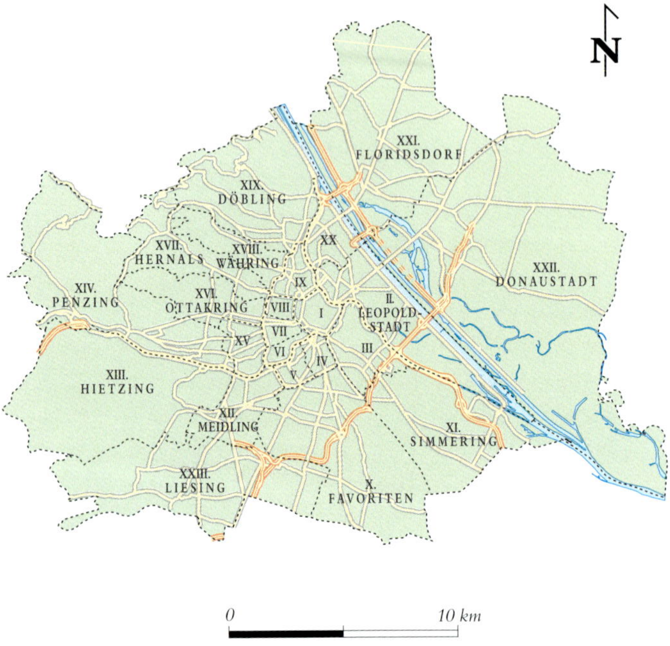
N
XXI.
FLORIDSDORF
XIX.
DÖBLING
XX
XVII.
HERNALS
XVIII.
WÄHRING
XXII.
DONAUSTADT
IX
XIV.
PENZING
XVI.
OTTAKRING
VIII
I
II.
LEOPOLD-
STADT
VII
XV
III
VI
IV
V
XIII.
HIETZING
XII.
MEIDLING
XI.
SIMMERING
XXIII.
LIESING
X.
FAVORITEN
0
10 km

Wien

Wien ist – bei aller Bescheidenheit, Zurückhaltung, Objektivität und kritischen Distanz – eine fantastische Stadt. Kulturell, was die Lebensqualität betrifft, architektonisch und historisch sowieso. Aber kulinarisch eben auch. Wien war und ist ein Tor zwischen Osten und Westen, das bringt quasi automatisch eine soziokulturelle und damit kulinarische Vielfalt mit sich; Wien war auch lange Kaiserstadt, was für höfisches Zeremoniell und ein selbstbewusstes Beamtentum gesorgt hat – wovon zahlreiche kulinarische Traditionen noch heute zehren. Wien ist außerdem eine Stadt der Fleischesser, des Schinkens und der Würste, und das Wissen um ihre Herstellung ging im Rauschen der Supermärkte und industriellen Massenproduktion zum Glück noch nicht verloren. Und Wien ist auch eine gar nicht so kleine Landwirtschaftszone, die ihre knapp zwei Millionen Bewohner nicht nur zu einem Gutteil mit original Wiener Gemüse zu versorgen vermag, sondern sie wunderbarerweise auch noch seit etwa tausend Jahren mit Wiener Wein erfreut – vor allem in den letzten paar Jahren, in denen die raren Großstadt-Kreszenzen sowohl einen enormen Qualitätsschub als auch in der Folge eine boomende Nachfrage erlebten. In Wien kann man heute nahezu alle Spezialitäten dieser Welt verkosten, man kann aber auch immer häufiger Obst und Gemüse alter Sorten, Fleisch von Tieren aus biologischer und artgerechter Haltung, frische Fische aus heimischen Gewässern, sorgfältig gebackenes Brot und sogar perfekt gereifte Rohmilchkäse bekommen, und Lebensmittel, die mit Gewissen und sozialer Verantwortung erzeugt werden, und nicht nur aus diesem Grund so wunderbar schmecken. Wien ist eine fantastische Stadt.

Thum-Schinken: die Kunst der Aderpökelns

Der Beinschinken ist zwar keineswegs so bekannt wie Wiener Schnitzel, Tafelspitz oder Sachertorte, im Reigen der typisch wienerischen Köstlichkeiten nimmt er aber dennoch einen ganz wesentlichen Platz ein. Nicht zuletzt deshalb, weil er etwas Besonderes ist, nicht für alle Tage gedacht, eine der wenigen Spezialitäten, bei denen die Wiener seit jeher ein Sensorium für Qualität entwickelt haben, wo sonst ja eher die Portionsgröße das Entscheidende war. „Beinschinken" ist freilich ein etwas irreführender Begriff, da ja bekanntlich jeder Schinken vom Hinterlauf des Schweines stammt. „Bein" bedeutet in Wien aber eben auch „Knochen", und genau das macht den echten Beinschinken nicht nur zu etwas Besonderem und Köstlichem, sondern bringt es auch mit sich, dass er heikel und kompliziert in der Herstellung ist.

Thum Schinken Manufaktur
1050 Wien, Margaretenstraße 126
Tel. 01/544 25 41
www.thum-schinken.at

In Wien gibt es eine Handvoll Beinschinken-Hersteller, die nach alter handwerklicher Tradition produzieren; der renommierteste ist die Firma Thum aus Wien-Margareten („wir sind keine Fleischerei, sondern eine Schinkerei"). Der Urgroßvater der heutigen Betriebsleiter, Roman und Rudolf Thum jun., kam 1880 aus Böhmen nach Wien und begann sogleich damit, hier den legendären Prager Schinken herzustellen. Man sei klein, sagt Rudolf Thum, man arbeite immer noch nach dem alten überlieferten Rezept und beliefere keine Handelsketten, auch wenn die noch so sehr darum bitten. Rudolf Thum versorgt lieber den winzigen, aber legendären Wurst-, Käse- und Weinstand Urbanek am Naschmarkt, sogar mit warmem Beinschinken direkt aus dem Ofen, wenn der das möchte.

Was den Beinschinken zum *großartigen* Beinschinken mache? „Es gibt ein paar Arbeitsschritte, die wichtig sind." Zuerst natürlich der Schnitt, der lege alles fest: Der Schweineschenkel erhält erstens eine Façon, und zweitens achte man darauf, Arterien und Venen nicht zu verletzen. Denn durch die fließt dann im nächsten Schritt die Nitritpökelsalz-Dextrose-

Lösung, verteilt sich über das Adernsystem im ganzen Bein, dringt sogar in den Knochen ein – „perfekt gesalzen, eine Maschine kann das nie so gut wie der Blutkreislauf", sagt Rudolf Thum. Dann die Adern abklemmen – wenn man perfekt geschnitten hat, reicht eine Klammer – und zwei Tage in den Kühlraum damit. Bei den Thums ist das alles recht klein und etwa dreißig Jahre alt, natürlich könnte man außerhalb der Stadt größer und effektiver arbeiten, meint Roman Thum, aber in der Stadt zu produzieren und auch Nahversorger zu sein gehöre nun einmal zur Philosophie des Betriebs. Nach der Salzung kommen die Schinken kurz in den heißen Rauch – Thum räuchert noch mit Spänen von Buchenholz, nicht mit industriellem Flüssigrauch –, was die Schinken erstens haltbarer mache (zehn bis zwölf Tage im Gegensatz zu zwei Tagen ohne Rauch) und außerdem besser aussehen lasse, danach liegend in den alten Kochofen, mehr oder weniger lang, je nach Dicke des Schinkens.

Der Trend gehe in Richtung Bioschinken, verrät Rudolf Thum, etwa vierzig Prozent der tausend Kilo, die pro Woche erzeugt werden, entsprechen dieser Anforderung. Auch vom Mangalitzaschwein wird seit einiger Zeit Beinschinken hergestellt, die Schinken sind extrem fett und zergehen in einem furiosen Widerspruch zwischen mürbem, rosigsalzigem Fleisch und dem weißen, vanilligen Speck förmlich auf der Zunge. Apropos Zunge: Adergepökelt wird bei Thum auch Rindszunge, geräuchert oder natur, eine absolute Delikatesse. Thum-Schinken erfreuen sich in Österreichs Spitzengastronomie großer Beliebtheit und werden auch nach Genf oder Berlin exportiert.

Foto: Beinschinken vom Mangalitzaschwein

Bio-Feigenhof: der Himmel in Simmering

Der Feigenhof in Simmering ist ein ganz besonderer Ort. Gegenüber dem Schloss Neugebäude, mitten im Wiener Intensivgemüseanbaugebiet, haben Ursula Kujal und Harald Thiesz einen unglaublichen Kraftplatz geschaffen und einen gärtnerischen und kulinarischen Traum wahrgemacht. Auf einem Hektar Gärtnerpachtgrund der Stadt Wien züchten sie an die dreißig unterschiedlichen Feigensorten, unzählige Gemüseraritäten und über 200 verschiedene Kräuter. Kennengelernt haben sich die Gartenarchitektin und der auf Produktionsgartenbau spezialisierte Raritätenliebhaber an der Berufsschule für Gartenbau und Floristik in Wien, an der sie beide unterrichten. Ihr gemeinsames Potenzial erkannten sie schnell, nur an der entsprechenden Vision fehlte es noch.

Aus einem primären Bedürfnis nach mehr Platz und Grün beschlossen sie 2006, das seit Jahren von Harald Thiesz gepachtete Grundstück am Simmeringer Himmelreich zu beziehen und gemeinsam zu nutzen. In kürzester Zeit wurde der unwirtliche Platz – „wie im tiefsten Russland hat es hier ausgesehen", erzählt Ursula Kujal – entrümpelt, in nur vier Monaten gebaut, und bereits acht Monate nach der Einreichung zogen sie ein.

Etwas anderes als die anderen wollten sie machen, und da es in Österreich nicht einfach ist, wirklich gute, reife Feigen zu bekommen, setzte Harald Thiesz in den uralten Gewächshäusern versuchsweise Feigenbäume. Begonnen hat er mit circa zehn verschiedenen Sorten aus Italien, der Schweiz und aus Österreich, der Gartengestaltungsauftrag an Ursula Kujal lautete, nur essbare Pflanzen und Obstbäume zu verwenden. Was für sie anfangs eine ziemliche Herausforderung darstellte, ist nunmehr ein weiterer Schwerpunkt ihrer beider Arbeit. Und bevor die Außenanlagen des „Foodgardens" angelegt wurden, mussten die Bodenqualität und der Erdmagnetismus durch Grün- und spezielle Mineraldüngungen angehoben werden.

Feigenhof
Ing. Harald Thiesz und Ing. Ursula Kujal
1110 Wien, Am Himmelreich 325
Tel. 01/318 70 74, 0664/422 44 80
www.feigenhof.at
Zertifizierter Bioproduzent

Bereits die erste Ernte ihrer Gemüseraritäten, wie Artischocken, alte Paradeiser- und Zucchinisorten, verschiedene Erdäpfel- und Kürbisarten, Mangold, Spinat oder Rote Melde, löste begeisterte Reaktionen aus. Danach begann Harald Thiesz, Kräuter zu setzen, die er alle von Hand vermehrt. Von Ananassalbei bis Zitronenverbene duften nun unzählige Sorten im und um den Schaugarten, den Kraftplatz, in den Glashäusern und in den Außenbeeten. Von Juli bis November haben die Feigen ihren großen Auftritt. Dann sind die Früchte der aus ungefähr 200 Bäumen bestehenden Plantage, die um Sorten aus Frankreich und England erweitert wurden, nämlich reif.

Jeden Samstag können die unterschiedlichen Arten der wahrscheinlich ältesten Kulturpflanze – und Sinnbild für das Weibliche schlechthin – am Hof verkostet und selbst geerntet werden. Auch Feigenchutney, reine Feigenmarmelade, Feigensenf und Produkte aus anderen Früchten und Raritäten sowie Topfpflanzen werden am Feigenhof samstags ab Hof verkauft.

Foto: Klingende Namen: Feigensorten Sultane, Dalmatie, Pastiliere

Fritz Wieninger: die Poesie des Gemischten Satzes

Der sogenannte Gemischte Satz war früher absolut nichts Außergewöhnliches. Nicht nur in Wien, sondern in ganz Österreich pflanzte man zu Zeiten der Stockkultur Weingärten mit unterschiedlichen Rebsorten gemischt aus. Das hatte einerseits den Vorteil einer gewissen Sicherheit, denn die damaligen Weinstöcke waren noch sehr blüteempfindlich, und eine Woche Regen konnte den Ertrag einer gerade blühenden Rebsorte zunichtemachen – also setzte man ein paar vermischt, unter der Devise „Ein paar kommen immer durch". Auf der anderen Seite konnte man durch diese Mischung auch einen ganz speziellen „Hausstil" definieren, und nicht zuletzt schaffte man es auf diese Weise, auch bei relativ leichten Weinen für Komplexität und Vielschichtigkeit zu sorgen, Säure und Frucht von der einen Sorte, Body und Schmelz von der anderen, Duft und Aroma von der dritten. Die einzelne Rebsorte stand zu diesen Zeiten kaum im Mittelpunkt, die Region, die Lage, der Weingarten, das „Terroir" waren ausschlaggebend.

Weingut Wieninger
1210 Wien, Stammersdorfer Straße 80
Tel. 01/290 10 12
www.wieninger.at

In den 1960er-Jahren und mit der Etablierung der Hochkultur verschwand diese Kultur aus Österreich fast vollständig, nur in Wien konnte sich diese Tradition behaupten, und das auf immerhin etwa zehn Prozent der knapp 700 Hektar Wiener Weinbaufläche – wenngleich nur als einfachster Schankwein, als „Heuriger".

Auch Fritz Wieningers Meinung vom Gemischten Satz war keine besonders hohe, der junge, dynamische Stammersdorfer Starwinzer setzte bei seinen international hochrenommierten Chardonnays, Pinots, Rieslingen und Cabernets eher auf den optimalen Lesezeitpunkt als auf die Vermischung von lauter suboptimalen. 1991 bekam er die Gelegenheit, einen großen Weingarten am Nußberg zu pachten, vier Hektar in der Lage „Ulm", bestockt hauptsächlich mit Gemischtem Satz. Er las den Riesling, den Grünen Veltliner und alles andere, was er brauchen konnte, heraus und stellte mit Verwunderung fest, dass das, was noch übriggeblieben war und aus dem er dann seinen ersten Gemischten Satz kelterte, eigentlich der beste Wein von allen war.

Das war der Beginn der Renaissance des Gemischten Satzes. 2006 schloss sich Wieninger mit drei anderen jungen und qualitätsorientierten Winzern zur Marketingvereinigung Wien Wein zusammen, der „Wiener Gemischte Satz" wurde bald zur Speerspitze des gedeihenden Wiener Weinbooms. Da die offizielle Gesetzgebung bezüglich dieses ehemaligen Underdog-Weins eher lasch war, definierten Wieninger und Kollegen die Sache neu: mindestens drei Rebsorten in einem Weingarten, der mindestens 25 Jahre alt sein muss, klassischer Ausbau. Eine DAC-Regelung, die einen gewissen Schutz vor Verfälschung bzw. Kontrolle ermöglicht hätte, ging nach langen Verhandlungen leider nicht durch, eine Anerkennung als „Slow Food Förderkreis" 2008 dafür schon.

Dass der „Wiener Gemischte Satz" aber keine Sache von gestern ist, beweist Wieninger – der seit 2008 biodynamisch arbeitet – mit Neuauspflanzungen von Gemischten-Satz-Weingärten und kontinuierlichem Verändern der Zusammensetzung: „Durch Untersetzen mit säurereichen Sorten haben wir definitiv eine Antwort auf den nicht zu leugnenden Klimawandel." Bei seinen bestehenden Gemischten-Satz-Weingärten sorgt er dafür, dass alte oder kranke Stöcke durch traditionelle Rebsorten wie Traminer, Zierfandler, Rotgipfler oder auch die Uralt-Sorte „Österreich Weiß" aufgefrischt werden – und seine Gemischter-Satz-Weine immer gemischter werden.

Foto: Wiener Gemischter Satz „Nußberg Alte Reben"

Gissinger: der Schinken, wie er ist

Der ganze Stolz der Wiener Fleischhauerzunft, der Beinschinken, wurde ja eigentlich in Prag erfunden, dort auch verfeinert und zu seiner wahrhaften Größe an Saftigkeit und Delikatesse herangeführt – wobei sich der Wiener Beinschinken heute in seiner Herstellung doch recht stark vom gebackenen oder geschmorten Urschinken aus Prag unterscheidet. Auch lernte Josef Fröhlichs Großvater tatsächlich bei einem tschechischen Fleischermeister, bevor er 1935 eine damals schon seit der Jahrhundertwende bestehende Fleischerei in Wien-Ottakring übernahm und sie zur Fleischerei Josef Gissinger machte.

Auf den Beinschinken habe man sich schon recht früh spezialisierte, erzählt sein Enkel Josef Fröhlich, und die Rezepturen der Verarbeitung seien seit Großvaters Zeiten auch nicht wirklich geändert worden: Zuerst wird eine Salzlake nach alter Sitte in die Adern der Schweinekeule injiziert, auf dass sie sich über das Adernsystem in der Muskulatur verteilt – „eine ganz normale Salzlake mit Naturgewürzen", sagt Josef Fröhlich, und wenn man ihn fragt, ob die Lake denn ein wesentlicher Punkt sei, dann bestätigt er das, verrät die Rezeptur aber natürlich nicht. Dass er ohne Phosphat arbeitet, allerdings schon, weil Wasserbindung in seinem Schinken kein Thema sei, „Wasser, schnittfest" interessiert den Ottakringer Fleischermeister nicht. Und

Foto: Beinschinken

beim Prestigeprodukt Beinschinken werde diese Qualitätsphilosophie schließlich auch bezahlt.

Mit einer Wochenproduktion von zwanzig Tonnen, von denen allein ein Viertel auf die Beinschinken entfällt, zählt die Firma Gissinger zu den größten unter Wiens Fleischhauereien, die die Grenze zur Industrie noch nicht überschritten haben, und zu den größten Beinschinkenproduzenten sowieso. Nicht zuletzt deshalb, weil die Zahl derer, deren Beinschinken ihren Namen noch verdienen, weil sie tatsächlich am und mit dem Knochen verarbeitet werden, schon sehr klein geworden ist. Das Massieren der Schinken in den Trommeln wird zwar automatisch gemacht, aber dafür mit modernster Technik und ungeheuer langsam. Eine Umdrehung dauert etwa fünf Minuten, wodurch das Fleisch seine zugleich saftige wie auch kompakte Konsistenz erhält. Die Beinschinken-Denkschulen – geräuchert und nicht geräuchert – bedient Gissinger beide, was eher untypisch ist. Aber der geräucherte Beinschinken, wie er in gewissem Sinne ähnlich auf der ganzen Welt hergestellt wird, überzeugt eben nicht nur durch eine zusätzliche Geschmackskomponente, sondern auch durch eine etwas längere Haltbarkeit. Der ungeräucherte Schinken sei „ein österreichisches Phönomen, den gibt's nur in Wien", meint Josef Fröhlich, und deshalb stellt er diesen am Knochen verarbeiteten, zartrosa Schinken in seiner vergänglichen Zartheit ebenfalls her.

Josef Gissingers Wwe.
1160 Wien, Ottakringer Straße 140
Tel. 01/486 24 73, www.gissinger.at
Mi, Fr 8–12 Uhr

Geschlachtet wird in Ottakring natürlich nicht selbst, aber Gissinger bezieht seine Schinken von zwei Schlachthöfen, die die Schweine nicht von der Schweinebörse bekommen, sondern direkt von den Bauern. Die schönsten Schinken gehen dann zur Schinkenproduktion, ein Drittel werde den Gissinger-Ansprüchen dennoch nie gerecht und gehe zurück, erklärt Josef Fröhlich. Nicht zuletzt die gewisse Fettauflage sei der entscheidende Punkt, denn „einen mageren Schinken wird es nie geben".

Gärtnerhof GIN: erstaunliche Vielfalt plus therapeutische Effizienz

Der Gärtnerhof GIN ist eine Werkstatt des „Vereins für Gemeinwesenintegration und Normalisierung“, Menschen mit geistiger und multipler Behinderung werden hier in einen integralen, qualitativen Arbeitsprozess eingebunden. Drei Betreuer und neun Klienten bewirtschaften 1,1 Hektar Anbaufläche der alten Gärtnerei – und zwar nach biologischen Richtlinien. Das Ergebnis ist ein schön ausdifferenziertes Spektrum an hochwertigen Produkten. Im Jahresrhythmus der Natur wird den Klienten ein Verständnis für biologische Zusammenhänge vermittelt und gleichzeitig der therapeutische Effekt von Gartenarbeit genutzt. Der Aktivitätsradius spannt sich von Saatgutvermehrung und Anzucht von Jungpflanzen über das Pflanzen und Pflegen der zahlreichen Gemüsesorten in den Glashäusern. Die Arbeit auf dem Freilandfeld, die Weiterverarbeitung der Produkte und der Vertrieb gehören zum Alltag des eingespielten Teams. Je nach Können und Wollen finden die Betreuten ihren spezifischen Ort im Rahmen des Projekts. Der Gärtnerhof ist eine weite Spielwiese für Ideen, Neugier und Experimentierfreude.

Gärtnerhof GIN
1220 Wien, Raffenstättergasse 5
Tel. 01/202 40 45
0664/313 33 97
www.gin.at/gaertnerhof

Wahrscheinlich liegt darin der Grund, dass – seit der Gründung 1996 – das Sortiment einen seltenen Variantenreichtum erreicht hat. Über vierzig verschiedene Gemüsekulturen und Kräutersorten werden hier mittlerweile über das Jahr hinweg kultiviert. Zahlreiche alte Sorten und Raritäten werden versuchsweise für die Arche Noah angebaut. Dass die Klienten jeweils auch über einen längeren Zeitraum Verantwortung für eine Tätigkeit übernehmen, gehört zu den Spielregeln dieses Versuchs.

Zu den Besonderheiten der Gärtnerei gehören unter anderem Asiagemüse, die in Sorten wie „Red Giant“ oder „Namenia“ angebaut werden. Auf dem „Versuchsfeld“ wachsen weiters sieben verschiedene Kürbisarten, darunter „Black Beauty“ oder „Muscat de Provence“,

Riesenkohlrabi, Topinambur, Fenchel sowie etliche Kraut- und Kohlarten. Über hundert Paradeisersorten, mehrere Chili- und Paprikaarten, Gurken, Zucchini, Melanzani, Bohnen, Zuckermelonen und diverseste Kräuter werden in Glashäusern kultiviert. Alle Erzeugnisse werden ohne Einsatz von Maschinen gezogen und gepflegt (mit Ausnahme einer vierzig Jahre alten Erdfräse zur Bodenbearbeitung). Gedüngt wird ausschließlich mit eigenem Kompost. Das nicht alltägliche Gemüse- und Obstsortiment des Gärtnerhofs hat viele begeisterte Abnehmer in Gastronomie und Handel. Geerntet, portioniert und versendet wird jeweils nach Bestellung.

Im Herbst und Winter steht die Weiterverarbeitung einiger Erzeugnisse an. Kräuter werden getrocknet und zu innovativen Teemischungen sowie zu Sirup verarbeitet, Marmeladen wie Hagebutten-Apfel, Kürbis-Zitrone oder Holunder-Apfel-Honig eingekocht und Chili-Öl und Chilipulver produziert.

Die Versorgung von weiteren GIN-Einrichtungen mit Gärtnerhof-Produkten ist inzwischen zur schönen Routine geworden. Montag bis Donnerstag kann von 8 bis 14 Uhr und am Freitag von 8 bis 13 Uhr ab Hof eingekauft werden, und jeden Samstag werden die Waren auch am Bauernmarkt am Yppenplatz sowie am Kutschkermarkt angeboten.

Foto: Verschiedene Chilisorten

Staud's Wien: der Konservenpionier

Powidl und Preiselbeermarmelade mache er heute noch selbst – an Sonntagen –, erzählt Hans Staud, Gründer und Betreiber der gleichnamigen Obst- und Gemüsekonservenmanufaktur, „denn die Fertigung dieser beiden Produkte dauert am längsten". Und dabei denkt er gerne an frühere Zeiten zurück, als er überhaupt noch alles selbst gemacht hat.

Begonnen, Obst und Gemüse zu veredeln, hat Hans Staud vor 38 Jahren, „mit einem Dach über dem Kopf und ohne Geld". Der aus einer Obsthändlerfamilie stammende damalige Welthandelsstudent war als Konservenpionier Autodidakt, seine Rezepte entwickeltet er selbst. Von Anbeginn an war für Hans Staud klar, nur höchste Qualität produzieren zu wollen. Angefangen hat er mit Essiggurkerln und Marillenkompott – er wollte „die Sommersonne, die hier bei uns scheint, einfangen und in die Gläser bringen", beschreibt er seine damalige Ambition. Das ist ihm offensichtlich gelungen, denn schon sehr bald wurde der junge Staud von Helmut Touzimsky, dem ehemaligen und legendären Leiter des Meinl am Graben, „entdeckt" und in seinem Weg bestätigt.

Nur die schönsten, vollreifen Früchte werden von Hans Staud seit jeher in der kleinen Manufaktur in Ottakring manuell verarbeitet. Und weil die reifsten Marillen im Kompott zerfallen wären, machte er Mitte der Siebzigerjahre erste und erfolgreiche Gehversuche mit Marmeladen. Den „Terroir-Gedanken" auch bei Marmeladen setzte Staud sicher als Erster um, indem er seine limitierten Marmeladeneditionen als „Herkunftsmarmeladen" disponierte. Hergestellt etwa aus Marillen vom Wachauer Venusberg oder dem Weinviertler Rothental. Mit seinen innovativen Premiumprodukten gelang es dem leidenschaftlichen „Welthändler", eine Marktnische zu öffnen und seine handwerklichen Kreationen auf eine breite Vertriebsschiene zu stellen.

Staud's GmbH, Dkfm. Hans Staud
1160 Wien, Hubergasse 3
Tel. 01/406 88 05-0
www.stauds.com

Parallel dazu begann er konsequent, sich Partner in der Landwirtschaft aufzubauen. Auf deren Feldern wächst nun die entsprechende Rohware für seine Produkte, mit den meisten seiner Lieferanten kooperiert er seit dreißig Jahren und länger. „Wir sind gemeinsam gewachsen", fasst er das symbiotische Verhältnis mit den mittlerweile allesamt auf integrierte Produktion umgestellten Betrieben zusammen. Mehr als die Hälfte des Obstes bezieht er aus Österreich, beim Gemüse sind es sogar 95 Prozent. „Regionalität ist doch logisch", meint Staud, „nur die Qualität steht noch darüber."

Um das ganze Jahr über gleichbleibende Qualität zu gewährleisten, werden die ausgereiften Früchte vakuumiert und bei minus 28 Grad tiefgekühlt, „da schläft das Obst wirklich". Eingekocht wird, in kleinen Tranchen, mit Unterdruck und bei siebzig Grad Celsius, besonders schonend, „achtzig Prozent der Vitamine bleiben dadurch erhalten, bei einem Fruchtanteil von mindestens siebzig Prozent", stellt der Perfektionist stolz fest.

Die Gemüseproduktion wurde 1995 aus Platznot nach Stegersbach verlagert – bis auf den Spargel, der ist Hans Staud zu heikel und wird daher „bei ihm" in Wien verarbeitet. Nach seinem Geheimnis gefragt, antwortet der bekennende Geschmackspurist: „Transparenz. Ich bin der Geschmack in meinen Gläsern, was mir nicht schmeckt, wird einfach nicht produziert." Symbolisch für die „Transparenz" ist für ihn das Etikett, das er vor zwanzig Jahren entwickeln ließ. Bis heute hat er sich daran nicht sattgesehen.

Foto: Marmelade aus Marillen vom Wachauer Venusberg

Gugumuck-Hof: Wiener Weinbergschnecken

Slow Food im wahrsten Sinne des Wortes produziert Andreas Gugumuck im Wiener Stadtteil Rothneusiedl. Auf vier Parzellen züchtet der EDV-Spezialist dort seit nunmehr einem Jahr Weinbergschnecken in ökologischer Freilandhaltung.

Schneckenzucht hat in Wien eine lange Tradition, die bis ins 18. Jahrhundert zurückreicht. Vor allem zur Fastenzeit waren Schnecken sehr beliebt, im 19. Jahrhundert kamen sie erneut in Mode und wurden ob ihrer angeblich aphrodisierenden Wirkung am Schneckenmarkt hinter der Peterskirche als „Wiener Austern" angeboten. Nach eingehender Beschäftigung mit dieser Tradition und der Schneckenzucht an sich importierte Andreas Gugumuck 18.000 Weinbergschnecken aus Bayern als Grundstock für seine Zucht. Auch die Familie Gugumuck hat eine lange Tradition: Seit 1720 wird auf den eigenen Äckern in Rothneusiedl Gemüse angebaut und zu dem typischen Wiener Suppengrün gebunden. Und Suppengrün wird nun auch den Weinbergschnecken zugefüttert – zusätzlich zu Mangold, Raps, wildem Fenchel, Thymian, Klee und Sonnenblumen, die direkt in den Gehegen kultiviert werden. Der kalkhaltige Boden der Region bietet die idealen Bedingungen für die Schneckenzucht.

Mag. Andreas Gugumuck
1100 Wien, Rosiwalgasse 44
Tel. 0676/578 85 81
www.wienerschnecke.at

Schnecken vermehren sich sehr rasch, pro Jahr legen sie etwa zwanzig Eier. Einmal werde er noch Schnecken zukaufen müssen, nach zwei Jahren, meint der Quereinsteiger, trage sich das Projekt dann aber selbst. Zurzeit tummelt sich bereits die erste Generation echter „Gugumuck-Schnecken" einjährig in den Gehegen. Mit zwei Jahren sind die Schnecken schließlich „fertig" und werden weiterverarbeitet: Nach fünf Tagen in sogenannten „Entlüftungsboxen" werden sie kurz überbrüht und dabei getötet, das Fleisch aus den Gehäusen gezogen, entschleimt, geputzt und danach drei Stunden gekocht. Die Kräuter für den Schneckensud zieht Andreas Gugumuck selbst: Petersilie und Thymian, dazu Suppengrün, außerdem Weißwein und Wasser. Gekocht werden die Schnecken in 5-Kilo-Tranchen, und immer nur frisch auf Bestellung.

Bei den Wiener Gastronomen rufen die Gugumuck'schen Weinbergschnecken derzeit große Begeisterung hervor, der nussig-erdige Geschmack und auch die Konsistenz unterscheiden sie deutlich von den milderen, kleineren französischen Schnecken. Eine der vier Parzellen wird demnächst dennoch für Schnecken aus Frankreich freigemacht werden – aus Versuchs- und Vergleichsgründen. Rund um seinen „Schneckengarten" hat Andreas Gugumuck, der tagsüber nach wie vor seinem Brotjob als IT-Consulter nachgeht, nun Rebstöcke diverser Uhudlersorten gepflanzt. Zum einem, weil er ja „Weinberg"-Schnecken züchtet, zum anderen, um an eine weitere, fast ausgestorbene Tradition anzuknüpfen: wirklich gute heimische Speisetrauben zu kultivieren. Ob er in Zukunft ausschließlich Schnecken züchten wird, weiß Gugumuck noch nicht. Auf jeden Fall sei es neben seinem „virtuellen" Beruf etwas wunderbar „Reales", sagt er, und das beweisen nicht nur die Blasen an seinen Händen.

Foto: Weinbergschnecken

Gärtnerei Bach: Raritätenbörse für Freaks

Eveline Bach ist Spezialistin für Duftblattpelargonien, seltene Kräuter und Gemüseraritäten. „Früher hatten Gärtnereien ein viel breiteres Sortiment als heute, das ist im Laufe der Zeit leider verlorengegangen“, sagt sie. Als sie vor 25 Jahren den Familienbetrieb gemeinsam mit ihrem Mann von ihren Eltern übernahm, war es ihr wichtig, diese traditionelle Vielfalt weiterzuführen. Etwa zeitgleich wurde mit dem Direktverkauf begonnen, und damit entstand vermehrt der Anspruch, den Kunden in ihrem Hofladen eine entsprechende Auswahl zu bieten. Im Laufe der Zeit sind dann immer mehr Besonderheiten in die Gärtnerei „hineingewachsen“.

Da etwa das Wissen über den Artenreichtum von Kräutern „damals einfach nicht da war“, bildete sich Eveline Bach unter anderem durch Volkshochschulkurse weiter. Im ständigen Austausch mit Experten, die sie im Zuge ihrer Weiterbildung kennengelernt hatte, weitete sich auch das Sortiment in der Gärtnerei laufend aus. Und damit wurde das Interesse der Kundschaft geweckt, die schließlich immer wieder etwas Neues kennenlernen wollte. Mittlerweile werden über 200 verschiedene Kräuter, mehr als hundert unterschiedliche Duftblattpelargonien, Paradeiserraritäten von „Ananas" bis „Zahnrad", unzählige Chilisorten und vieles mehr in den Bach'schen Gewächshäusern kultiviert. Heute ist die Gärtnerei gar „Raritätenbörse" für die Gartenbauschule Schönbrunn, Schloss Hof und natürlich Anlaufstelle für „Freaks" und Interessierte von überall her. Laufende Veranstaltungen rund um die Themen Vielfalt und Raritäten ergänzen das didaktische Programm.

Gärtnerei Bach
1220 Wien, Contiweg 165
Tel. 01/280 95 34
www.gaertnerei-bach.at
GENUSS REGION ÖSTERREICH

Viel Aufmerksamkeit wird zurzeit diversen Salbeibesonderheiten geschenkt: Über sechzig unterschiedliche Arten wachsen und duften in den Töpfen in und um die Gewächshäuser. Darüber hinaus wird in einem Folientunnel mit vielerlei Gurkensorten wie Spitz-, Cocktail-, Zitronen-, Russische Gurke, Kiwano und Zierformen davon experimentiert; auch Melanzaniraritäten wie lange weiße, rote, kleine violette, lila-weiß gestreifte, purpurfärbige aus Thailand plus ein Potpourri diverser alter Sorten wachsen dort. Und neben den über sechzig verschiedenen Chilisorten, darunter Habaneros in sieben unterschiedlichen Farben, die, alphabetisch geordnet, in den Glashäusern wachsen, werden auch verschiedene „Kinderpaprika" – die süße, milde Variante der höllisch scharfen Schoten – gezogen.

Das breite Spektrum ergänzen heuer außerdem Hyazinthen-, Forellen-, Spaghetti- und Flügelbohnen neben gelben, grünen und violetten Stangenbohnen.

Neben dem laufenden konventionellen Gemüseanbau diese Vielfalt zu pflegen und zu erhalten macht zwar viel Spaß, ist aber auch eine große Herausforderung für Eveline und Mario Bach. Sie stellen sich ihr mit Leidenschaft jedes Jahr neu.

Foto: Gemüse-, Kräutergesteck

Erwin Gegenbauer: der saure Sir

Erwin Gegenbauers Großvater war ein armer Bursch aus dem für seine Kargheit bekannten Waldviertel. In den 1920er-Jahren kam Ignaz Gegenbauer nach Wien, erlernte in der Vorstadt Hernals das „Sauerkräuteln", verliebte sich in eine Winzerstochter und eröffnete 1929 seinen eigenen Betrieb.

Mit dem Wachstum der Handelsketten wuchs nach dem Zweiten Weltkrieg auch der Betrieb der Gegenbauers, ganz Mitteleuropa wollte Essiggurken essen, also unterhielt man einen eigenen Fuhrpark, expandierte Mitte der Achtzigerjahre nach Süddeutschland und Tschechien, hatte in Spitzenzeiten 650 Angestellte, die allein im Wiener Werk pro Tag an die 35 Tonnen sauer eingelegte Gurkerln produzierten. Und es wäre Anfang der Neunzigerjahre kein Problem gewesen, mit irgendeinem noch größeren Gemüsekonservenhersteller zu fusionieren, meint Erwin Gegenbauer, „und da wäre ich dann halt im Vorstand gesessen".

Aber Erwin Gegenbauers Lebensplanung sah anders aus: Schon als 16-Jähriger experimentierte er mit Balsamico-Essigen, die Besuche mit seinem Vater bei den Traditionalisten in Modena faszinierten ihn ebenso wie es ihn ärgerte, wenn er bei den damals handelsüblichen Himbeeressigen die Verwendung sogenannter „natürlicher" Aromen herausschmeckte oder ihm bei billigem Balsamico Zuckercouleur und Karamell entgegendufteten. Er beschloss 1994, die Massenproduktion von Sauergemüse aufzugeben und sich nur mehr der Herstellung edler Essige und seiner Folgeprodukte zu widmen.

Gegenbauer
Produktion: 1100 Wien, Waldgasse 3
Tel. 01/604 10 88
Verkauf: 1060 Wien
Naschmarkt, Stand 111–114
Tel. 01/581 24 43, Mo–Sa 10–19 Uhr
www.gegenbauer.at

„Ich muss hundert Produkte erfinden und probieren, um ein erfolgreiches dabeizuhaben." Heute bietet er zwischen sechzig und siebzig Varianten auf seinem Stand am Wiener Naschmarkt an. Zuerst einmal die Balsamessige: reinsortig gebraut aus vier verschiedenen Trauben-

sorten im Auslesebereich oder höher, aus drei Apfelsorten, aus Quitte, Pflaume und Hollunder. Alle Balsamessige reifen mindestens fünf Jahre in Barriques, sind nicht unbedingt so dunkel, wie man das von industrieller Ware gewohnt ist, und auch nicht so dickflüssig, „weil ich nehme keine Verdickungsmittel, auf solche Tricks steh ich nicht". Um die Reinsortigkeit und die klare Aromatik der Frucht nicht zu stören, werden seine Balsamessige nur in alten Eichenfässern ausgebaut und natürlich auch Fass für Fass abgefüllt: „Dass das Fass 44 anders schmeckt als das Fass 45 will ich durchaus so haben, Uniformiertes habe ich früher erzeugt, heute brauche ich so was nicht mehr."

Die anderen, die Frucht- und Gemüseessige, lagern drei Jahre in Glasballons, herausragend der absolut delikate Spargelessig, der das Aroma des weißen Spargels überaus deutlich definiert.

Und dann begann Erwin Gegenbauer auch noch zu rösten: In seinem früheren Naschmarkt-Verkaufsstand für Öle installierte er eine gar nicht so kleine Rösttrommel, in der er nicht nur eine in Triest zusammengestellte Bohnenmischung in drei verschiedenen Graden röstet, sondern auch eine Zeitlang mit Urgetreiden experimentierte (die man zu Knabbersnacks oder Salatbeigabe röstete). Und ebenfalls extrem Slow Food – da es die Tradition des eigenen Betriebs sowie eine alte Wiener Spezialität neu interpretiert – ist das sogenannte Senfragout: In einer schon seit 1994 währenden Zusammenarbeit mit der kleinen, feinen Senfmanufaktur Lustenauer Senf erzeugt Erwin Gegenbauer eine Mischung aus milchsauer vergorenen Sauergemüsen mit Senf, die quasi nach Verwendung zu den schweren Jausenplatten auf grünen Holzbankerln beim Wiener Heurigen schreit.

Foto: Spargel-Fruchtessig

Michael Diewald: blühendes Konfekt

Michael Diewald ist Aromaforscher, unzählige unterschiedliche Aromen hat er in seinem Gedächtnis gespeichert. Und gesammelt hat er auch schon immer leidenschaftlich gern: zuerst Beeren und Pilze, dann kamen Wildkräuter dazu und mit ihnen auch das Interesse an deren Blüten. Und experimentiert hat Michael Diewald auch schon immer: zuerst mit Blütenmarmeladen und später – seit nunmehr zehn Jahren – mit Konfekt.

Die Rohstoffe dafür lieferten ihm damals der Bioladen, in dem er 14 Jahre lang gearbeitet hat, sowie Wälder, Wiesen und Almen. Heute beliefert ihn zusätzlich ein mittlerweile dichtes Netzwerk an kleinen Produzenten und Sammlern. Über viele Jahre spielte er herum und probierte, bis seine außergewöhnlichen Kreationen schließlich „marktreif" waren und „es sich nicht mehr vermeiden ließ, ein Geschäft aufzumachen", erzählt er.

Sein „blühendes Konfekt" wird in der kleinen Manufaktur neben seinem Geschäft in Mariahilf in akribischer Handarbeit hergestellt: Die Blüten für die Dekoration werden verzuckert und getrocknet, jene Blüten, die das Hauptaroma des jeweiligen Konfekts bestimmen, werden mit Zucker zu einem Püree verarbeitet und ebenfalls getrocknet. Dafür verwendet er die Blüten von Wildpflanzen wie zum Beispiel Holunder, Traubenkirsche, Himmelschlüssel, Steinklee, Waldmeister, Wildrose, Flieder und Veilchen. Der Blütenzucker wird dann mit Wildfruchtmarmeladen aus Schlehe, Sanddorn, Hagebutten, Holunder, Preiselbeeren oder Quittenkäse, die eine befreundete Biobäuerin für ihn herstellt, weiterverarbeitet. Die unterschiedlichen Wildblüten-Fruchtmassen werden anschließend mit Marzipan oder Schokolade, die er zum Teil zuvor mit ätherischen Ölen aromatisiert, zu kleinen Kunstwerken verarbeitet.

Blühendes Konfekt
1060 Wien, Schmalzhofgasse 19
Tel. 0660/341 19 85
www.bluehendes-konfekt.com

Michael Diewald und sein kleines Team verwenden nahezu ausschließlich biologische Produkte regionaler Herkunft, wodurch das

Sortiment saisonal stark variiert. Drei Bonbonnieren sind mittlerweile fest in der Produktpalette verankert: „Send me Roses“, „Fleurs de Luxe“ und „Spicy Flowers“. Im Frühjahr gibt es außerdem „Taste of Spring“, im Herbst „Wilde Früchte“, dazwischen wird nach Lust und Laune kombiniert und komponiert: zum Beispiel „Fleurs du Vin“, mit Wein aromatisiert und mit Weinblüten dekoriert, in den Geschmackskombinationen Muskateller-Safran-Ananas oder Rotwein-Rose-Himbeere. Wie ein Sommelier beschreibt der Konfektkreateur seine „Wildblüten-Cuvées“, die er, wie ein Winzer seine Weine, akribisch komponiert und arrangiert. Diewald spricht dabei von vordergründigen und von Hauptaromen und vom langen Abgang der Aromen seiner Luxuspralinen. Michael Diewald will mit seinen Aromakompositionen die Sinne der Menschen öffnen und sie für die Dinge, die unmittelbar vor ihren Augen wachsen, sensibilisieren: für den Duft, die Aromen und die Schönheit heimischer, teils in Vergessenheit geratener oder als Unkraut abgewerteter Pflanzen – indem er Konfekt daraus erzeugt.

Foto: Fleurs de Luxe mit Himmelschlüssel, Kirschblüte, Dostblatt

Ringl: der Archetyp der Wiener Fleischhauertradition

In der kleinen Fleischerei auf der Gumpendorfer Straße scheint die Zeit stehengeblieben zu sein: In der Originaleinrichtung von 1968 werden hier auf traditionelle Art und Weise Fleisch- und Wurstwaren vom Feinsten produziert und angeboten.

Mit Claudia und Monika Ringl führt nunmehr die dritte Generation den kleinen Familienbetrieb. Die beiden sind in der Fleischerei aufgewachsen, der Berufswunsch Fleischhauer stand immer schon fest. Gelernt haben die Schwestern das Handwerk klarerweise von ihrem Vater und Großvater, und sie halten an überlieferter Tradition und Qualitätsbewusstsein kompromisslos fest. Alles wird hier selbst gemacht, von Hand, zugekauft wird gar nichts. Das Fleisch wird ausschließlich von Kleinstbetrieben aus dem Waldviertel bezogen, das aktuelle Angebot richtet sich daher nach der Verfügbarkeit – so gibt es Mangalitzaschwein, Angus- oder Gallowayrind eben nur dann, wenn einer der Bauern ein entsprechendes schlachtreifes Tier zur Verfügung hat. Der Schlachthof, mit dem die Fleischerei seit Jahren zusammenarbeitet, ist ebenfalls ein kleiner Familienbetrieb, Kooperationen mit Großbetrieben kommen für die Ringls nicht infrage – weil ihnen der Umgang mit den Tieren dort zu unpersönlich ist.

Foto: Rindfleisch

Abgesehen davon kennen die kleinen Produzenten auch die Ansprüche der Familie Ringl genau: Fleisch von jungen Tieren mit starkem Fettansatz, und zwar innen wie außen. „Hier hat Fleisch Fett", lautet ein Grundsatz in der Fleischerei. Die äußere Fettschicht sorgt schließlich dafür, dass das Fleisch bei der natürlichen Reifung schön mürbe wird, der innere Fettanteil, die Marmorierung dafür, dass das Fleisch saftig ist.

Fleischerei Ringl
1060 Wien, Gumpendorfer Straße 105
Tel. 01/596 32 78
www.fleischerei-ringl.at

Im kleinen Kühlraum reifen die Vierteln vom Rind vier Wochen lang am Knochen und werden danach, wie Kalb, Schwein und Lamm, händisch entbeint und portioniert. Was dabei abfällt, wird zu unterschiedlichsten Würsten verarbeitet, ebenfalls in reiner Handarbeit, nach traditionellen Rezepturen, gänzlich ohne Mehl und chemische Zusätze. Haltbar gemacht werden die Wurst-, Schinken- und Selchwaren, die in der kleinen Produktion hinter dem Geschäft hergestellt werden, ausschließlich durch Räuchern über Buchenholz, das saftige Geselchte wird hier noch traditionell von Hand mit Spagat gebunden.

Der Philosophie der ganzheitlichen Verwertung der Tiere entspricht auch das wahrscheinlich größte Angebot an frischen Innereien in der Stadt. Und mit Hundefutterspezialitäten haben sich Monika und Claudia Ringl eine zweite Produktschiene aufgebaut: In ebenfalls akribischer Handarbeit werden Lunge, Kutteln, Schlund, Ziemer, Ohren usw. geputzt und getrocknet und erinnern in der Präsentation im Verkaufsraum nahezu an abstrakte Kunstwerke.

Bäckerei Kaschik: der Eigenbrötler

„Wir sind eine kleine Bäckerei“, sagt Franz Kaschik aus Wien-Hernals. Und weil die Bäckerei immer schon eine kleine gewesen ist und schon Franz Kaschiks Vater gerne experimentiert und weitergedacht hat, begann der Bäckermeister schon in den Fünfzigerjahren mit der Herstellung von Vollkornbroten. Das war damals – nicht zuletzt aufgrund der rigiden Brotpreisbindung und der nachgerade planwirtschaftlichen Festlegung des Brotangebotes, das in Österreich bis in die Achtzigerjahre den Markt determinierte (oder zerstörte, je nachdem) – ein gewagter Schritt, der Markt für alternatives Brot war entsprechend klein, gerade drei Reformhäuser zählten in diesen Tagen zu den Kunden, erinnert sich Franz Kaschik. In einem dieser Reformhäuser lernte Franz' Vater einen Demeter-Bauern aus Kärnten kennen, nach einigen Gesprächen einigte man sich, und die Bäckerei Kaschik stellte von da an (1967) Demeter-Brot her.

Franz Kaschik
1170 Wien
Rosensteingasse 43
Tel. 01/485 15 88
www.kaschikdemeterbrot.at

Vorerst aus logistischen Gründen – manchmal konnte das geschrotete Getreide nicht geliefert werden, die Lagerhaltung von bereits geschrotetem Korn ist noch dazu heikel – schafften sich die Kaschiks eine eigene Mühle an und mahlen seither jeden Vormittag ihr eigenes Vollkornmehl im eigenen Haus. Bis 1987 wurde neben dem Vollkornprogramm auch noch ein „konventionelles“ Brot gebacken, seit mehr als zwanzig Jahren wird aber nur mehr biologisches Vollkornbrot erzeugt. Aber dafür schon 18 verschiedene Typen, teils reinsortige Roggen-, Weizen- oder Dinkelbrote, teils Mischbrote aus diesen drei Getreidesorten (beim „Essenerbrot“ kommen außerdem geschrotete Hirse und Hafer dazu). Auf handelsübliche Backhilfen – biologische Wirtschaftsweise würde an die siebzig Backhilfsmittel erlauben, der Demeter-Bund immerhin noch 13 – verzichtet Franz Kaschik völlig, seine Brote werden entweder nur mit drei Tage lang geführtem Natursauerteig, mit Natursauerteig und Biohefe (arttypische Getreidehefe statt der

bäckereiüblichen Zuckerrübenmelasse-Hefe) oder nur mit Biohefe hergestellt. Das braucht Zeit, das macht viel Arbeit und das führt mitunter dazu, dass der Bauernlaib, das Tiroler Brot, das Waldviertler Roggen-Dinkel-Brot, der Gewürzlaib oder all die anderen Brote an dem einen Tag vielleicht ein bisschen anders schmecken oder aussehen als an dem anderen, „und wenn mich wer fragt, warum das so ist, dann kann ich's ihm erklären". Das Getreide vom Bauern A sei anders als das vom Bauern B (Kaschik wird von 13 Demeter- und Biobauern aus Niederösterreich, Oberösterreich, der Steiermark und dem Burgenland mit Getreide beliefert), „und das macht das Arbeiten ja so interessant".

Franz Kaschik arbeitet – wenn überhaupt – mit alten Maschinen, „weil der Vollkornteig harmoniert mit den neuen Maschinen nicht", von manchen seiner Brote gibt es pro Tag nur zehn Stück – „ich bin ein Eigenbrötler", sagt er und trifft's damit wohl ziemlich auf den Punkt. „Man muss sich mit dem Teig verbinden, ihn verstehen, in jedem Stück Brot steckt ein Teil von mir, ich habe sozusagen jeden Teig zu einem Brot erzogen." Und wenn Franz Kaschik das sagt, dann hat das überhaupt nichts Affektiertes oder Esoterisch-Versponnenes, der Mann ist so authentisch wie ein Bäcker nur sein kann, und seinem Motto „Geschmack besteht aus Leben" kann man nur schwer widersprechen.

Foto: Essenerbrot

Confiserie Eibensteiner: die Gesamtheit der günstigen Eigenschaften

Es gibt die unterschiedlichsten Wege, um zu seiner Bestimmung zu finden: Weltreisen, familiäre Tradition, spontane Erkenntnisse oder langjährige Planung. Bei Wolf Dietmar Eibensteiner war es eine Unverträglichkeit, konkret: eine Mehlunverträglichkeit, was für einen Konditor eine ziemliche Herausforderung darstellt. Über Verwandte erfuhr er aber, dass eine Wiener Bonbonerzeugung gerade aufgelassen wurde, und die übernahm Wolf Dietmar Eibensteiner 1972.

„Mein Vorgänger hat immer gut gearbeitet, aber das Programm war irgendwie abgelaufen", sagt Eibensteiner, und er weiß, wovon er spricht, denn zunächst produzierte er dieses Programm vorerst einmal zehn Jahre lang weiter. 1982 schließlich dachte er sich, dass jetzt neue Patisseriezeiten anbrechen müssten, dass man auch in Wien Patisserien wie in der Schweiz oder in Frankreich herstellen sollte, und machte schließlich in Währing seine erste eigene Eibensteiner-Filiale auf, wo die edlen Trüffel und Pralines präsentiert wurden, wo das Patisseriejahr fortan in Jahreszeiten gegliedert wurde. Im Herbst zum Beispiel gibt's die „Maroni", die Eibensteiner zwar von seinem Vorgänger übernommen hat, aber erst als original Eibensteiner-Maroni Kult wurden: Von September an bezieht Eibensteiner frische Maroni – zuerst aus Sizilien, dann aus Neapel, im Lauf des Herbstes immer weiter aus dem Norden –, die dann in der Werkstatt gekocht und händisch geschält werden. Das sei zwar unendlich mühsam, sagt der Patisseur, „aber Maschinen kön-

Foto: Getunkte Orangenspalten und Orangenschalen Rohkost

nen einfach nicht feststellen, ob eine Maroni stinkt". Und damit ist das Geheimnis der Eibensteiner-Maroni auch schon gelüftet, denn außer Zucker kommt zur Maronimasse nichts dazu – eine Schokoglasur drüber („nicht zu bitter, aber auf keinen Fall picksüß und unbedingt sehr lange conchiert – das braucht Zeit und kostet Geld, bringt aber den Schmelz"), fertig. Die Eibensteiner-Maroni sind ein absolutes Frischeprodukt, dessen Haltbarkeit mit drei Tagen angegeben wird, die produzierten Chargen sind mit 300 Kilo entsprechend klein, dank täglicher Produktion über vier Monate hindurch kommt Eibensteiner aber doch auf drei bis vier Tonnen pro Jahr.

Confiserie Eibensteiner
1170 Wien, Lobenhauerngasse 25
Tel. 01/486 41 56
www.confiserie-eibensteiner.at

Ebenfalls bemerkenswert: Die Confiserie Eibensteiner stellt nicht nur Gelee (aus Agar-Agar) und Nougat, sondern auch noch Marzipan selbst her – als einer von ganz wenigen Verarbeitern in Österreich. Wie er die für die Qualität entscheidende Restfeuchtigkeit in der sensiblen Mandelmasse feststelle? „Mit der Hand." Hergestellt wird das Marzipan nur für den eigenen Gebrauch, „denn für den Großmarkt wäre unsere Ware einfach viel zu teuer". Aber Qualität – Eibensteiner definiert sie als die „Gesamtheit der günstigen Eigenschaften" – ist ihm eben außerordentlich wichtig, und mit möglichst keiner Fremdware zu arbeiten ebenfalls.

Zwei weitere interessante Produkte sind die „Rohkost", in einem komplizierten Verfahren kandierte und in Schokolade getunkte Orangenschalen (aus Bio-Orangen, das Innenleben der Orangen bekommt eine Schule in Währing, „weil wir brauchen ja nur den Abfall"), und das sogenannte Liliput-Konfekt: 13 bis 15 verschiedene Miniaturpralinen, verpackt in Kartonköfferchen oder Schubladenkästchen. Berühmt wurde diese Klein-Patisserie durch Altmann & Kühne am Wiener Graben. Eibensteiners Vorgänger und Eibensteiner selbst stellten sie aber immer für das berühmte Haus am Graben her, und anlässlich eines Besitzerwechsels konnte sich Eibensteiner das Markenrecht schützen.

Landwirtschaftsgüter der Stadt Wien: die Felder des Bürgermeisters

Ist es die Aufgabe einer urbanen Administration, Landwirtschaft zu betreiben, Wein zu keltern und die mitunter besten Erdäpfel des Landes zu ziehen? Nicht klassischerweise, die Stadt Wien macht's aber trotzdem.

Und zwar seit über hundert Jahren, als die Gemeinde zahlreiche Gründe im 19. Bezirk im Verlauf der heutigen Höhenstraße übernahm. Und zwar aus mehreren Gründen: um der drohenden Spekulation vorzubauen, um die Gründe als Naherholung und Grüngürtel der damals nachgerade explodierenden Großstadt zu erhalten – und um eine gewisse Versorgungssicherheit zu gewährleisten: Das Stadtgut Cobenzl am Latisberg in Döbling war zum Zeitpunkt des Erwerbs durch die Stadt eine nicht gerade kleine Landwirtschaft (150 Hektar), die Milch der städtischen Kühe diente der (damals unsicheren) Versorgung von Wiens Kindergartenkindern. Im Laufe der folgenden Jahre kamen noch vier weitere Güter dazu: das Stadtgut Laxenburg inklusive der Besitztümer in Vösendorf, wo auf nicht weniger als 900 Hektar Getreide, Mais und Gemüse angebaut werden, oder der Lindenhof in Eggenburg im Waldviertel, wo Sonderkulturen wie Raps, Mariendistel und Koriander angebaut sowie Lohnverarbeitungen für lokale Landwirtschaften angeboten werden. Bemerkenswert ist auch das Stadtgut Lobau-Essling, nämlich insofern, als es mit 600 Hektar auf Stadtgebiet wohl eine der größten metropolen Landwirtschaftsbetriebe weltweit sein dürfte, aber auch, weil hier seit 1986 biologisch gewirtschaftet wird, und zwar bei Getreide (Dinkel, Hafer, Roggen), Grünerbsen, Karotten und nicht zuletzt Erdäpfeln. Der extrem fruchtbare Donauschwemmboden in der Lobau sorgt bei den nahrhaften Knollen für dermaßen gute Qualität, dass die Wiener Erdäpfel in Holland und England reißenden Absatz finden – dem heimischen Großhandel sind sie leider zu teuer. Mitten in der Umstellungsphase auf biologische Bewirtschaftung befindet sich

Weingut Wien Cobenzl
1190 Wien, Am Cobenzl 96
Tel. 01/320 58 05
www.weingutcobenzl.at

auch das 250-Hektar-Gut Magdalenenhof am Bisamberg. Derzeit wird hier der Boden mittels Luzernen natürlich mit Stickstoff angereichert, Biogetreide und Bioerdäpfel sind das Ziel für die nähere Zukunft.

Nachdem die Produkte der vier Stadt- und Landgüter der Stadt Wien fast ausschließlich direkt in den Großhandel einfließen und für Letztverbraucher kaum greifbar sind (eine Ausnahme stellt der Leiterwagen des Stadtgutes Lobau in Großenzersdorf dar, wo man gegen den Einwurf von Münzen frisches Gemüse selbst entnehmen kann), ist das städtische Weingut Cobenzl hier die Ausnahme. Der Leiter, Thomas Podsednik, stellte sich vor zwanzig Jahren der nahezu unlösbaren Aufgabe, das heruntergekommene Weingut auf ein ansprechendes Niveau zu heben, und ist dank mutiger Investitionen – die Betriebe der Stadt Wien erhalten sich selbst und werfen einen zarten Gewinn ab – sowie kontinuierlicher Qualitätssteigerung bis heute überaus erfolgreich. Den Boom des Wiener Gemischten Satzes trug das Weingut Cobenzl nicht nur mit, sondern stellte mit den Weinen des uralten Weingartens „Pointengraben" am Grinzinger Reisenberg sicher einen der prägnantesten Vertreter dieser Gattung Wein her (leider musste die uralte Anlage 2009 gerodet werden, es wird aber wieder ein Gemischter Satz aus den Sorten Grüner Veltliner, Weißburgunder und Riesling gesetzt).

Derzeit werden von den landwirtschaftlichen Gütern der Stadt Wien dreißig Personen Vollzeit beschäftigt, an die 2000 Hektar werden bewirtschaftet, von den Flächen innerhalb der Stadtgrenzen Wiens zu 95 Prozent biologisch.

Foto: Wiener Satz „Senator"

O. Sacher: dünne Scheiben aus alten Öfen

Wes Geistes Kind die Karlsbader Oblaten nun sind, darüber wurden schon diplomatische Noten verfasst und geharnischte Manifeste formuliert. Gert Lagler, Besitzer der Wiener Traditionsbäckerei O. Sacher, hat für sich jedenfalls seine ganz eigene, komfortable Geschichte parat: Otto Sacher, ein Bäckermeister aus Klosterneuburg, ging im Jahre 1912 in den damals boomenden Society-Hot-Spot Karlsbad, fertigte dort original Karlsbader Oblaten von erlesener Güte und wurde schließlich von Wiener Gewährsleuten dazu motiviert, auch eine Filiale in der Kaiserstadt Wien zu errichten.

Die winzige Filiale an der Rechten Wienzeile kann jedoch nur schwer die ursprüngliche Heimstatt der angeblich 1912 ebenfalls an der Rechten Wienzeile gegründeten Oblaten-Bäckerei sein, denn der graue Gemeindebau, in dem sich die Manufaktur heute befindet, wurde erst 1952 erbaut. Egal, Tatsache ist, dass Gert Lagler – er kommt ursprünglich aus der Finanzbranche, wohnt im gleichen Haus und übernahm die Oblatenerzeugung kurzerhand, als die Firma vor 15 Jahren zum Verkauf stand – immer noch mit den gleichen Öfen bäckt wie O. Sacher vor knapp hundert Jahren. Und wenn man die Stecker, Kabeln und die Mechanik der an Waffeleisen gemahnenden schwarz-eisernen Geräte betrachtet, zieht man das auch keinen Moment in Zweifel. An die zwanzig der Geräte sind noch einsatzfähig und bedürfen regelmäßiger Wartung.

In der winzigen, nur wenige Quadratmeter großen Manufaktur werden auf sieben davon zwei Produkte hergestellt: die Karlsbader Oblaten aus ungesäuertem Teig nach geheimer Rezeptur sowie das Käsegebäck, von dessen „inneren Werten" ebenfalls nur sehr wenig verraten wird. Man erfährt freilich, dass die süßen Oblaten nach der Herstellung für 21 Tage gelagert und gepresst werden, nur so würden sie plan bleiben und könnten danach mit der hauchdünnen Schicht einer Haselnuss-Zucker-Paste bestrichen und mit einer zweiten Oblate abgedeckt werden. Beim Käsegebäck verrät Herr Lagler immerhin, dass es sich um eine Käsemischung handelt und dass es bei dieser darauf ankomme, einen möglichst milden Geschmack zu treffen, da die Hauptaufgabe dieser knusprigen, in Größe, Form und Farbe durchwegs ungleichen Knabberscheibchen ja sei, zum Wein genossen zu werden. Und zu viel Würze verdecke eben den Wein. Wobei man natürlich einwerfen könnte, dass es beim Wiener Heurigen, wo diese herrlichen Scheibchen mit ihrem distinktiven Kümmelaroma seit Urzeiten zum traditionellen Programm gehören, ja wohl eher weniger um Degustation denn um puren Konsum gehe. Was die Scheibchen von anderen industriell erzeugten außerdem noch radikal unterscheide, erklärt Gert Lagler, sei die Tatsache, dass sie aus festem Teig gefertigt und nicht flüssig gegossen sind, was sie haltbarer, stabiler und überhaupt viel besser mache. Dass sie in den gleichen Uralt-Waffelöfen wie die süßen Oblaten hergestellt werden (im Falle der Käsescheibchen immer vier bis fünf auf einmal), sieht man bei genauer Betrachtung übrigens an den Fragmenten der Oblatenprägung, die bei den ganzen und runden süßen Karlsbader Oblaten natürlich weitaus deutlicher zu lesen sind.

O. Sacher Original Karlsbader Oblaten
1040 Wien, Rechte Wienzeile 25–27
Tel. 01/586 67 84
www.karlsbader-oblaten.eu

Foto: Käsegebäck

Manfred Buchinger,

Gasthaus zur Alten Schule, Riedenthal, Niederösterreich

In der Küche kann ich meine Kreativität ausleben, und dazu brauche ich gute und interessante Lebensmittel aus der Region. Und obwohl ich schon elf Jahre mein Gasthaus hier betreibe, entdecke ich dank innovativer Produzenten laufend neue Produkte. Zum Beispiel Agrest oder Verjus, den heimischen Vorläufer des Zitronensaftes, der aus grünen Trauben hergestellt wird und der durch die Zitrone aus unseren Küchen verdrängt wurde und in Vergessenheit geriet. Oder den Feldhasen, bei dem man durch rasches Abbalgen erreicht, dass er fast so viel an Omega-3-Fettsäuren wie Lachs hat, was gut für unser Herz-Kreislauf-System ist. Oder Buschbergschwein, Kürbisblüten, Feigenblattkürbis u. v. m. Ich glaube, das Weinviertel wird langsam zu einer kleinen Delikatesseninsel!

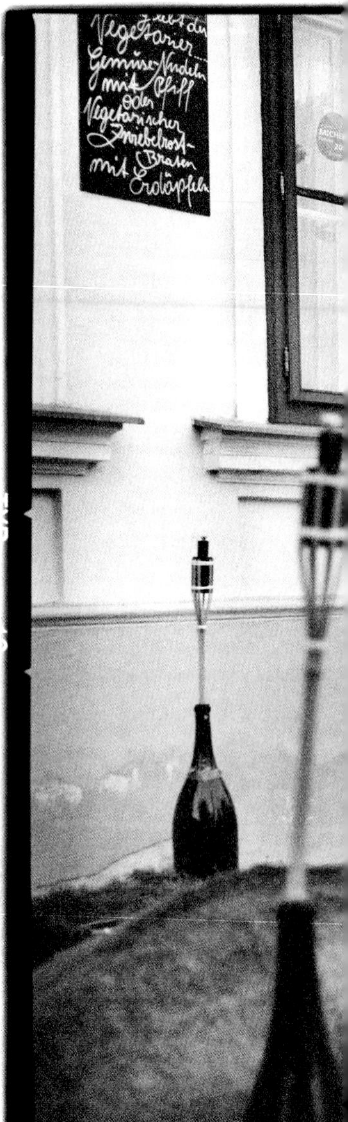

Litschau
Eisgarn
Heidenreichstein
Brand
Kautzen
Dobersberg
Gastern
Waldkirchen a. d. Thaya
Karlstein a. d. Thaya
Weikertschlag a. d. Thaya
Rancirov
Drosendorf
Raabs a. d. Thaya
Pfaffenschlag
Thaya
Waidhofen a. d. Thaya
Dietmanns
Gr.-Siegharts
Japons
Geras
Langau
Riegersburg
Felling
Schrems
Gmünd
Hoheneich
Hirschbach
Vitis
Windigsteig
Schwarzenau
Göpfritz an der Wild
Irnfritz
Pernegg
Weitersfeld
Kirchberg am Walde
Echsenbach
Allentsteig
Weitra
Schweiggers
St. Bernhard
Horn
Eggenburg
Sigmunds-herberg
Truppenübungsplatz Allentsteig
Großschönau
Neupölla
Zwettl
Friedersbach
Gr. Gerungs
Rastenfeld
St. Leonhard am Hornerwald
Gars am Kamp
Krumau am Kamp
Maissau
Großgöttfritz
Jaidhof
Gföhl
Schiltern
Schönberg am Kamp
Rappottenstein
Waldhausen
Lichtenau im Waldviertel
Langenlois
Arbesbach
Sallingberg
Albrechtsberg a. d. Gr. Krems
Senftenberg
Stratzing
Hadersdf.
Diendf.
Altmelon
Schönbach
Traunstein
Ottenschlag
Kottes
Dürnstein
Krems
Stein
Weißenkchn.
Spitz a.d.D.
Rossatz
Wösendf.
Mautern
Mühldorf
Martinsberg
Gutenbrunn
Raxendorf
Jauerling
Hollenburg
Grafenwörth
Etsdorf
N
0
10 km
kartographie

Waldviertel

Es ist groß, es liegt hoch, es ist dunkel dort, waldig und kühl. Feen, Geister, Magie und unzählige Legenden bevölkern die finsteren Wälder und die Hochmoore im Nordwesten Niederösterreichs. Die Bewohner des Waldviertels neigen zu einer gewissen Verschlossenheit, die Häuser der Ortschaften scheinen gegen eine nicht immer ganz geheure Natur zusammenzurücken. Die traditionelle Kost ist gehaltvoll, einfach und sättigend.

Ganz offenbar nicht die besten Voraussetzungen für leichtherzigen Hedonismus und feinsinnige Genussspielereien. Doch weit gefehlt, denn mit der Entdeckung eines neuen Bewusstseins für unberührte Natur, regionale Identität und sanften Tourismus kamen auch kulinarische Traditionen wieder ans Licht. Sei es der hier seit tausend Jahren gezüchtete und über die vergangenen Jahrzehnte hinweg stiefmütterlich vernachlässigte Karpfen, seien es die in der kühlen Waldluft gereiften Schinken und Würste, seien es uralte Getreide und deren Produkte, sei es der – einst und mittlerweile wieder – weltberühmte Waldviertler Graumohn, aus dem die kreativen Waldviertler inzwischen schon alles herstellen, was man sich nur vorstellen kann. Und dann ist da natürlich die malerische Wachau, zwar Teil des Waldviertels, aber immer schon ein bisschen anders, heller und wohlhabender als das dunkle Hinterland. Dass der Wein so gut wird und die Marillenbäume gerade hier so besonders schön blühen, wundert niemanden, der dieses wunderschöne Tal einmal durchfahren hat.

Arche Noah: das Archiv

Die Ausgangssituation ist nicht sehr erfreulich: Seit dem Jahr 1900 sind schon mehr als 75 Prozent aller Kulturpflanzen verschwunden, Industrialisierung der Landwirtschaft, Globalisierung, Gentechnik und die Tendenz zur Monopolisierung bei Saatgutfirmen führen zu einem kaum abschätzbaren Verlust kultureller Identitäten und genetischer Vielfalt.

Dem entgegenzusteuern war die Idee der Arche Noah, die sich 1990 aus der niederösterreichischen Samenpflegevereinigung und der steirischen Fructus entwickelte, zwei Vereinen, die es sich zum Ziel gesetzt haben, alte Kultursorten zu erhalten, Samen zu gewinnen und zu tauschen. Der erste Samenkatalog, der 1990 herausgegeben wurde, enthielt 250 Sorten, Arche Noah umfasste damals 120 Mitglieder, davon 39 sogenannte ErhalterInnen, die in Gärten und auf Feldern für die Kultivierung der alten Sorten sorgten. Mittlerweile zählt die Arche Noah über 7000 Mitglieder, das Netz der ErhalterInnen wuchs auf 450 Personen, die archivierten und gepflegten Samen umfassen ungefähr 6000 verschiedene Sorten, darunter etwa 4000 Gemüsesorten, der Rest sind Getreide und auch Blumen, alle selbstverständlich biologisch.

Arche Noah
3553 Schiltern, Obere Straße 40
Tel. 02734/86 26
www.arche-noah.at

An der Arche Noah ist einfach alles bemerkenswert – nicht nur die schieren Zahlen und Fakten, auch die Tatsache, dass es in Europa kaum vergleichbare NGOs gibt; im deutschsprachigen Raum ist die Arche Noah überhaupt die weitaus einflussreichste Organisation auf diesem Sektor. Oder die Schönheit des Schaugartens, der 1997 im verwilderten Schlossgarten des Schloss Schiltern angelegt und jedes Jahr neu ausgepflanzt wird – jährlich besuchen zwischen 20.000 und 30.000 Menschen dieses eindrucksvolle Manifest gärtnerischer Vielfalt. Wirklich wesentlich ist aber, was im Hintergrund passiert: 16 Angestellte kümmern sich um Archivierung von Samen, Administrierung des Archivs, Nachpflanzung und Verjüngung in regelmäßigen Abständen, Prüfung neu angebotener Samen, Wartung des Trocken- und des Tiefkühlarchivs und natürlich auch um den Verkauf von „überflüssigen“ Samen (wobei man natürlich jeden Samen kaufen kann, der sich im Archiv befindet, im schlechtesten Fall muss man halt ein bisschen warten).

In Zukunft will man sich nicht mehr nur um die Archivierung, sondern mit Partnern verstärkt auch um die sogenannte „On Farm“-Erhaltung kümmern, also um den kontinuierlichen Anbau der Pflanzen, nicht zuletzt, um mehr über individuelle Zyklen zu erfahren.

Mit Slow Food arbeitet die Arche Noah seit 2001 eng zusammen, in vieler Hinsicht gibt es Kooperationen, seien es einzelne Projekte wie Weingartenpfirsich und -knoblauch oder die Betreuung und Beratung einzelner Förderkreise und Arche-Produkte.

Foto: Archiv des Lebens: Samen

Grossauer: das undogmatische Pesto

Stefan Grossauer ist Quereinsteiger bzw. Umsteiger. „Ich habe Landwirtschaft studiert und war wissenschaftlicher Mitarbeiter an der Boku, hab aber nicht gewusst, wie eine Gurke aussieht", meint der junge Mann ein wenig polemisch. Das Ganze war ihm dann irgendwann einfach zu theoretisch, außerdem habe ihn das Praktische, das Handfeste, das Schöpferische bei seinen Praktika auf Bauernhöfen immer schon fasziniert, erzählt er. Also fuhr er vor drei Jahren einmal zur Arche Noah und besorgte sich unheimlich viele Kräuter, die er zu Pesto verarbeitete und mit respektablem Erfolg auf Bauernmärkten verkaufte.

Das war ihm aber irgendwie noch nicht genug. Und so begann er, das Thema Pesto grundsätzlicher anzudenken. Warum nicht auch Gemüse? Andere Öle? Heimische Nüsse? Er probierte es zuerst einmal mit einem Zucchini-Rivaner-Pesto, der Wein dafür stammte aus dem kleinen Weingut, das sein Vater und sein Bruder gemeinsam betreiben (und zwar mit einer alten Baumpresse!), das war schon sehr gut, dann noch viele andere Rezepturen, von denen sich nur die durchsetzten, die in der ganzen Familie Gefallen fanden.

Mittlerweile hat Stefan Grossauer neben zahlreichen Marmeladen und Gelees und marinierten Gemüsen an die zehn Sorten Pesto im Programm, das sich jahreszeitlich ändert. Darunter finden sich klassische Varianten auf Olivenölbasis, aber auch solche, bei denen hauptsächlich mit den Produkten der unmittelbaren Umgebung gearbeitet wird. Ein Mohnpesto mit Mohn- und Rapsöl aus dem Waldviertel etwa, ein fantastisches Walnusspesto, dessen Nüsse aus der Gegend von Horn stammen, die von einem lokalen Bauern gesammelt werden, der auch den Speck für Grossauers Speckpesto selcht. Apfel-Lauch-Pesto, Rote-Rüben-Pesto. Alle Essige und Weine, die eingesetzt werden, stammen aus dem eigenen Keller, die Gemüse bezieht er primär von lokalen Bauern und aus den Gärten des psychosozialen Zentrums in Schiltern, dessen Patienten auch in der Abfüllung mitarbeiten, seinen Knoblauchbedarf versucht Grossauer mit dem Slow-Food-Arche-Produkt „Weingarten-Knoblauch“ zu decken. An Parmesan, Olivenöl und Pinienkernen aus Italien kommt man bei der Pestoproduktion freilich nicht vorbei, „aber ich bin ja auch kein Dogmatiker“.

Grossauer Edelkonserven
Stefan Grossauer
3562 Schönberg am Kamp
Bergstraße 14, Tel. 0650/574 30 67
www.edelkonserven.at

Auch wenn sich Stefan Grossauer mittlerweile eine kleine Verarbeitungsküche eingerichtet hat und nicht mehr mit dem Handmixer arbeitet, ist der Anteil manueller Arbeit immer noch enorm. Was sich auch in den eher großen Parmesan- und Nussstückchen äußert – „wir mögen's grob, es schmeckt einfach anders, wir wollen was spüren, wenn man reinbeißt“. Und als beim Zerschneiden der vollreifen Schoten für seine marinierten Paprika köstlicher Saft abfloss, machte er einfach ein herrliches Fruchtgelee von strahlendem Rot daraus.

Foto: Rote-Rüben-Pesto

Roman Schober: Turopolje-Schinken aus dem Burgkeller

Roman Schober ist Realist: Überleben kann man als Fleischhauer nur mehr mit, erstens, hoher Qualität und, zweitens, indem die hergestellte Ware was Besonderes bietet. Das hat der Fleischhauer in siebenter Generation jedenfalls rasch erkannt und den elterlichen Betrieb, als er ihn 1999 übernahm, gleich einmal auf Biofleisch umgestellt.

Biofleischerei Roman Schober
3571 Gars am Kamp
Dreifaltigkeitsplatz 10
Tel. 02985/25 12, www.bio-schober.at
Zertifizierter Bioproduzent

Nur weil er Realist ist, heißt das aber noch lange nicht, dass er nicht auch mit Fantasie, Enthusiasmus und dem sympathischen Quäntchen Verrücktheit ausgestattet ist: So fertigt er seine Würste, Schinken und Speckspezialitäten ausschließlich aus dem Fleisch von Schweinen alter Rassen. Sein „Standardschwein" etwa ist das Schwäbisch-Hällische Landschwein, und für seine ganz besonderen Spezialitäten entdeckte er im vergangenen Jahr die alte kroatische Schweinerasse Turopolje für sich: Diese robusten Schweine, die Schober ausschließlich aus dem Waldviertel bezieht, verbringen das ganze Jahr über im Freien, bekommen Getreide, Gemüse und Grünfutter, wachsen sehr langsam (Schlachtalter etwa ein Jahr) und verfügen deshalb über eine für den Fleischhauer besonders interessante Fettstruktur.

Für den Schinken und Speck dieser besonderen Schweine hat Roman Schober nun eine eigene Marke kreiert, und zwar den „Babenberger". Wobei dieser Name auf eine weitere Besonderheit hinweist, nämlich die, dass die Schinken in Zukunft in einem noch bis vor kurzem verschütteten, schön renovierten und von Waldviertler Frische gut belüfteten Renaissance-Kellergewölbe der Burg Gars reifen werden. Mit diesem neuen Reife- und wohl auch recht spektakulären Präsentationsraum (mit Glaswand abgetrennt) verfügt er dann über die Kapazität, bis zu 200 Turopolje-Schweine pro Jahr zu verarbeiten. Was übrigens so „slow" wie möglich passiert: Geschlachtet wird vom Fleischhauer selbst, die Schinken werden entbeint („ich will die Italiener nicht kopieren,

sondern ein eigenständiges Produktmachen“) und mit Meersalz eingerieben, „Würzung als solche gibt es eigentlich gar nicht, das Produkt steht für sich selbst“. Auf Nitrit verzichtet Schober bei seinen Demeter-zertifizierten Produkten natürlich ganz, die biozertifizierte Ware wird aber ebenfalls schrittweise auf nitritfreie Salzung umgestellt, Zusätze mit „E-Nummern“ verwende er sowieso nicht mehr. Sechs Monate reifen die gut mit Fett abgedeckten Schinkenstücke dann (bei Redaktionsschluss noch im Kühlraum) im Gewölbekeller, von dem sich der Fleischhauer natürlich auch ein besonderes Reifeklima und eine entsprechende Aromaentwicklung erwartet. Der Babenberger Schinken besticht durch ein überaus deutliches Aroma, eine geschmeidige Struktur, einen sehr schön kernigen Biss beim Fettrand und doch einen etwas höheren Salzgehalt, „weil, so hält er auch länger“.

Ein anderes, hochinteressantes Produkt, dem sich Schober in Zukunft widmen will, ist Fleisch von der alten und vom Verschwinden bedrohten Rinderrasse des Waldviertler Blondviehs. „Wenn man heute was macht, muss es sich unterscheiden – eine besondere Rasse und eine besondere Fütterung.“ Beim nicht sehr zur Fetteinlagerung tendierenden Waldviertler Blondvieh denkt er deshalb an eine Mästung ähnlich der der Kobe-Rinder, also etwa mit Biertrebern und Rüben. Dieses außerordentliche Rindfleisch soll dann als biologisches Frischfleisch in den Handel kommen, Schober denkt aber natürlich auch an Weiterverarbeitungen in der Art von Bündner Fleisch oder südafrikanischem Biltong.

Foto: „Babenberger“-Speck und Osso Collo

Robert Paget: der Büffel-Vernetzer

Es war das klassische Siebzigerjahre-Szenario: eine Gruppe junger Studenten, die das wahre Leben am Land kennenlernen wollten – Kommune, Bezug zu Boden und Natur, Respekt vor den Haustieren und so was halt. Das soziale Experiment scheiterte zwar, Robert, mit seinem Biologiestudium fast fertig, und seine aus der Bretagne stammende Frau Soizig Paget gingen aber trotzdem nicht mehr in die Stadt zurück. Sie übernahmen stattdessen einen verfallenen Meierhof des benachbarten Schlosses Walkersdorf, hielten sich ein Pferd, eine Kuh und ein paar Ziegen, deren Milch Robert Paget von Jahr zu Jahr zu immer besserem Rohmilchcamembert verarbeitete.

Bald galten die fließenden, unglaublich guten Käse als Kult, aber das war Robert Paget nicht genug, er wollte die Sache ganzheitlicher angehen. Sein mittlerweile renovierter Hof wurde zu einem kulturellen Zentrum, auf dem die unterschiedlichsten Menschen zusammenkamen. Dabei entstand auch die Idee, sein Käse-Know-how etwa den nordindischen Parias anzubieten. Paget etablierte mithilfe von Freunden und Netzwerken eine Lehrkäserei und kam dort zum ersten Mal mit Büffelmilch in Berührung. Der nächste Weg führte ihn nach Kalabrien, weil er die Kunst des Mozzarellamachens erlernen wollte, was gar nicht so leicht war, ihn aber nicht davon abhielt, in seinem Waldviertler Stall zehn Wasserbüffel einzustellen und es einige Jahre lang zu probieren. Mittlerweile kann er es nicht nur, sondern ist wohl auch einer der wenigen Käser weltweit, die hundertprozentig handgemachten biologischen Büffelmozzarella herstellen.

Mit den Büffeln hat sich aber nicht nur Pagets Käsespektrum verändert – er arbeitet, ganz nach der kleinbäuerlichen Tradition der Gegend, verstärkt an Mischkäsen (statt solchen aus Schaf- und Ziegenmilch halt mit Mischungen von Ziege und Büffel) –, sondern auch sein Netzwerkbewusstsein. Die Kontakte des Waldviertler Käsepioniers reichen – nicht zuletzt dank seines Slow-Food-Engagements – inzwischen in die ganze Welt, aber genauso wurde er ein ganz wesentlicher Bezugspunkt für junge und ambitionierte Nahrungsmittelinitiativen in der Region.

Und dass sein unbeschreiblich köstlicher, im Weinblatt gereifter Büffelcamembert in handelsüblichen Weinblättern aus Griechenland reift, mögen manche vielleicht monieren, Paget wird ihnen dann lachend vom Scheitern seiner Versuche mit heimischer Ware erzählen. Das Highlight seines Spektrums ist sicher immer noch der Ziegencamembert, „aber der ist was für Spezialisten", sagt Paget, „der Büffelcamembert ist für alle".

Robert Paget
3492 Diendorf am Kamp, Kirchenweg 2
Tel. 0664/154 02 18
www.bufala-connection.at
Hofladen geöffnet:
Fr, Sa 10–18 Uhr

Foto: Büffelcamembert im Weinblatt

Biohof Strobl: Rohschinken vom Blauschimmelkäse-Schaf

Luise Strobl ist eine unglaublich engagierte Persönlichkeit, der Umweltschutz und Natur große Anliegen sind. So ist sie nicht nur als Landwirtin, Schafzüchterin und Gebietsbäuerin des Bezirks Raabs a. d. Thaya aktiv, sondern auch als Obfrau von acht weiteren Institutionen. Und sie züchtet Border Collies, die sie zum Teil auch selbst zu Hütehunden ausbildet.

Seit 1994 wird der Stroblhof – der Elternhof ihres Mannes – als zertifizierter Biobetrieb geführt. Wobei man auch schon davor nicht mehr gespritzt hatte und sehr naturnah gewirtschaftet wurde. Ursprünglich hielten die Strobls Rinder, Schweine und einige Schafe auf dem Hof im nördlichen Waldviertel. Aufgrund der steigenden Nachfrage nach Schafmilch für die Käseproduktion entschloss sich die Familie Strobl dann aber, auf die Schafzucht umzusteigen. Nach einer Reise in die französische Roquefort-Gegend, wo seit 800 Jahren die Lacaune-Schafe – aus deren Milch der gleichnamige Blauschimmelkäse hergestellt wird – gehalten werden, entschieden sich Luise und Johann Strobl für diese alte französische Milchschafrasse. Zum einen, weil sie für die Herdenhaltung besonders gut geeignet und sehr robust ist, zum anderen, weil sich das Lacaune-Schaf durch sehr gehaltvolle Milch und besonders schönes Fleisch auszeichnet.

Biohof Strobl, Luise und Johann Strobl
3823 Weikertschlag/Thaya
Unterpertholz 20/21, Tel. 02845/609
www.wvnet.at/milchschafzucht
Zertifizierter Bioproduzent

1996 wurde mit der eingetragenen Zucht begonnen, an die 330 Milchschafe sind nun in dem großen, aus eigenem Holz gebauten und mit Schafwolle gedämmten Freilauf-Warmstall zuhause. In einem weiteren weitläufigen und modern klimatisierten Stall sind die Zuchtböcke, die Lämmer für die Weiterzucht und den Verkauf sowie die Mastlämmer untergebracht. Die meiste Zeit allerdings verbringen die Schafe im Freien auf der Weide. Luise Strobls besondere Spezialität ist ein vielfach ausgezeichneter Schaf-Rohschinken. Für diese mürbe

Delikatesse lässt sie das von ihr selbst zugeputzte Fleisch bei einem kleinen Fleischhauer mit einer speziellen Kräuter-Salz-Mischung drei Wochen beizen und anschließend sechs bis acht Wochen bei circa zwanzig Grad trocknen. Die Kräuter und Gewürze für die Beize zieht sie übrigens in ihrem eigenen Garten: Knoblauch, Majoran, Thymian, Rosmarin, Basilikum und Oregano.

Auch eine besonders saftige, aromatische Schafwurst sowie die sogenannte Schafwurzn, die aus durchzogenem und magerem Schaffleisch und Gewürzen besteht, werden nach eigenen Rezepturen in reiner Handarbeit hergestellt. Sehr geschmackvoll ist auch die Leberpastete vom Lacaune-Schaf, bestehend aus Leber, Fleisch und einer eigenen Gewürzmischung. Da nach Luise Strobl und entgegen weitbreiteter Meinungen ein gesundes Schaf „Fett haben muss", haben die Strobl-Schafe auch Fett. Und das kommt nicht nur dem Geschmack und der Konsistenz der eigenen Produkte zugute, sondern auch einem Handwerksverein, der das verbleibende Schaffett zu duftenden Naturseifen weiterverarbeitet. Die Produkte können ab Hof erworben werden, gegen Voranmeldung werden auch Betriebsführungen angeboten. Der Schinken und die Wurstwaren sind zudem auch in ausgewählten Bio-Maran-Filialen erhältlich.

Foto: Schaf-Rohschinken

Meierhof: Waldviertler Geschmacksalternative

Der Meierhof, ein 600 Jahre alter Wirtschaftshof, war einst Teil des Zisterzienserklosters St. Bernhard. Seit 1995 führen Josef Ehrenberger, der hier aufgewachsen ist, und seine Frau Helma Hamader, studierte Raumplanerin, den Hof gemeinsam. Im Laufe der Jahre bauten sie eine ganzheitliche Hofstruktur mit Land- und einer kleinen Viehwirtschaft auf, mit Rindern, Hühnern und Gänsen.

Auf der Suche nach Geschmacksalternativen und Vielfalt stießen die beiden vor vielen Jahren auf „alte Sorten“. Und was klein im Gemüsebeet begann, übertrugen sie bald auf ihre Getreidefelder: Zwölf verschiedene urwüchsige Getreidesorten werden heute auf ihren Anbauflächen kultiviert, unter anderem Einkorn, die Urform des Weizens, Emmer, Bergweizen, Dinkel, Nackthafer, Nacktgerste, Gommer, Khorasanweizen, der Urroggen namens Waldstaude sowie Hirse. Hauptkriterien der beiden bei der Auswahl der Sorten waren besonderer Geschmack, das energetische Potenzial und die regionale Anbau-Eignung des Getreides.

Die Anbauflächen werden seit 2004 biologisch-dynamisch in Misch- und Permakulturen und mittlerweile sogar pflugfrei bewirtschaftet. In einem weiteren Schritt hat das Duo begonnen, sich intensiv mit der Entwicklung neuer Produkte zu beschäftigen. Von Dinkelreis inspiriert, probierten sie auch, andere alte Getreidearten durch behutsames Schleifen und Polieren zu „Getreidereis" zu verarbeiten, und waren von den spezifischen Geschmackserlebnissen begeistert. Mittlerweile produzieren sie sieben unterschiedliche Getreidereissorten. In einer kleinen, nach einem alten Modell weiterentwickelten Maschine werden die Körner besonders schonend unter Vakuum geschliffen. Nach der Devise „So wenig als möglich – so viel als notwendig" wird dabei ein Teil der äußeren Getreidehülle entfernt und anschließend mit Bürsten poliert. Ein großer Teil der Kleie und der Keimlinge bleibt auf diese Weise erhalten, und die Kochzeit reduziert sich stark.

Meierhof
Josef Ehrenberger und Helma Hamader
3580 St. Bernhard 48
Tel. 02982/33 51
www.meierhof.at

Auch Teigwaren aus Emmer, Dinkel, Einkorn und Waldstaude werden hergestellt, und die ursprüngliche Vielfalt aus dem Gemüsebeet ist zwischenzeitlich nicht nur auf die Getreidefelder, sondern auch in Foliengewächshäusern hinter dem Hof übersiedelt: zahllose alte Chili- und Paprikasorten, unzählige Paradeiserraritäten, Bohnen, Kohlsorten, Andenbeeren, Melonen und vieles mehr wächst dort und kann im Herbst am Hof verkostet und erworben werden. Die Getreideprodukte werden auf Bestellung versandt und sind mittlerweile auch in zahlreichen Bioläden erhältlich.

Foto: Getreidereis aus Waldstaudekorn, Emmer, Einkorn, Dinkel

Waldland: Wir sind Waldviertel

Ursprünglich ging es darum, dem strukturschwachen und von Absiedelung stark bedrohten Waldviertel eine Perspektive zu geben, die jungen Leute in der Region zu halten. 1982 wurde also das sogenannte Waldviertel-Management unter Leitung des Landesbeauftragten und Direktors der Landwirtschaftlichen Fachschule Edelhof gegründet, das Motto „Hilfe zur Selbsthilfe" ausgerufen und als eine der Initiativen 1984 ein „Verein zur Förderung Waldviertler Sonderkulturen" gegründet. Dieser Verein machte es sich vorerst zur Aufgabe, Waldviertler Mohn-Bauern mit logistischer und Marketing-Infrastruktur sowie modernen Maschinenparks zu unterstützen, im Lauf der Jahre kamen dann noch die Themen Dinkelgetreide, Geflügel, Karpfen, Öle dazu, mittlerweile hat der Verein etwa 800 Mitglieder, siebzig Angestellte und gilt als einer der größten Arbeitgeber der Region.

Der Themenbereich „Schmackhaftes" ist zwar nur eines von drei Standbeinen der bäuerlichen Kooperative – nachwachsende Rohstoffe (Flachs als Dämmstoff, Öl als Treibstoff, Leinen für Textilverarbeitung) und Samen- sowie Ölgewinnung für die Pharma- und Kosmetikindustrie sind die zwei anderen –, aber von diesen zweifellos das sinnlichste. Bei der Entwicklung sämtlicher Produktlinien ging Waldland überaus strategisch und pragmatisch vor, beim Geflügel etwa wurde zuerst der Markt für hochwertiges Nischengeflügel analysiert, dann wurden Produktionsrichtlinien erarbeitet und nach geeigneten Zuchttieren gesucht. Für das Waldviertler Freilandhuhn wählte man zum Beispiel die robuste Zuchtrasse mit dem prosaischen Namen „JA57", das in zwölf Wochen Freilandhaltung 1,2 bis 1,3 Kilo Schlachtgewicht und hochwertiges, saftig-zartes Fleisch mit etwas dunklerer Farbe erbringt. 15.000 solche „Waldviertler Freilandhendln" werden pro Jahr geschlachtet, außerdem 20.000 Enten und schließlich 10.000 Gänse, die ein Dreivierteljahr auf der Weide verbringen und im No-

Waldland
3533 Friedersbach
Oberwaltenreith 10
Tel. 02826/74 43-0
www.waldland.at

vember und Dezember als „Waldland Weidegans“ verkauft werden. Ein entscheidender Punkt in der Waldland-Philosophie ist aber auch die Wertschöpfung und Veredlung, weshalb die von den Mitgliedsbetrieben oder in der Waldland-Zentrale in Oberwaltenreith hergestellten Rohprodukte auch gleich vor Ort verarbeitet werden: zu geräucherter Barbarieentenbrust, zu Kaninchenschinken, zu Enten- und Gänsegrammelschmalz, zu diversen Sulzen, zu Waldviertler Selchfleischknödeln, zu Gänseleberkäse, zu Dinkelnudeln und zu einem breiten Spektrum an Mohnbackwerk. Das Waldland-Catering zählt ebenso zu den stark wachsenden Bereichen, wobei in der Waldland-Küche primär regionale und eigene Produkte Verwendung finden, mit allzu viel Pfeffer muss man also zum Beispiel nicht rechnen.

Neben der hohen und zuverlässigen Qualität sämtlicher Produkte ist die Gesamtheitlichkeit des Konzepts faszinierend, das stark in Richtung Autarkie geht: Nicht nur, dass regelmäßige Fortbildungsveranstaltungen die Mitglieder auf dem Laufenden halten, wird der Gewinn von Waldland auch zu hundert Prozent in die Kooperative gesteckt. Und einige der Waldland-Lieferwagen fahren sogar mit dem aus der eigenen Presse geflossenen Öl. Wobei es sich da eher um Rapsöl handelt und nicht um das sagenhaft gesunde und hochwertige Mariendistelöl, dessen leberentgiftende Wirkung unter Kennern einen legendären Ruf genießt.

Foto: Barbarieentenbrust, geräuchert

Erich Kasses: der Hüter der Sauerteige

Der Großvater von Erich Kasses, Leopold Kasses, gründete 1925 die gleichnamige Bäckerei im nördlichen Waldviertel. 1988 übernahm Erich Kasses den Familienbetrieb von seinem Vater. „Entwickeln Sie sich zurück zum Großvater", riet ihm damals ein Geschäftspartner, und Erich Kasses beschritt daraufhin einen neuen Weg. Den Weg zurück zu unverfälschtem Geschmack und zu ehrlicher handwerklicher Backkultur, die heute eher zu einer Seltenheit geworden ist.

Den einzigartigen Geschmack seines Brotes erreicht der Bäckermeister durch spezielle Sauerteigkulturen und den Verzicht auf jegliche Geschmacksverstärker, Konservierungsmittel und Fertigmischungen. Viele Jahre probierte er, bis die Versäuerung, der Geschmack und die Optik seiner Brote passten. Das Schwierigste war damals aber, erzählt er, den Geschmack der Kunden zu verändern. Heute profitiert er von dieser langwierigen, schwierigen Anfangsphase, kennt dadurch aber die Prozesse im Teig und beim Backen so gut, dass er sich bei der Entwicklung neuer Produkte leichter darauf einstellen kann.

Und Erich Kasses probiert viel aus, ist immer auf der Suche nach etwas Neuem. 135 verschiedene Sorten Brot umfasst sein Sortiment, die fast täglich frisch hergestellt werden. Das Herzstück der Produktion, das der Meister ganz persönlich hütet, sind seine Sauerteigkulturen, die täglich angesetzt und alle 14 Tage neu gestartet werden. „Sauerteige sind Lebewesen, auf die man eingehen muss", weiß Kasses, „man muss sich mit ihnen beschäftigen, um zu merken, wie es ihnen geht. Und sie sind immer anders, leben mit Temperatur und Witterung." Über 35 verschiedene Sauerteigkulturen, „seine Haustiere", wie Erich Kasses sie liebevoll nennt, kultiviert er in Holzfässern aus dem eigenen Wald. Waldstaude, Schnittroggen, Roggenschrot, Dinkel und Kamuth geben jedem Brot seinen unverwechselbaren Geschmack. Die Körner für die Brote werden selbst vorgequollen, damit sie so viel Wasser wie möglich aufnehmen, dadurch werden sie weicher und wird das Brot saftiger, anstelle von Salz wird Salzsole aus Hall verwendet. Die Weißbrote stellt Erich Kasses aus Vorteigen her, die mindestens 48 Stunden in der Kühlung lagern, zum Beispiel in bestem Olivenöl – „meine Spinnereien", schmunzelt Erich Kasses.

Gebacken werden die in reiner Handarbeit hergestellten Brote in modernsten Steinöfen. Dass er vor vielen Jahren den richtigen Weg eingeschlagen hat, bescheinigen dem Perfektionisten neben Geschmack und Qualität seines Brots zudem zahlreiche Auszeichnungen und Anerkennungen. Seit zwei Jahren ist Erich Kasses Mitglied der internationalen Vereinigung Slow Baker, und 2009 wurde seine „Waldbauernflade" von Slow Food Wien zum besten Roggenbrot Österreichs gekürt.

L. Kasses & Co., Inh. Erich Kasses
3842 Thaya a. d. Thaya
Hauptstraße 11, Tel. 02824/526 57
www.kasses.at

Foto: Roggenbrot „Waldbauernflade"

Mohnhof Greßl: aus dem Mohn alles rausholen

Wie lange der Graumohn im Waldviertel schon angebaut wird, lässt sich nicht genau sagen, was man aber weiß, ist, dass es sich bei Schlafmohn um eine der ältesten Kulturpflanzen überhaupt handelt (es gibt ihn schon seit der Jungsteinzeit), dass schon im 12. Jahrhundert Mohnabgaben verlangt und bezahlt wurden, dass sich Klöster des medizinisch verwertbaren Samens annahmen (als Beruhigungs- und Betäubungsmittel) und dass mit Mohnöl schon vor vielen Jahrhunderten Lampen befeuert wurden. 1934 wurde der Waldviertler Graumohn sogar an der Londoner Produktenbörse gehandelt. Nach dem Zweiten Weltkrieg verlor der Samen der Mohnpflanze im Waldviertel aber an Bedeutung. Mit der Ostöffnung Ende der Achtzigerjahre, erzählt Andreas Greßl aus Haiden bei Ottenschlag, überschwemmte billiger Mohn aus den Comecon-Ländern den europäischen Markt und Mohn als Rohprodukt war im Waldviertel kaum mehr rentabel anzubauen. Dennoch hatte sich eine kleine Mohn-Renaissance zu entwickeln begonnen, moderne Maschinen waren angeschafft und Flächen wieder kultiviert worden. Die Krise zwang Greßl und die anderen Waldviertler Mohnbauern also zum Handeln: Greßl beschloss, Mohn selbst zu veredeln, und begann 1989 seinen Mohn zu Öl zu pressen. Das richtige Produkt zum richtigen Zeitpunkt, denn eine Sensibilität sowohl für regionale Produkte als auch für hochwertige kaltgepresste Öle begann sich damals gerade zu entwickeln, und der sanfte Waldviertel-Tourismus brachte ein Publikum mit Sinn für authentische Genüsse.

Mohnhof Greßl
3631 Ottenschlag, Haiden 11
GENUSS REGION ÖSTERREICH
Tel. 02872/74 49
www.mohnhof.at

Seit einigen Jahren genießt der Waldviertler Graumohn in der EU nun sogar den Status der geschützten Ursprungsbezeichnung, und das zu Recht, wie Andreas Greßl erklärt: „Wir haben hier sandige Granitböden, sehr schlechte Böden, aber der Mohn hat das gern, je karger der Boden, desto feiner das Aroma." Mohn zählt nämlich zu den wenigen Pflanzen, die eine Bodentypizität geschmacklich umsetzen können, auf fruchtbarerem Lehmboden kämen immer auch plumpere, lehmigere Aromen ins Spiel, so Greßl. Dazu kommt, dass seine Mohnfelder – mit 15 Hektar zählt er zu den größten Produzenten in Österreich, pro Hektar rechnet man im Waldviertel mit 800 bis 1000 Kilo Mohn – auf einer Höhe von 850 bis 900 Meter Seehöhe liegen. Da sind die Nächte kalt, die Mohnpflanze bezieht ihre Feuchtigkeit vorwiegend aus Tau, die hochwertigen ungesättigten Fettsäuren bilden sich verstärkt aus.

Mohn verfügt über einen rekordverdächtigen Ölgehalt von 48 bis 51 Prozent, sogar die schonende Kaltpressung (nicht über 37 Grad) erbringt immer noch einen Ertrag von dreißig Prozent, und – das Beste – Mohnöl besteht bis zu neunzig Prozent aus ungesättigten Fettsäuren. Auf Röstungen der Mohnsamen verzichtet Andreas Greßl, da das den Geschmack des Öls in eine nussige Richtung nivelliere und damit außerdem wertvolle Vitamine (E), ätherische Öle und Inhaltsstoffe verlorengingen. Drei verschiedene Mohnöle werden bei den Greßls gepresst: das unheimlich delikate und subtile Graumohnöl – der pure Waldviertel-Geschmack –, das, etwa in Erdäpfelsalat, eine unglaubliche Wirkung zeitigt, ein etwas herberes und intensiveres Blaumohnöl sowie ein zartnussiges Weißmohnöl. In Kooperationen verarbeitet Greßl den Mohn auch noch zu Bränden, Likören, Schokoladen, Pesto, Honig, Kosmetik und nicht zuletzt für die Füllung der unwiderstehlichen „Mohnzelten“.

Foto: Kaltgepresstes Graumohnöl und Graumohn

Teichwirtschaft Jaidhof: langsame Karpfen

Wenn man ganz ehrlich ist, meint Roland Wintersberger, dann ist der Karpfen im Waldviertel ja eigentlich nicht heimisch. Der Zeitpunkt, zu dem der ursprünglich aus China stammende Fisch in mitteleuropäische Teiche kam, liegt allerdings schon gut tausend Jahre zurück, was doch eine gewisse regionale Verwurzelung mit sich bringt. Karpfen zu züchten brauchte immer schon Raum, weitläufige Teiche, und damit war es immer eine Angelegenheit von Großgrundbesitzern, also Schlossherren und vor allem Klöstern.

Roland Wintersberger ist weder Aristokrat noch Mönch, sondern wollte vor zwanzig Jahren eigentlich nur in Ruhe angeln. Und so kaufte er sich einen Teich – in Jaidhof bei Gföhl. Um die überaus aufwendige Wartung und Pflege der mitunter tausend Jahre alten Teichanlagen finanzieren zu können, verpachtete er vorerst die Fischereirechte, „aber da war's dann mit der Ruhe vorbei". Also setzte er auf Karpfenzucht, erkannte aber bald, dass die auf konventionelle Art und Weise betriebene nicht nur kostenintensiv, sondern letztlich auch unbefriedigend war. Vor zehn Jahren änderte er die Zielrichtung daher dramatisch und arbeitete von da an „mit der Natur".

Das heißt, seine Teiche – insgesamt 16 Hektar und damit im internationalen wie nationalen Vergleich gesehen eher winzig – verfü-

Foto: Schuppenkarpfen

gen über eine extrem geringe Besatzdichte – je nach Flora und Fauna eines Teichs unterscheidet sie sich, es sind aber immer überaus wenige Fische pro Hektar. Mit dem Effekt, dass sich die Allesfresser-Fische von dem ernähren können, was der Teich zur Verfügung stellt, und Wintersberger auf Zufütterung mehr oder weniger verzichten kann. Als wechselwarmes Tier frisst der Karpfen ohnehin nur im Sommer und legt sich seine mit den hochwertigen Omega-3-Fettsäuren überaus gutgesättigte Fettreserven an, in diesem Fall allerdings zu hundert Prozent „natürlich". Diese Vorgehensweise bringt es mit sich, dass Wintersbergers Teiche einerseits sehr gesund sind und der Karpfen nicht „lettelt" oder „mooselt" (das passiert, wenn zu hoher Dungeintrag im Wasser das Wachsen von Blaualgen fördert), andererseits aber auch im Vergleich zu konventioneller Zucht manchmal doppelt so lange braucht, um sein Schlachtgewicht zu erreichen, nämlich vier bis fünf Jahre. Aber wir wiederum wissen ja längst, dass langsam gewachsenes Eiweiß und Fett das hochwertigere ist, womit die Jaidhof-Karpfen also nicht nur durch ethische, sondern gewissermaßen auch durch innere Werte überzeugen.

Teichwirtschaft Jaidhof
3542 Jaidhof 3
Tel. 02716/806 20
0664/175 53 02
www.biokarpfen.at

Art und Weise der Zucht oder Fütterung seien aber nur das Eine, stapelt Roland Wintersberger ein bisschen tief, „entscheidend für die Qualität ist und bleibt das raue Klima" – 600 Meter Seehöhe und wirklich harte Winter fordern dem Fisch einiges ab und machen ihn so zur Delikatesse. Für die Schlachtung und Verarbeitung seiner Karpfen braucht es übrigens auch seine Zeit – Entnahme aus dem Halter, Schlachten, Schuppen, Filetieren und Schröpfen dauern schon eine Stunde. Dass andere Karpfenzuchten billiger produzieren als er, bereitet Roland Wintersberger nicht wirklich Kopfzerbrechen. Dass er mit seinen Karpfen die besten Restaurants Wiens beliefert, sieht er als Bestätigung für seine Arbeit.

Reinhard Heiss: Zackelschafe

Schafe zu züchten war schon immer ein großer Wunsch von Reinhard Heiss. Vor sechs Jahren hat sich der hauptberuflich im Bereich Projektsteuerung für Wohnbaugenossenschaften zuständige Bauingenieur diesen Wunsch erfüllt, seither betreibt er Schafzucht als „Hobby“. Im Zuge seiner Recherchen über bedrohte Arten entdeckte er das Zackelschaf, eine relativ kleine, zierliche, jedoch robuste ungarische Rasse, die sich optisch durch ihr imposantes schrauben- bzw. korkenzieherförmiges Gehörn und bis zu dreißig bis vierzig Zentimeter langes, dichtes Fell auszeichnet.

Mit 18 weißen und schwarzen Zackelschafen begann er damals, kurzzeitig hatte Reinhard Heiss nahezu 200 Schafe in seiner Herde, im Zuge der Biozertifizierung seiner Zucht reduzierte er die Herde aber wieder auf etwa sechzig Tiere. Die fünf Böcke und die Muttertiere werden in einem offenen Laufstall gehalten und befinden sich den ganzen Sommer über fast ausschließlich auf den Weiden im Nationalpark Thayatal. Im August wird die Herde getrennt, weiße von schwarzen Tieren, Böcke, Jungtiere und Muttertiere. Im November werden die besten Böcke dann zum Decken ausgewählt, um die Zuchtlinie hundertprozentig einzuhalten.

Mehr oder weniger durch Zufall kam Anfang 2008 auch die Lammfleischvermarktungsschiene dazu. Eine Herde, die genetisch nicht so ganz in seine Zucht passte, wurde geschlachtet und gemeinsam mit einem befreundeten Fleischhauer verarbeitet. Aufgrund der großen Nachfrage verlagerte sich der Schwerpunkt von Verkauf für die Weiterzucht auf den Frischfleischverkauf und die Weiterverarbeitung. Das Sortiment wurde in Ab- und Rücksprache mit dem Waldviertler Metzger dementsprechend erweitert; produziert wird immer gemeinsam und am Wochenende: zarter Lammschinken, gekocht, gesurt oder kalt geräu-

Ing. Reinhard Heiss
2092 Riegersburg, Felling 826
Auslieferungslager: 1090 Wien
Währinger Gürtel, Stadtbahnbogen 117
Tel. 01/892 03 93, 0664/73 49 92 81

chert, am Knochen oder gerollt, zwei Arten Lammsalami, saftige Wiener- und Käsewurst vom Lamm, scharfe Kaminwurzen oder Kabanossi. Die Produkte werden ausschließlich aus Lammfleisch, mit Himalayasalz und selbst zusammengestellten Mischungen aus Biogewürzen hergestellt und über Buchenholz geräuchert. Eine luftgetrocknete Rohsalami befindet sich darüber hinaus gerade im Entwicklungsstadium.

Das Zackelschaf zeichnet sich durch relativ helles, mageres, langfaseriges Fleisch aus, das geschmacklich dem Wildbret nicht unähnlich ist. Als Frischware werden Schlögl, Rücken, Leber, Niere und Herz vom Lamm angeboten. Für die Vermarktung der Produkte ist Ingrid Haid, die Frau des Hobbyzüchters, mittlerweile hauptberuflich verantwortlich. Drei bis vier Mangalitzaschweine werden ebenfalls pro Jahr verarbeitet und bis dahin sehr luxuriös gehalten: Tagsüber tummeln sie sich im Freien und nachts betten sie sich auf die Wolle der Zackelschafe, die einmal im Jahr geschoren werden.

Foto: Schaf-Käsewurst und -Salami

Weingarten_plus: alles rund um den Wein

Bei der Initiative mit dem Titel „Weingarten_plus“ handelt es sich nicht konkret um ein singuläres Produkt, sondern vielmehr um eine Kulturform, die die Weinbauregionen Österreichs nicht nur landwirtschaftlich, sondern vor allem auch sozial und kulturell stark beeinflusst hat: Denn dass im Weingarten nur Weinstöcke wachsen, ist ein vergleichsweise junges Phänomen, das sich erst mit der Rationalisierung und Industrialisierung der Rebanlagen in den 60er-Jahren des vergangenen Jahrhunderts durchsetzte.

Slow Food Convivium Wachau_plus
Robert Paget
3492 Diendorf/Kamp, Kirchenweg 2
Tel. 0664/154 02 18
Arche Noah, Bernd Kajtna
3553 Schiltern
Obere Straße 40
Tel. 0650/322 81 01
www.arche-noah.at

Bis dahin war der Weingarten viel mehr Lebensraum und mannigfaltiger Garten. Die damals üblichen Stockkulturen wurden hauptsächlich händisch bearbeitet und boten somit Platz für Obst- und Nussbäume, für Gemüse- und Kräuterpflanzungen – da sie keinen Maschinen im Weg waren, und nicht zuletzt, um den Arbeitern im Weingarten eine Jause zu bieten.

Das Slow Food Convivium Wachau_plus in Kooperation mit der Arche Noah konzentrierte sich in einer ersten Phase auf zwei Pflanzen, die für diese klassische „Nebennutzung“ der österreichischen Weingärten ganz besonders typisch sind: Weingartenpfirsich und Weingartenknoblauch. Beim Weingartenpfirsich handelt es sich um keine spezielle Sorte, sondern um Pfirsichbäume, die aus eingesetzten oder weggeworfenen Kernen aufgegangen sind. Im Zuge einer Anpassung an Klima und Boden entstand so eine sagenhafte genetische Vielfalt an Pfirsichen, kaum ein Baum gleicht dem anderen, gemeinsam ist ihnen nur ein später Reifezeitpunkt, ein helles Fruchtfleisch und ein etwas herberes Aroma. Ein steirischer Züchter machte sich zwar einmal die Mühe, drei besonders robuste und ertragreiche Sorten zu selektionieren, „das ist durchaus wertvoll“, meint Koordinator Bernd Kajtna von Arche Noah, „aber es ist eine andere Idee“.

Der erste Schritt besteht nun darin, die Winzer darauf aufmerksam zu machen, was sie da überhaupt haben, und die Pfirsiche einer professionellen Verarbeitung zuzuführen. So konnten in den Weingärten dreier Winzer in Fels am Wagram schon einige hundert Kilo geerntet werden, die dann zum Beispiel von der Wiener Firma Schubert's zu hochwertiger Marmelade oder Bellini-Basis gerührt wurden.

Auch beim Weingartenknoblauch, der etwa im Burgenland auch heute noch oft unter den Weinstöcken wächst, handelt es sich traditionellerweise nicht um eine spezielle Sorte, sondern eher um einen Sortentyp. In Langenlois gibt es bereits ein Versuchsfeld, auf dem in Zusammenarbeit mit einem Bauern verschiedene dieser durchwegs kleinen, hocharomatischen Weingartenknoblaucharten angepflanzt werden. An Vermarktungsschienen für diesen Knoblauch wird gerade gearbeitet. In weiteren Phasen sollen auch weitere typische Weingarten-„Mitbewohner“ wie Kren oder Kirschbaum erfasst werden.

Foto: Weingartenknoblauch

Markus Wieser: Was die Marille alles kann

Die Wachauer Marille ist ein Mythos. Sie war 1995 eines der ersten österreichischen Produkte, die eine von der EU sanktionierte, geschützte Ursprungsbezeichnung bekamen, sie ist – nicht nur während der Blüte – ein touristischer und damit wirtschaftlicher Faktor. Und weil sie so berühmt ist, bietet sie sich leider auch für Betrügereien aller Art an – und so wird in Form von Marmeladen, Schnäpsen, Likören und frischen Früchten ein Vielfaches von dem, was dort an Marillen überhaupt wächst, als original Wachauer Marillen verkauft.

Markus Wieser
3610 Weissenkirchen in der Wachau
Wösendorf 13, Tel. 02715/25 44
www.wieser-online.at

Dabei sei die Herkunft allein noch lange kein Qualitätskriterium, erklärt Markus Wieser, einer der prominentesten Schnapsbrenner Niederösterreichs, der Anfang der Neunzigerjahre vor allem mit seinen extravaganten Experimentalbränden wie dem „Mexx Orange" für Aufsehen sorgte. Im Gegenteil: Die Marillen in der kühleren Wachau würden höchstens 13 bis 14 Brix erreichen (13 bis 14 Prozent Zuckergehalt), außerhalb der Wachau, etwa im Kamptal oder im Burgenland, bis zu 16 oder 17 Brix. Und da Markus Wieser mehr an der Qualität seiner Produkte denn an klingenden Namen gelegen ist, arbeitet er sowohl mit eigenen Wachauer Marillen als auch mit zugekauften von sonst woher, auf die Bezeichnung „Wachauer Marille" verzichtet er jedenfalls völlig.

Ein umfangreicheres Marillensortiment als bei Wieser wird man wohl nur schwer finden: Er brennt fünf verschiedene Marillenedelbrände, die sich aufgrund verschiedener Sorten – hauptsächlich „Ungarische Beste" und deren Abarten „Alte Wachauer" und „Kremser Beste" – in Aroma, Alkoholgradation und natürlich im Preis unterscheiden. Die Topselektion „Marille Privat-Reserve" wird aus handverlesenen Früchten der Sorte „Alte Wachauer" in „Marmelade-Qualität" gebrannt, und das auch nur in guten Marillenjahren. Besonders interessant aber ist eine Marillenverarbeitung, die Markus Wieser erst seit wenigen Jahren anbietet: geröstete Marillenkerne. Auf die Idee kam er, nachdem ihn Franz Hartl, Hersteller der Gourmetöle „Edle Essenzen“, nach Rohware für Marillenkernöl fragte. Die bis dahin als Sondermüll entsorgten Kerne der Wachauer Marillen erwiesen sich aber leider als zu bitter und sind außerdem mit einem Häutchen versehen, was die Verarbeitung kompliziert macht. Wiesers Interesse war aber jedenfalls geweckt, er besorgte sich italienische, blanchierte Marillenkerne, die er in seiner seit 2002 in Betrieb befindlichen Kaffeerösterei röstet und entweder als Knabberei abfüllt oder in der Patisserie, die er vor drei Jahren in einem alten Dürnsteiner Gasthaus einrichtete, zu Schokoladeplättchen mit Marillenkern-Krokant machen lässt. Vier bis fünf Tonnen Kerne werden pro Jahr so verarbeitet. Die Marillen für seine hervorragende Marmelade (66 Prozent Frucht) kommen aus eigenen Beständen, werden tiefgefroren und regelmäßig in Kleinchargen verarbeitet. Zu guter Letzt kreierte Wieser gemeinsam mit dem Naturkosmetikerzeuger Wolfgang Stix auch noch eine Marillen-Kosmetik-Linie, die etwa Marillen-Bodylotion, -Badesalz, -Seife, -Shampoo und -Lippenbalsam enthält.

Foto: Marillenkerne in Schokolade, Fruchtaufstrich und Marillenschokolade

Franz Schmidl: das wirklich echte Wachauer Laberl

Jeder – zumindest in Ostösterreich – kennt das Wachauer Laberl, es zählt wie Kaisersemmel und Salzstangerl zum fixen Bestandteil des klassischen österreichischen Handgebäcksortiments. Und generell ist man der Ansicht, dass das wohl immer schon so war.

War es aber nicht, denn das Wachauer Laberl wurde erfunden, und zwar von Franz Schmidls Großvater Rudolf Schmidl, Bäckermeister im Wachauer Kuenringer-Ort Dürnstein. Und das kam so: Der Bruder von Franz Schmidls Großvater, bereits in dritter Generation Dürnsteiner Bäcker, war Lehrer bei den Wiener Sängerknaben und kam in dieser Funktion ein bisschen in der Welt herum. Und was er dort sah, nicht zuletzt auch in Sachen Brot und Gebäck, erzählte er seinem Bruder, der sodann beschloss, die traditionellen Bahnen zu verlassen und ein neues Gebäck zu erfinden: das Wachauer Laberl. Das war 1905, das Laberl erlangte rasch lokale Berühmtheit. In den Fünfzigerjahren vergrößerte Franz Schmidl die elterliche Bäckerei im alten Dürnsteiner Schiffmeisterhaus in den Fels des Dürnsteiner Burgberges hinein, und der daraus entstandene Abraum diente immerhin keinem geringeren Zweck als dem Bau der Trockenmauern seiner Weingärten in den legendären Dürnsteiner Lagen Kellerberg und Küss den Pfennig (1375 erstmals erwähnt!).

Bäckerei Schmidl
3601 Dürnstein 21
Tel. 02711/224
www.schmidl-duernstein.at

Was Franz Schmidl allerdings verabsäumte, war, sich sein Wachauer Laberl schützen zu lassen. „Alle wollten es", erzählt er, und weil er es diversen Großbäckereien aber nicht gab, machten sie es eben einfach nach. Allerdings mit Kümmel und mit grauer, grober Schmolle statt der saftig-flaumigen, strahlend weißen des Originals, „das ist was komplett anderes".

Wie viele Wachauer Laberln von der Bäckerei Schmidl heute hergestellt werden, erfährt man natürlich genauso wenig wie die Rezeptur, die war und ist ein Geheimnis. Nicht einmal der Müller – ursprünglich wurde mit einer Kremser Mühle gearbeitet, nach deren Verschwinden kommt das Weizenmehl für die Wachauer Laberln aus der Nähe Wiens – kennt die genaue Rezeptur und die Geheimnisse der Herstellung des Laberls mit seiner goldbraunen, charakteristischen Kruste. Wirklich zum Kult wurde das Laberl-Original jedenfalls durch das Wirken des legendären Pfarrers Hans Denk aus Albrechtsberg, bekannt als einer der versiertesten Weinkenner und -koster des Landes, der schon früh die Qualitäten der Schmidl'schen Laberln als Begleitung für Weinverkostungen entdeckte und dies entsprechend publik machte. Mittlerweile existiert eine Kooperation mit dem Bäckerei-Logistiker Resch & Frisch, der die zu achtzig Prozent fertiggebackenen Laberln in Tiefkühlwägen bis in die Schweiz und nach Deutschland liefert. Die Bäckerei Schmidl selbst beliefert den Rest der Welt – also die Gegend von der Wachau bis nach Wien.

Foto: Wachauer Laberln

Obsthof Reisinger: der Marillen-Inspektor

Er sei am Jauerling aufgewachsen, sagt Franz Reisinger, an jenem Berg, der sich mit knapp tausend Meter Höhe über die Wachau erhebt und von Spitz aus in dramatischen Serpentinen zu erklimmen ist. Gelernt hat er eigentlich Elektriker, er ging dann zur Exekutive, wo er mit der Befehlshierarchie aber nicht so zurecht kam. Vor zwanzig Jahren presste er versuchshalber einmal die Äpfel seines Streuobstgartens in Aggstein zu Most und füllte ihn in Doppler.

Obsthof Reisinger
3620 Spitz an der Donau
Mitterndorf am Jauerling 1
Tel. 02713/28 55
www.obsthof-reisinger.at

GENUSS REGION ÖSTERREICH

Das war der Beginn einer der interessantesten Obstverarbeitungskarrieren in Niederösterreich, denn schrittweise begann sich Reisinger zu professionalisieren, machte in den folgenden fünf Jahren aus dem Bauernhof seines Bruders eine moderne Obstverarbeitung, für die er zahlreiche Techniken selbst entwickelte – immer mit dem Ziel, die Frische der vollreifen Früchte optimal zu erhalten und in die Flasche zu bekommen.

Mit einem wirklich köstlichen frischen Cider, den er aus alten Edelsorten wie Cox Orange und Boskoop presste (anstatt den eher zur Hantigkeit tendierenden Mostäpfeln), aufgefrischt mit einer kleinen Dosage frischen Apfelsaftes, machte Reisinger in der Gastronomie auf sich aufmerksam. „Alle Cider, die ich probiert hatte, waren irgendwie braun und muffig", erinnert sich Franz Reisinger. Seine Methode, frisch, sauber und in kleinen Chargen zu arbeiten, erhielt seinem Apfelwein den Esprit der frischen Frucht. Reinsortige, naturtrübe, direkt gepresste Apfelsäfte der Sorten Jonagold und Cox Orange oder eine Mischung diverser alter Sorten unter der Bezeichnung „Bamopfl" waren der nächste Schritt. Mit der Zeit wurde die Marille dann aber immer wichtiger, „die Marille ist ein Wahnsinn, die kann so viel", schwärmt Reisinger.

Weshalb er mit der Zeit sämtliche seiner Agrarflächen dieser Frucht widmete, acht Hektar bewirtschaftet er und ist auch Chef des Verbandes zum Schutz der Wachauer Marille. Wie man Marillen zu einem Fruchtsaft von ambrosischer Qualität macht, musste er sich allerdings selbst erarbeiten, denn alles, was es bis dahin auf diesem Sektor gab, ließ es seiner Meinung nach an Frische und Fruchtigkeit fehlen. Ein Geheimnis bei seinem Nektar – so bezeichnet man Fruchtsäfte, die mit Wasser und Zucker angereichert sind, bei Marille und Pfirsich wäre das ohne Verdünnung nicht anders möglich, da der Saft sonst nicht aus der Flasche käme, aufgezuckert wird dann auf den natürlichen Zuckergehalt – gebe es nicht, „es kommt nur auf die Frucht an“. Und zwar so sehr, dass sich die Reisinger-Säfte und -Nektare jedes Jahr ein bisschen, manchmal auch durchaus sehr stark voneinander unterscheiden. Die von Reisinger verarbeiteten Marillen stammen zu hunder Prozent aus eigenem Anbau, alle übrigen Früchte aus der unmittelbaren Nachbarschaft.

Foto: Wachauer Marillennektar

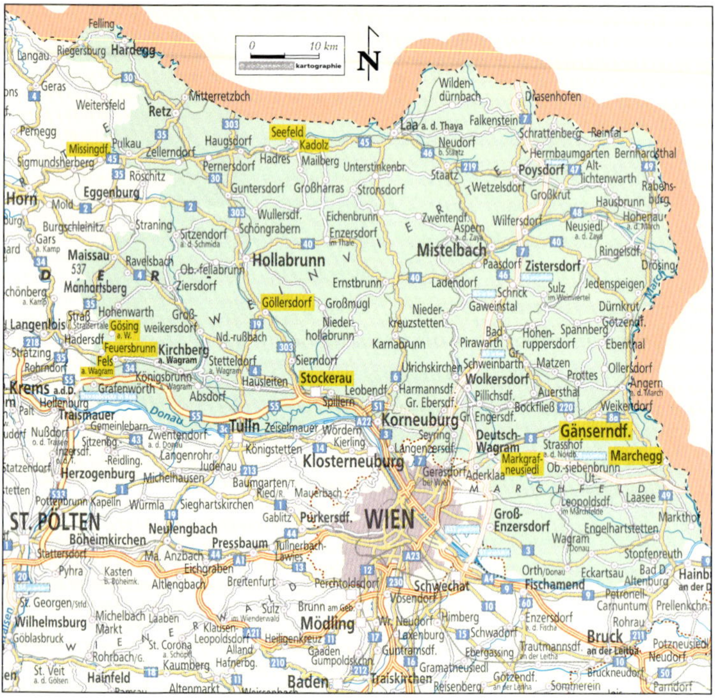
0 10 km
kartographie
N
Felling
Langau
Riegersburg
Hardegg
Geras
Weitersfeld
Retz
Mitterretzbch
Pernegg
Missingdf.
Pulkau
Zellerndorf
Haugsdorf
Seefeld
Kadolz
Hadres
Mailberg
Sigmundsherberg
Röschitz
Pernersdorf
Unterstinkenbr.
Horn
Eggenburg
Mold
Guntersdorf
Großharras
Stronsdorf
Wullersdf.
Schöngrabern
Eichenbrunn
Enzersdorf
im Thale
Burgschleinitz
Gars
a. Kamp
Straning
Sitzendorf
a. d. Schmida
Maissau
537
Ravelsbach
Ob.-fellabrunn
Hollabrunn
Manhartsberg
Ziersdorf
Ernstbrunn
Schönberg
a. Kamp
Hohenwarth
Göllersdorf
Großmugl
Straß
i. Straßertale
Gösing
a. W.
Groß-
weikersdorf
Nieder-
hollabrunn
Langenlois
Hadersdf.
Nd.-rußbach
Strätzing
Feuersbrunn
Kirchberg
a. Wagram
Stetteldorf
a. Wagram
Sierndorf
Rohrndorf
Fels
a. Wagram
Königsbrunn
a. Wagram
Hausleiten
Stockerau
Krems a.d.D.
Grafenwörth
Absdorf
Leobendf.
Hollenburg
Spillern
Traismauer
Donau
Tulln
Zeiselmauer
Wördern
Korneuburg
Nußdorf
o. d. Traisen
Gemeinlebarn
Zwentendorf
a. d. Donau
Kierling
Sitzenbg.
Inzersdf.
o. d. T.
Reidling
Langenrohr
Judenau
Königstetten
Klosterneuburg
Statzendorf
Herzogenburg
Michelhausen
Baumgarten/T.
Ried/R.
Mauerbach
Pottenbrunn
Kapelln
Würmla
Sieghartskirchen
ST. PÖLTEN
Neulengbach
Gablitz
Purkersdf.
WIEN
Böheimkirchen
Pressbaum
Tullnerbach-
Lawies
Stattersdorf
Ma. Anzbach
Eichgraben
Pyhra
Kasten
b. Böheimk.
Altlengbach
Breitenfurt
Perchtoldsdorf
St. Georgen/Stfd.
Michelbach
Markt
Laaben
Sulz
im Wienerwald
Brunn am Geb.
Mödling
Wilhelmsburg
Klausen-
Leopoldsdorf
Heiligenkreuz
Göblasbruck
St. Corona
a. Schöpfl
Alland
Gaaden
Gumpoldskchn.
Rohrbach/G.
Kaumberg
Hafnerbg.
St. Veit
a. d. Gölsen
Hainfeld
Altenmarkt
Baden
Traiskirchen
Wilden-
dürnbach
Drasenhofen
Laa a. d. Thaya
Falkenstein
Schrattenberg
Reintal
Neudorf
b. Staatz
Herrnbaumgarten
Bernhardsthal
Staatz
Poysdorf
Alt-
lichtenwarth
Wetzelsdorf
Großkrut
Rabens-
burg
Hausbrunn
Zwentendf.
Wilfersdorf
Hohenau
a. d. March
Asparn
a. d. Zaya
Neusiedl
a. d. Zaya
Mistelbach
Ringelsdf.
Paasdorf
Zistersdorf
Drösing
Ladendorf
Schrick
Sulz
im Weinviertel
Jedenspeigen
March
Nieder-
kreuzstetten
Gaweinstal
Dürnkrut
Bad
Pirawarth
Hohen-
ruppersdorf
Spannberg
Götzendf.
Karnabrunn
Gr.
Schweinbarth
Ebenthal
Matzen
Ollersdorf
Ulrichskirchen
Prottes
Harmannsdf.
Wolkersdorf
Auersthal
Angern
a. d. March
Gr. Ebersdf.
Pillichsdf.
Bockfließ
Weikendorf
Gr. Engersdf.
Gänserndf.
Seyring
Deutsch-
Wagram
Strasshof
a. d. Nordb.
Langenzersdf.
Markgraf-
neusiedl
Marchegg
Gerasdorf
bei Wien
Aderklaa
Ob.-siebenbrunn
Ut.-
M A R C H F E L D
Leopoldsdf.
im Marchfelde
Laasee
Groß-
Enzersdorf
Markthof
Engelhartstetten
Wagram
a. d. Donau
Stopfenreuth
Orth/Donau
Eckartsau
Bad D.
Altenburg
Hainb
an der D
Schwechat
Fischamend
Petronell-
Carnuntum
Prellenkchn.
Vösendorf
Himberg
Enzersdorf
a. d. Fischa
Rohrau
Wr. Neudorf
Laxenburg
Schwadorf
Bruck
an der Leitha
Potzneusiedl
Guntramsdf.
Ebergassing
Trautmannsdf.
an der Leitha
Neudorf
Gramatneusiedl
Götzendf.
an der Leitha
Bruckneudorf
Reisenberg
Sommerein
Parndorf

Weinviertel

Das Weinviertel, die Wahlheimat des Grünen Veltliners, ist nicht nur Österreichs größtes Weinbaugebiet, sondern auch die älteste bäuerliche Kulturlandschaft Mitteleuropas. Lange Zeit im toten Winkel Europas gelegen, befindet sich die fruchtbare Region wieder „mittendrin" im aufstrebenden EU-Agrar-Geschehen. Das Klima und die fruchtbaren Böden sind für Weinbau wie Landwirtschaft gleichermaßen ideal – kein Zufall also, dass sich auch die Gemüse-, Korn- und Spargelkammer Österreichs im Weinviertel befindet. Die Region hat viele Gesichter: unberührte Naturräume wie den Nationalpark Thayatal oder die Donau-March-Auen, sanfte Hügellandschaften, verträumte Kellergassen und endlos weite Ebenen und Felder. Erstaunlich viele Künstler stammen übrigens auch von hier bzw. haben ihre Wohnsitze aus dem nahen Wien hierher verlegt. Maler, Literaten, Schauspieler – die Region scheint Potenzial für Kreativität zu besitzen und die Kreativen Sinn für Qualität. So züchten Aussteiger Wildwachteln und fast vergessene Haustierrassen, mit denen sie sich und die Kreativschar versorgen. Wohnbau-Projektleiter lassen ihre Zackelschafe im Naturpark grasen, versierte Biowinzer setzen erfolgreich auf den zickigen, autochthonen „Roten Veltliner", junge Landwirte auf Biobeeren. Das aktuelle Geschehen im Weinviertel ist so vielfältig wie die Landschaft und die Möglichkeiten, die sich hier auftun. Was hier gedeiht, gedeiht offenbar hervorragend.

Biohof Adamah: vom Acker ins Kisterl frei Haus

Als Gerhard Zoubek und seine Frau vor über zehn Jahren den Biohof Adamah gründeten, standen drei Dinge fest: Sie wollten unabhängig sein, keine industriellen Produkte, sondern Natur und Vielfalt produzieren und ihre Bioprodukte möglichst direkt vermarkten. Arbeitszeit und Freizeit sollten nicht mehr streng unterschieden sein, für ihre Mitarbeiter wollten sie ein entsprechendes Umfeld und verantwortungsvolle Positionen schaffen. Mit dem Botaniker Peter Laßnig kamen ein Spezialist für Sortenvielfalt und Raritäten an den Hof und gleich zu Anbeginn unzählige Kürbissorten auf den Acker. Nach der ersten Ernte dann das böse Erwachen: Was machen wir jetzt damit, wer braucht denn das alles? Supermarkt war keine Alternative zum Bauernmarkt, „was nützt das beste Bioprodukt, wenn es anonym im Regal herumliegt“, fragte sich Gerhard Zoubek und machte sich somit auf die Suche nach alternativen Vertriebsoptionen, „man hat ja auch Verantwortung für die Produkte, die man erzeugt“. Zeitgleich wurde das enorme Sortiment wieder reduziert, und zwar auf das, was ihm damals vermarktbar erschien.

Biohof Adamah
Arbeitsgemeinschaft Familie Zoubek
2282 Markgrafneusiedl
Glinzendorf 7
Tel. 02248/22 24-0
www.adamah.at

2002 hatte Zoubek die geniale Idee, das frischgeerntete Obst und Gemüse im „Biokisterl“ frei Haus zuzustellen. Durch das Kisterl war es ihm zum einen möglich, das Erntejahr besser zu planen, und zum anderen, die Kunden mit regionalen, saisonalen und abwechslungsreichen Inhalten zu überraschen und für neue Produkte zu interessieren. Mittlerweile werden 4500 Adamah-Kisterln in der Woche am Hof befüllt und ausgeliefert – immer auch mit „Bedienungsanleitung“ und Rezepten versehen. Der Betrieb wuchs dadurch enorm, bis zu siebzig Mitarbeiter sind in der Hauptsaison am Biohof beschäftigt. Vertriebsbüro, Lager und Verpackungsräume mussten vergrößert werden, ein Hofladen wurde ebenfalls errichtet. Etwa die Hälfte des Kistlinhaltes

Foto: Adamah-Biokisterl

wird auf den siebzig Hektar Anbaufläche selbst erzeugt, von Artischocken bis Zuckerhutsalat; angebaut wird, was in der Region gut wächst. Die andere Hälfte, vor allem das Obst, stammt von Bioproduzenten aus ganz Österreich, aber auch aus dem Ausland – wie zum Beispiel die Bananen. Das eigene Getreide – neben Roggen und Weizen auch Einkorn und Emmer – wird in der 500 Jahre alten Rosenberger-Mühle in Strengberg vermahlen und von einem Biobäcker verarbeitet. Das Brot und Gebäck wird, wie auch das Sauergemüse und die größtenteils selbstgepressten Speiseöle, im Hofladen vertrieben. Zurzeit denkt Gerhard Zoubek über eine eigene Gastronomie und einen Raum für Schulungen und Veranstaltungen am Adamah-Hof nach, ein gastronomisches Pilotprojekt wurde in der kleinen St. Charles Alimentary in der Gumpendorfer Straße bereits gestartet. Seine größte Vision für die Zukunft ist aber, langsam wieder zur anfänglichen Vielfalt zurückzukehren. Das Vertriebssystem dafür hätte er jetzt ja.

Bernhard Ott: Mister Grüner Veltliner

Etwa 18.500 Hektar Grüner-Veltliner-Weingärten gibt es in Österreich, die meisten der etwa 20.000 österreichischen Weinbaubetriebe haben ihn im Programm, bei nicht wenigen davon macht er den Hauptanteil der Produktion aus. Insofern ist es vielleicht ein bisschen schwierig, einen einzigen Winzer als Repräsentanten für diese uralte Rebsorte mit niemals geklärtem Ursprung zu küren. Andererseits ist es das aber auch wieder nicht, denn Bernhard Ott ist einfach der, der die Rebsorte Grüner Veltliner wahrscheinlich besser versteht als jeder andere.

Als er den elterlichen Betrieb in Feuersbrunn am Wagram vor 15 Jahren übernahm, war ihm klar, dass er andere Weine machen wollte und für die dann wohl ein anderes Publikum finden müsse, „insofern hatte ich nichts zu verlieren". Ihm war klar: Große Weine sind immer stark mit der Region verbunden; große Weine können lange reifen; große Weine können nur von alten Rebstöcken kommen, „und da war für mich eigentlich eh alles klar, weil da kam nur der Grüne Veltliner infrage". Dazu kam die rein wirtschaftliche Überlegung, dass der Veltliner in zehn Jahren zehn Mal zumindest elegant bis grandios wird.

Also konzentrierte sich Bernhard Ott mit aller Vehemenz auf diesen Grünen Veltliner, seine Lagen-Cuvée „Fass 4" wurde ein kommerzieller Erfolg, sein Grüner Veltliner der Toplage „Rosenberg" ein Garant für Spitzenbewertungen, die Maximal-Cuvée aus ausschließlich hochreifen Trauben, „Der Ott", zum raren Kultwein. Sieben verschiedene Veltliner hat er demnächst im Programm. Aber Bernhard Ott dachte sich, dass das noch nicht alles gewesen sein konnte. Nicht zuletzt, weil er sich sicher war, dass das Potenzial dieser für den Veltliner nachgerade idealen Gegend – pannonisches Klima, aber kühle nächtliche Strömungen aus dem Waldviertel, tiefgründige Lössböden

Bernhard Ott
3483 Feuersbrunn, Neufang 36
Tel. 02738/22 57
www.ott.at
Zertifizierter Bioproduzent in Umstellung

mit extrem hohem Kalkanteil – einfach noch nicht ausgeschöpft ist. Also begann er mit der biodynamischen Wirtschaftsweise nach Rudolf Steiner, begann, den Weingarten als Lebensraum zu erkennen und zu behandeln, strebte nach Balancen und Kräftigung der Böden. Und änderte in der Folge auch seine Kellertechnik drastisch: „Wenn im Weingarten alles in Ordnung ist, braucht man eigentlich nix mehr.“ Das heißt, er lässt dem Most seiner Veltliner zwanzig Stunden oder mehr auf den Traubenschalen „mazerieren“, also laugen, ohne Schwefel, ohne irgendwelche Zusätze, auf dass er jede aromatische Information daraus aufnehmen kann, „die Trauben haben so eine innere Kraft, da passiert nichts“; vergoren wird unkontrolliert und ohne Reinzuchthefe, all das helfe, die feinen Nuancen der Lagen, die Unterschiede hinsichtlich Lösstiefe, Schotteranteil, Konglomerat-Unterboden deutlich herauszuarbeiten. Sehr deutlich. Otts Veltliner sind weniger Veltliner als Spiegelbilder ihrer Terroirs, trinkbarer Boden, deutliche Charaktere, vielschichtig, komplex und eigentümlich wie die Menschen, die sie genießen.

Foto: Grüner Veltliner

Arche De Wiskentale: Reservat des guten Geschmacks

Dass nicht unbedingt eine Sintflut erforderlich ist, sondern auch Hochzeitsgeschenke Auslöser für ein Biotop an Artenreichtum sein können, zeigt der Hof von Christoph und Isabell Wiesner auf anschauliche Weise. Die beiden haben sich während ihrer Studienzeit in Wien kennengelernt, gemeinsam weite Reisen unternommen, im Garten seiner Eltern begonnen, sich mit Obst und Gemüse selbst zu versorgen, und sich irgendwann in den kleinen Hof im Weinviertel verliebt. Zu ihrer Hochzeit bekamen sie ein paar Hühner und Mangalitzaschweine geschenkt, es wurden Obst und Gemüse – seit kurzem auch Getreide – angebaut, und dann kamen Nutztiere wie Waldschafe, Ziegen, Kühe, Kaninchen, Enten, Gänse, Wildputen, Wachteln, Bienen und Pferde dazu – allesamt alte, vom Aussterben bedrohte Rassen. Das Obst ist mittlerweile auf eine kunterbunte Mischung aus 200 alten Sorten und Raritäten angewachsen. Was hier gut wächst, wird vermehrt, was nicht passt, kommt wieder weg, so die Devise. Das Gemüsesortiment unterscheidet sich von Jahr zu Jahr, einen Schwerpunkt bilden Erdäpfel, circa 26 verschiedene Sorten werden davon angebaut, darunter Raritäten wie violette, grüne und rote Erdäpfel, Linzer Delikatesse und Ackersegen. Produziert wird in kleinen Mengen und größtenteils für den Eigenbedarf – auf Vorbestellung und bei Verfügbarkeit ist alles aber auch ab Hof erhältlich. Das Hauptstandbein des Betriebs ist jedoch das Mangalitzaschwein, blonde, rote

und schwalbenbäuchige züchtet Christoph Wiesner. Die De-Wiskentale-Schweine werden bis zum Winter im Wald gehalten, in Gehegen, die alle drei Monate ihren Standort wechseln. Sie ernähren sich dort von Eicheln, Wurzeln und der gesamten Vielfalt, die ihnen der Waldboden bietet. Christoph Wiesner schlachtet seine Tiere selbst, stressfrei in der Herde und, mit einem Alter von bis zu zwei Jahren, auch verhältnismäßig spät. Dadurch wird das Fleisch reifer und vor allem geschmackvoller. Das Angebot reicht vom Spanferkel bis zum zweijährigen luftgetrockneten Beinschinken, vom Kotelett bis zur halben Sau. Nahezu alle Stücke von der Sau machen eine Speckkarriere: Karre-, Bauch-, Goderl, Rücken- sowie Schinkenspeck, alle kalt, über Vollholz mit viel Sauerstoffzufuhr geräuchert. Danach wird der Speck mehrere Monate auf dem offenen Dachboden luftgetrocknet – klimatisch bieten sich hier die optimalen Reifebedingungen: Lehmwände, Schotterböden, keine Isolierung. Am beliebtesten sind der „Lardo", ein reiner Fettspeck, der drei Wochen gesalzen und mit unterschiedlichen Kräutern – sogar Mohn, Paprika oder Pfeffer – gewürzt wird und danach vakuumisiert zwei bis drei Monate im Erdkeller reift, sowie der „De Wiskentaler", ein mindestens 14 Monate luftgetrockneter Beinschinken. Aber auch Blunzen, Leberwurst und Salami stellt Christoph Wiesner selbst her. Angeeignet hat sich der Quereinsteiger die Verarbeitungsweisen primär aus einschlägiger Literatur der Zeit um 1900. „Was damals funktioniert hat, muss auch heute funktionieren", dachte er sich und hat die Verarbeitung erfolgreich daraufhin abgestellt: „Die Qualität ergibt sich aus der Haltung." Von der Qualität der Produkte und der erfolgreichen Erhaltung bäuerlicher Kulturgeschichte kann man sich auf den regelmäßig stattfindenden Veranstaltungen am Hof, wie Spanferkelfest, Speck- oder Erdäpfelfest, überzeugen.

Arche De Wiskentale, Christoph Wiesner
2013 Göllersdorf, Wischathal 20
Tel. 02954/303 96, 0676/549 53 55
www.dewiskentale.com
Zertifizierter Bioproduzent

Foto: Specksorten vom De-Wiskentale-Schwein

Weingut Soellner: Liebkind Roter Veltliner

Das Weingut Soellner ist Teil eines vielseitigen landwirtschaftlichen Familienbetriebs am Wagram. Seit Toni Söllner und seine Frau Daniela Vigne für den Weinanbau verantwortlich sind, wird nach biologisch-biodynamischen Richtlinien gewirtschaftet. „Weine mit Seele zu produzieren“, lautet ihre Devise, der Rote Veltliner ist das Liebkind der beiden.

Schon sehr früh machte Toni Söllner mit diesem Wein auf sich aufmerksam: Mit 16 Jahren füllte er die alte, autochthone Rebsorte als erster Winzer in Gösing reinsortig ab. Für ihn ist sie die „Ursorte des Wagram“. Die alte Rebsorte, die vermutlich bereits von den Römern hier kultiviert wurde, stellt sehr hohe Ansprüche an die Lage und benötigt „sehr viel Hege und Pflege“. Dafür sind die filigranen Weine dann ausdrucksstark, lagerfähig und „spiegeln das gesamte Potenzial des Wagram wider“. Auf dem mit Löss und Tonsedimenten vermischten roten Schotterboden der Steillage „Berg Eisenhut“ fühlt sich der „Schwierige“ besonders wohl. Die Besten der großteils sehr alten Stöcke wurden in den vergangenen Jahren daher mittels langjähriger Beobachtung ausselektiert, Edelreiser geschnitten und in der Toplage weitervermehrt. Auch Weingartenknoblauch, ein weiteres Steckenpferd der beiden, gedeiht dort übrigens ganz prächtig.

Die Hauptrebsorte auch dieses Betriebs ist aber der Grüne Veltliner, der sechzig Prozent der großteils arrondierten Rebflächen einnimmt. Dazu werden noch, in kleinen Mengen, Zweigelt und St. Laurent kultiviert. In den Weingärten selbst setzen Daniela Vigne und Toni Söllner auf Vielfalt: Zwischen den Rebzeilen wachsen Leguminosen, verschiedene Kräuter und Blütenpflanzen, die den Boden zusätzlich verbessern, an den Rändern und Böschungen schützen Bäume, Stauden und Gräser die „Weingartenwelten“ vor negativen Einflüssen von außen.

Weingut Soellner
Daniela Vigne & Toni Söllner, 3482 Gösing
am Wagram, Hauptstraße 34
Tel. 02738/32 01
www.weingut-soellner.at

Durch den Einsatz biodynamischer Präparate wird die Aktivität des Bodens zusätzlich gesteigert, gedüngt wird nur – wenn nötig – mit präpariertem organischem Kompost. Erklärtes Ziel ist, einen humusreichen „Waldboden“ im Weingarten zu schaffen. Durch die „Bodenarbeit“ verringert sich die Arbeit an den Rebstöcken in der Folge von selbst: Die Reben wachsen langsamer, ausgeglichener und produzieren entsprechend weniger und physiologisch reifere Trauben. Ertragsreduktion muss somit kaum betrieben werden. Umso präziser läuft dafür die Lese ab: Aufgrund der unterschiedlichen Reifezeiten werden die Trauben händisch selektiert, je nachdem, was man gerade braucht.

Bei so viel Vorarbeit kann man sich im Keller dann getrost zurückhalten. Das heißt: kein Pumpen, kaum Technik, keine Schönungen. Die Weine werden langsam vergoren und erstmals bei der Füllung filtriert. Viele der Weißweine werden in Fässern, meist aus dem traditionellerweise verwendeten Akazienholz, ausgebaut, die Rotweine teils in gebrauchten Barriques, tendenziell aber vermehrt im großen Holzfass. Die Weine schmecken wie die Trauben, aus denen sie gepresst wurden, und der Boden, auf dem sie wuchsen: lebendig, duftig, fruchtig, ausgereift. Mit allzu kompakten Weinen hat Toni Söllner ein Problem, denn „ein Wein muss zum Trinken sein“. Auch die sogenannten „anderen Sachen“, wie etwa Fruchtdestillate, Fruchtansätze, Traubensaft und Sekt, werden in der „großen WG“, wie Daniela Vigne den Familienbetrieb bezeichnet, hergestellt. Und seit kurzem bereichert eine Herde der seltenen Krainer Steinschafe den Hof, sie werden zur Weingartenpflege eingesetzt.

Foto: Roter Veltliner

H&S Biobeeren: Blissy, Rubaca, Nessy und Co

Warum denn nicht die Himbeere? In einem Gespräch über die Zukunft der eigenen traditionellen Landwirtschaft, den Absatzmarkt für konventionelle landwirtschaftliche Produkte und alternative Nischen zwischen Stefan Schmidt und seinem Vater stand plötzlich die Himbeere im Raum – und die Idee der „Biohimbeere" war geboren. Gemeinsam mit seinem langjährigen Freund und Gärtnermeister Michael Hönigschmid ging Stefan Schmidt an die Planung: Standortwahl, Sortenauswahl, Vermarktungskonzepte. Parallel dazu wurde viel gereist, mit Fruchtspezialisten gesprochen und besichtigt.

2004 wurden drei der insgesamt 96 Hektar Landwirtschaft freigemacht und darauf die ersten Himbeerpflanzen der spätreifen Sorte „Blissy" gesetzt. Zeitgleich mit den Himbeeren wurde rundum eine Nützlingshecke aus Hagebutten-, Holunder- und Haselnusssträuchern gegen etwaige Schädlinge angelegt. Salamander, Spinnen, Hummeln, aber auch Hasen und Fasane haben sich bereits darin angesiedelt. Nach der ersten Ernte erhielten die beiden ausschließlich positives Feedback hinsichtlich der hohen Qualität und der großen, hocharomatischen Beeren, die überwiegend an Naturkostläden und Biosupermärkte in Wien verkauft wurden. Das war der Ansporn für die Beerenpioniere, eine eigene Gesellschaft zu gründen und die Anbaufläche noch einmal zu verdoppeln. Auf den zusätzlichen Flächen wurde die frühreife Himbeersorte „Rubaca" gesetzt und – um die Erntepause zwischen den beiden Himbeerarten zu überbrücken – zusätzlich Brombeeren und Ribiseln gepflanzt.

H&S Biobeeren
Michael Hönigschmid & Stefan Schmidt GnbR
2000 Stockerau, Landstraße 17
Tel. 02266/621 83-15
www.biobeeren.at

Damit die Pflanzen die Früchte bestmöglich ausbilden, wird die Anlage sehr gut gepflegt. Das beginnt beim Schnitt und geht über die Bodenpflege bis hin zu feinstofflichen Substraten im Gießwasser. Von Mitte Juni bis Ende September ist Erntezeit, in der Hauptsaison sind zehn Personen täglich in der Anlage mit dem Pflücken beschäftigt. Um die Qualität mittels geschlossener Kühlkette länger aufrechtzuerhalten, wurde eine spezielle „Feld-Kühlanlage“ errichtet, in der die Beeren bereits unmittelbar nach der Ernte gekühlt werden, bevor sie im Kühlraum am Hof auf ihre Zustellung warten. Ausgeliefert wird oft noch am selben Abend, spätesten jedoch am nächsten Morgen. Mittlerweile bedarf es einer ausgeklügelten Logistik und moderner Code- und Verpackungssysteme, um den hohen Kundenservicestandard zu halten.

Auf ganz traditionelle Weise wird wiederum in der Produktions-„Küche“ gearbeitet: Dort wird der Himbeersirup, Stefan Schmidts „Steckenpferd“, hergestellt und Marmelade eingekocht, ganz klassisch, allerdings mit weniger Zucker. Dadurch sind die Produkte weniger süß, dafür fruchtig und frisch mit der ganz speziellen herben Himbeernote. Erhältlich sind die Erzeugnisse in Bioläden sowie auf Vorbestellung ab Hof. Die Beeren können auch online bestellt werden.

Foto: Himbeeren und Sirup

Ochsenherz Gärtnerhof: schöne Vielfalt & Co

Peter Laßnig ist Botaniker, konkret Pflanzenmorphologe, der sich bereits während seines Studiums auf Züchtungen spezialisiert hat. Sehr bald war dem späteren Universitätsassistenten aber klar, dass er nicht im Labor, sondern direkt auf dem Feld mit Pflanzen und ferner auch mit Kunden arbeiten möchte. Die Aktion „Wissenschaftler für die Wirtschaft" brachte ihn schließlich an den Biohof Adamah, wo er fünf Jahre lang mitgearbeitet und mit unzähligen Kürbissorten Vielfalt auf die Äcker gezaubert hat. Zudem saß der Saatgutspezialist im Arche-Noah-Vorstand, wo er heute noch Fachvorträge über Züchtung und Vermehrung hält.

2001 pachtete Peter Laßnig gegenüber seinem Wohnhaus einen fünf Hektar großen Acker und begann dort hobbymäßig in der Freizeit und mit der Unterstützung von Freunden und einem Partner einen Brunnen zu graben, alte Folienhäuser aus dem Burgenland zur Samenanzucht und Überwinterung der Pflanzen aufzustellen und letztendlich seinen eigenen Betrieb zu gründen. Herzstück des Demeterbetriebes war von Anbeginn an das eigene Saatgut, das mittlerweile auch in einer eigenen Linie vertrieben wird. „Wir machen hier

alles selbst", erzählt Peter Laßnig, „Saatgutvermehrung, Jungpflanzen, Aufzucht bis hin zur Ernte und auch den Vertrieb". Das Sortiment umfasst „alles, was hier wächst". Was im Detail bedeutet: sechzig bis achtzig unterschiedliche Kulturen von Frucht-, Blatt- und Wurzelgemüse, Nachtschatten-, Kohl- und Kürbisgewächse, etwa 400 verschiedene Sorten und Raritäten. Darunter auch einige alte Erdbeer- und Himbeerarten oder Melonen.

Ochsenherz – Gärtnerhof vis à vis
Demeterbetrieb Peter Laßnig
2230 Gänserndorf, Tannengasse 1 Süd
Tel. 0650/707 66 11
www.ochsenherz.at

Schöne, aromatische und nicht zuletzt interessante Vielfalt ist ihm jedenfalls wichtig. Das Besondere dabei ist für den Botaniker, immer wieder etwas Neues zu entdecken, etwas, das man hier nicht kennt oder wieder vergessen hat, wie zum Beispiel die großartigen Gemüse Karden oder Spargelzichorien. Der persönliche Kontakt mit den Kunden ist ihm somit auch deshalb sehr wichtig, weil viele der Raritäten und ihre Verwendungsmöglichkeiten einen hohen Erklärungsbedarf haben.

Um die Konsumenten stärker in den Betrieb einzubeziehen, bietet der Gärtnerhof sogenannte CSA-Boxen an: von einem amerikanischen Modell *(community supported agriculture)* inspirierte, wöchentliche „Gemüse-Anteilskisten", die Anfang des Jahres für die gesamte Saison bezahlt werden und dadurch den laufenden Betrieb in seiner Finanzierung unterstützen. In diesen Boxen befinden sich nur eigene Produkte, Gemüseraritäten, Obst, Salate, Wildkräuter und essbare Blüten die – von der bunten Abwechslung einmal abgesehen – auch die Möglichkeit bieten, exotische Sorten kennenzulernen und somit das eigene Spektrum zu erweitern. Noch besser lässt sich der Betrieb allerdings am „Volunteersday" erleben, der jeden Donnerstag von 8 bis 16 Uhr abgehalten wird und aus freiwilliger Mitarbeit mit anschließendem gemeinsamem Essen besteht, das aus den eigenen Produkten zubereitet wird.

Foto: Gemüseraritäten vom Demeterbetrieb

Anna Paradeiser: honigsüße Fruchtaufstriche

Die Biowinzerin mit dem klingenden Namen ist Liebhabern fruchtintensiver, zurückhaltend gesüßter Marmeladen bereits vielerorts ein Begriff. Ihre eigene Leidenschaft für Eingekochtes hat sich allerdings erst langsam aus der anfänglichen Notwendigkeit und bestehenden Hoftradition, den Obstüberschuss auf diese Weise zu verarbeiten, entwickelt. Mittlerweile ist daraus neben dem Wein ein zweites Betriebsstandbein geworden. In Bezug auf die Rezepturen allerdings hat Anna Paradeiser gleich von Beginn an mit den Familientraditionen gebrochen: Anstelle von Gelierzucker verwendet sie Apfelpektin und Honig. Dafür benötigt sie aromatische, vollreife Früchte. Nach mehreren erfolglosen „Feldversuchen“ in ungünstigen Lagen hat Anna Paradeiser schließlich 19 Ar eines Ackers in bester Lage für sich beansprucht und einen Obstgarten angelegt. In Permakultur wachsen dort nun, bunt gemischt auf Lehm und Löss, Marillen, Weichseln, Ringlotten, Quitten, Birnen, Äpfel, Mispeln, Weingartenpfirsiche, Dirndln, Schlehen, Erdbeeren, schwarze Himbeeren, rote, schwarze und weiße Ribiseln, flankiert von einer Vielfalt duftender Kräuter. Am Haus wachsen Holundersträucher und in den Weingärten stehen alte Hauszwetschkenbäume, die ebenfalls Marmeladenrohstoff liefern. Bis auf Erdbeeren und Marillen, die sie in bester Qualität zukauft – wobei sie den Erntezeitpunkt selbst festlegt –, kann sie heute ausschließlich mit ihren eigenen Früchten arbeiten. Anna Paradeiser lässt das Obst extrem ausreifen, bevor sie es verarbeitet. Da sie selbst eher wenig gesüßte Marmeladen bevorzugt, kann sie an Honigzusatz sparen und dafür das Eigenaroma der Früchte in den Vordergrund rücken.

Bioweinhof Paradeiser
Anna Paradeiser, 3481 Fels am Wagram
St.-Urban-Straße 22
Tel. 02738/22 49
www.paradeiser.at

Zwanzig verschiedene Sorten an Marmelade werden hergestellt. Bevorzugt kocht sie die Früchte ganz klassisch und reinsortig ein: Weingartenpfirsich zum Beispiel, der ihr ein besonderes Anliegen ist,

Marille, Weichsel, Erdbeere, Himbeere, Brombeere und Heidelbeere. Nebenbei hat sich aber aus „Experimenten“ auch eine ganze Palette gemischter Marmeladen ergeben. Eine besondere Spezialität ist ihre Rosenblütenmarmelade, die sie mit rotem und weißem Traubensaft und den Blüten einer intensiv duftenden, alten Rosenart herstellt. Auch Quitten, Dirndln und Schlehen verarbeitet Anna Paradeiser mit Traubensaft sowie Mischungen wie Zwetschke mit Holunder, Erdbeere mit Holunderblüten, Kirsche mit Himbeere sowie Marille, die sie mit einem Hauch von Schokolade „würzt“. Besonders wichtig ist der Marmeladenköchin, gesunde Produkte mit „total gutem Aroma“ zu erzeugen. Sie kocht die Früchte daher auch nicht ganz durch und gibt den Großteil des Honigs erst zum Schluss bei, rührt um und füllt unverzüglich in die Gläser. Ein weiteres „Hobby“ ist das Sammeln von resistenten Traubensorten, die man nicht spritzen muss und die in einer Vielzahl von Geschmacksrichtungen vorhanden sind. 75 verschiedene Sorten kultiviert sie in einem eigenen Weingarten, die ausschließlich als Frischobst vermarktet werden. Und auch der Kultivierung und Saatgutvermehrung von Weingartenknoblauch widmet sich die vielseitige Winzerin mit Hingabe. Erhältlich sind die Produkte in ausgewählten Bioläden und ab Hof.

Foto: Trauben-Rosenblüten-Fruchtaufstrich und Bio-Rotwein

Gut Markhof: Biospargel und mehr

Spargel als leitkulturelles Beispiel für die lukullische Vielfalt des Marchfelds, das würde sich Biobauer und Spargelliebhaber Markus Brandenstein wünschen. Denn Spargel war schließlich das erste Produkt, das es geschafft hat, die Region bekanntzumachen, „Marchfelder Spargel“ wurde zu einem allgemein bekannten Begriff, zur Marke. Und ein neues Bewusstsein dafür zu schaffen, dass die Gemüsebauregion mehr zu bieten hat, und den Menschen das Naherholungs- und Nahversorgungsgebiet Marchfeld näherzubringen ist ein großes Anliegen von Markus Brandenstein.

Seit 1967 ist das Gut Markhof im Besitz der Familie Brandenstein, seit 1990 wird die dazugehörige Landwirtschaft von Markus Brandenstein geführt und biologisch bewirtschaftet. „Biologische Landwirtschaft ist moderne Landwirtschaft“, ist der Landwirt heute überzeugt. Das war aber nicht immer so. Lange Zeit stand er der Bio-Idee skeptisch gegenüber und begab sich in seiner kritischen Auseinandersetzung damit auf die Suche nach Schwachstellen. Wesentliche Kritikpunkte fand er keine, dafür gewann er aber die Überzeugung, dass biologische Landwirtschaft der schlüssigste und einzig logische Weg für ihn ist.

Auf zwanzig Hektar kultiviert Brandenstein nun Biospargel, drei Viertel der Anbaufläche sind weißem Spargel, ein Viertel grünem Spargel gewidmet, der in der Beliebtheit stark zunimmt. „Uns hat Spargel eigentlich immer interessiert und fasziniert", erzählt er, „und wir wollten etwas lukullisch Hochwertiges in unserem Betrieb herstellen."

Mit dem Spargel wurde schließlich auch die Direktvermarktung ab Hof und auf Wiener Märkten begonnen, „wir wollten nicht mehr länger anonyme Landwirtschaft betreiben, sondern Kontakt zu unseren Kunden haben und Rückmeldungen auf unsere Produkte erhalten". Und die würden durchwegs positiv ausfallen, freut sich der Spargelbauer.

Familie Brandenstein
2293 Marchegg, Gut Markhof 1
Tel. 02285/62 47
www.biospargel.at

GENUSS REGION ÖSTERREICH

Bio AUSTRIA

Die allerbesten Voraussetzungen für den Anbau von erstklassigem Spargel liefern ihm letztendlich aber der Boden und die Region: sandige Schwemmlandböden, pannonisches Klima und gute Bewässerungsmöglichkeiten. Durch die niedrige Bestandsdichte und den geringen Einsatz von ausschließlich organischem Dünger erzielt er erstklassige Qualität, „weniger ist mehr, im Sinne des Geschmacks" ist Genussmensch Markus Brandenstein fest überzeugt. Ebenso im Sinne des guten Geschmacks sind für ihn absolute Frische und kurze Transportwege, Regionalität und Saisonalität dafür die wichtigsten Voraussetzungen.

Neben Biospargel kultiviert Brandenstein nach langer Marchfeldtradition auch Zwiebeln, Kartoffeln, Wurzelgemüse, Kürbisse und Erdbeeren. Zukunftsprojekt gibt es ebenfalls eines: Am liebsten würde er in der Region nämlich ein nur saisonal geöffnetes, kleines Spargellokal aufmachen. Und dort dann nur Produkte aus dem Marchfeld – frisch vor Ort und ohne Transportwege – verarbeiten und anbieten.

Foto: Grüner Spargel

Gutsverwaltung Hardegg: Tradition und Innovation

Der Traditionsbetrieb Hardegg im nördlichen Weinviertel ist eine der größten privaten Landwirtschaften Österreichs. Und dass man sich der Region sehr stark verbunden fühlt, ergibt sich nicht zuletzt aus der über 600 Jahre alten Familiengeschichte.

Für Maximilian Hardegg, der das Gut mit seinen drei Betriebszweigen Feldwirtschaft, Weinbau und Viehzucht seit Beginn der Neunzigerjahre führt, ist Landwirtschaft ein ganzheitliches System. Das primäre Ziel der Arbeit mit der Natur ist, die Bodenfruchtbarkeit und Bodenqualität zu heben und zu erhalten. Biodiversität zu fördern ist daher ebenso wie die Landschaftspflege ein wesentlicher Bestandteil der Aktivitäten in Seefeld-Kadolz, die etwa 2000 Hektar Ackerland werden in integrierter Produktion bewirtschaftet.

Bei der Schweinezucht wird auf zeitgemäße, artgerechte Tierhaltung besonders geachtet. So werden die Edelschweine in der Herde mit entsprechender Bewegungsfreiheit aufgezogen und können ihre Abläufe selbst bestimmen. Die Tiernahrung wird im eigenen Futterwerk hergestellt, der wertvolle organische Dünger wiederum kommt auf den Feldern und in den Weingärten zum Einsatz, womit sich der Nährstoffkreislauf schließt und die Humifizierung in den Böden massiv verbessert werden konnte.

Im Weinbau setzt Maximilian Hardegg seit 2006 zur Gänze auf biologisch-biodynamische Bewirtschaftung. Die Motivation für die

Umstellung war, durch nachhaltige Verbesserung der Böden einerseits die Langlebigkeit der Stöcke zu fördern sowie andererseits die Qualität des Traubenmaterials zu steigern. Mit Erfolg: Die Balance zwischen Wuchs und Ertrag hat sich bereits deutlich verbessert. Die kleineren, hochwertigeren Trauben reifen früher, die Weine wurden dadurch deutlich individueller, freut sich Maximilian Hardegg. Neben der Verbesserung der Bodenstruktur durch gezielte Begrünung und Kompostierung werden die Reben durch den Einsatz von biodynamischen Präparaten wie Brennnessel-, Kamille- und Schachtelhalmtees gestärkt. Die Tees werden mit Regenwasser aufbereitet und unter Berücksichtigung natürlicher Rhythmen wie der Mondphasen bodenschonend ausgebracht. Neben den eleganten Weinen – das Hauptgewicht liegt auf dem Grünen Veltliner, das Schlossweingut besitzt aber auch bei französischen Edelsorten wie Syrah und dem legendären weißen Viognier Pionierstatus – werden auch noch zwei weitere naturnahe Produkte hergestellt und vertrieben: ein besonders hochwertiger, cremiger Frühlingsblütenhonig, der kalt geschleudert, händisch gerührt und ebenfalls von Hand abgefüllt wird, sowie ein kaltgepresstes, tiefgelbes, feinwürziges Rapsöl aus eigenem Anbau, das in seiner Kategorie zu den besten Produkten im Land zählt.

Gutsverwaltung Hardegg
2062 Seefeld-Kadolz
Tel. 02943/22 03
www.hardegg.at
Zertifizierter Bioproduzent in Umstellung

Foto: Natives Rapsöl

Reinhard Wetter: die Natur in der Flasche

Reinhard Wetter kennt in seiner 13 Hektar großen Obstanlage jeden Baum persönlich. Für den Qualitätsfanatiker ist der Beruf seine Leidenschaft. Damals, als er den Obstbaubetrieb von seinem Vater übernahm, das war im Jahr 1978, wurde ausschließlich Tafelobst kultiviert. Nur aus jenen Früchten, die für den Verkauf nicht verwertbar waren, wurde Schnaps gebrannt, und zwar für den Eigenbedarf. Das ist heute anders: Für seine vielfach ausgezeichneten und prämierten Brände und Fruchtsäfte verwendet Reinhard Wetter höchstwertiges Tafelobst, denn nur mit den besten Grundprodukten und sorgsamster Verarbeitung können beste Ergebnisse erzielt werden, weiß er.

Die Sorgsamkeit beginnt bei der Arbeit in den in integrierter Produktion bewirtschafteten Obstgärten. Gegen Schädlinge werden Nützlinge eingesetzt, Duftlenkstoffe gegen den Apfelwickler, der Mehltau wird händisch entfernt und auch die Ertragsreduktion erfolgt, ebenso wie die Ernte, in reiner Handarbeit. Das erfordert viel Zeit, Sensibilität und Beobachtungsgabe, nicht zuletzt, um den richtigen Erntezeitpunkt festzustellen.

Nach und nach wurden im Lauf der Jahre die Obstbestände erweitert und bestehende Sorten durch aromatischere alte ersetzt. Bei der Auswahl wurden die klimatischen Gegebenheiten der Region besonders berücksichtigt: Sie ist niederschlagsarm, unterliegt starken Temperaturschwankungen und hat sandige Urgesteinsböden – optimale Bedingungen für die Aromaausbildung zahlreicher Obstsorten.

Obstbrände und Fruchtsäfte Wetter
Ing. Reinhard und Helga Wetter
3751 Missingdorf 33
Tel. 02983/23 98, 0676/430 11 19
0676/504 37 10
www.wetter-brennerei.at

Geringere Erträge stören Reinhard Wetter nicht, denn die kleineren Früchte sind zugleich fester und aromatischer, „wir wollen die Natur in die Flasche bringen“, sagt er, den „Urgeschmack“ sozusagen. James Grieve, Cox Orange, Freiherr von Berlepsch sind nur einige der alten Apfelsorten, die von Reinhard und Helga Wetter kultiviert und zu geschmacksintensiven, sortenreinen, naturtrüben Säften oder zu Bränden verarbeitet werden. Weiters werden Marillen, Kirschen – auch hier alte Sorten – und Elsbeeren kultiviert. Zwölf verschiedene Schnäpse brennt Wetter in seiner kleinen Verschlussbrennerei, darunter den ersten Williams-Birnen-Trester Österreichs sowie drei „Edel-Obstler“. Eine Imageaufwertung dieses österreichischen Schnapsklassikers war dem Obstbrenner Wetter überaus wichtig, durch das Rau- und Feinbrandverfahren kann er exakter in den Brennvorgang eingreifen, als das über Jahrhunderte hinweg gemacht wurde. Vor- und Nachlauf werden selbstverständlich abgetrennt, und es wird – wie bei allen Edelbränden mit höchstem Qualitätsanspruch – nur das Herzstück des Destillates verwendet, das – je nach Art– zwei bis drei Jahre in Glasballons gelagert wird, bevor es mit Quellwasser auf Trinkstärke verdünnt und abgefüllt wird.

Auch die Vermittlung der Geschichte der Brennkultur im bäuerlichen Raum ist den Wetters ein Anliegen: Seit 1994 können im hauseigenen Schnapsmuseum Brenngeräte, Literatur und Glaskultur der letzten hundert Jahre bewundert werden.

Foto: Naturtrüber, sortenreiner Apfelsaft „Discovery“

Riedersdorf
Dorfstetten
Pisching
Laimbach
Pöggstall
Maria Laach
Aggsbach Mkt.
Gansbach
Pabneukirchen
Dimbach
Gr. Peilstein
St. Thomas
Rechberg
Allerheiligen
Windhaag
Bad Kreuzen
Waldhausen im Strudengau
Altenmarkt
Weiten
Neukirchen
Münzbach
Perg
Klam
Grein
Saxen
Arbing
Naarn im Machland
Baumgartenberg
Mitterkirchen
Neustadtl an der Donau
Nöchling
Persenbeug
Maria Taferl
Marbach
Klein-Pöchlarn
Artstetten
Leiben
Emmersdorf
Melk
Schönbühel an der Donau
Hafnerbach
Loosdorf
Pöchlarn
Ybbs an der Donau
Erlauf
Ardagger Markt
Wallsee
Strengberg
Oed
Zeillern
Amstetten
Neumarkt
Wieselburg
Petzenkirchen
Ruprechtshofen
St. Leonhard am Forst
Bischofstetten
Mank
Kilb
Aschbach-Markt
Seitenstetten Markt
Kematen
Euratsfeld
Ferschnitz
Neuhofen an der Ybbs
Steinakirchen am Forst
Wang
Purgstall an der Erlauf
Oberndorf an der Melk
Kirnberg
Rabenstein an der Pielach
Kirchberg a. d. Pielach
Allhartsberg
Randegg
Scheibbs
St. Georgen an der Leys
Rosenau
Waidhofen an der Ybbs
Ybbsitz
Gresten
Frankenfels
Gaming
M O S T V I E R T E L
E I S E N W U R Z E N
Ybbstaler Alpen
Weyer
Lunz am See
Lunzer See
Langau
Ötscher
Türnitz
Annaberg
Göstling an der Ybbs
Erlauf Stausee
Mitterbach
Mariazell
Göstlinger Alpen
Hochkar
Donau
Machland
Strudengau
0 10 km
kartographie
N

Mostviertel

Ganz eindeutig sind die Außengrenzen des Mostviertels intern noch nicht ganz geklärt, denn laut Volksmund ist nur dort Mostviertel, von wo aus man die Basilika Sonntagberg sehen kann. Das trifft in etwa auf „Ostarrichi" zu, das Gebiet um Neuhofen an der Ybbs, wo auch die österreichische Gründungsurkunde aufbewahrt wird. Ganz klar ist aber, dass das Mostviertel, eingebettet zwischen Donau, Enns und Ötscher, Österreichs erstes Kompetenzzentrum in Sachen Mosterzeugung ist. Auch Schnapsbrennen hat hier eine lange Tradition, insofern verwundert es wenig, dass einige der besten Destillate des Landes aus dieser Gegend kommen. Besonders die Mostbirne hat in den letzten Jahren eine regelrechte Renaissance erlebt. Und die mächtigen alten Apfel- und Birnenbäume in den weitläufigen Streuobstwiesen verleihen dem Landschaftsbild seine Konturen – genauso wie die imposanten Vierkant-Bauernhöfe. Viehzucht und Milchwirtschaft spielen in der hügeligen Alpenvorlandsregion ebenfalls eine bedeutende Rolle, nicht nur für die Nahversorgung, sie liefert unter anderem auch einem ehrgeizigen Fleischhauer in Kilb die Grundprodukte für seine Mostviertler Spezialitäten. In Kilb wird auch der wahrscheinlich beste Apfelsaft der Region gepresst und Hagebutteneis vom Bauernhof hergestellt. Und die einzige biologische Truthahnfarm Österreichs befindet sich ebenfalls im Mostviertel – allerdings etwas außerhalb von Ostarrichi.

Leopoldine und Adolf Adelsberger: junger Most von alten Birnbäumen

Betrachtet man die alten, mitunter riesigen Birnbäume im niederösterreichischen Mostviertel, fällt es schwer, in ihrer Anordnung eine Systematik zu erkennen. Manchmal bilden sie eine Allee oder begrenzen eine saftig grüne Weide, oft stehen sie aber völlig singulär mitten auf einer Wiese, alleine, zu zweit, in vagen Grüppchen.

Leopoldine und Adolf Adelsberger
3263 Randegg, Puchberg 26
Tel. 07487/82 19

Das habe mit dem Alter der Bäume zu tun, erklärt Leopoldine Adelsberger. Ursprünglich wurde – wie auch heute noch – immer in Reihen gesetzt, nach einem durchschnittlichen Alter von hundert Jahren werden die Reihen dann aber eben lichter. Und manchmal bleibt nur ein einziger Baum übrig.

Most – vor allem aus Birnen gepresst und zu einem feinherben Getränk mit einem Alkoholanteil von fünf bis sieben Prozent vergoren – hat im namensgebenden Mostviertel eine lange Tradition. Die Bauern hätten immer schon Most gepresst, erklärt Frau Adelsberger, entweder für den Eigenbedarf oder für den Verkauf bei Buschenschenken oder an die lokale Gastronomie. Wobei sich die Szene in den vergangenen Jahren geändert habe, erfährt man: Der städtische Bereich und die gehobene Gastronomie hätten nach Jahren des schlechten Mostimages den Birnmost als authentisches Getränk entdeckt und lieben gelernt, Direktvermarktung und Ab-Hof-Verkauf nahmen stark zu.

Kein Wunder, denn die Moste sind eine absolut köstliche Angelegenheit, nach modernen önologischen Richtlinien verarbeitet, in Pressen, die dem letzten Stand der Technik entsprechen, gepresst, in Edelstahltanks vergoren und hygienisch abgefüllt. Diese Fortschritte brachten es mit sich, dass auf die Unterschiede der Mostbirnsorten sehr viel genauer eingegangen wird und die Nuancen besser herausgearbeitet werden. Die zarte, frische Rote Pichlbirne etwa, der aromatisch etwas kantigere Typus der Schweizer Wasserbirne, die würzige Grüne Winawitzbirne, die rauchig-mineralische Gelbmostler und natürlich die Königin der

Mostbirnen, die duftig-kompakte Speckbirne. 150 Bäume haben die Adelsbergers auf ihren Gründen stehen, nachgesetzt wird regelmäßig, allerdings ist erst im zehnten Jahr mit Erträgen zu rechnen. Bei Vollertrag können in superben Jahren schon bis zu tausend Kilo pro Baum anfallen. Manchmal gibt's über Jahre hinweg aber auch gar keinen Ertrag.

Bei der Ernte kommt es auf Geschwindigkeit und Koordination an, denn vollreif und gut sind die Birnen nur dann, wenn sie von selbst vom Baum fallen, sie dürfen aber keineswegs länger als zwei Tage am Boden liegen. Nur zum Zeitpunkt der Vollreife – eine recht kurze Phase – werden die Früchte auch vom Baum geschüttelt. Sehr unterschiedliche Reifezeitpunkte der diversen Birnsorten helfen da aber bei der Logistik. Mit 10.000 Flaschen pro Jahr – gefüllt wird seit 15 Jahren in eine gut eingeführte Pfandflasche und zwar in den Kategieren „mild" (weniger als 6 ‰ Säure), „halbmild" (6,5–8 ‰), „resch" (über 8‰) und „kräftig" (deutlicher Gerbstoffanteil) – zählen die Adelsbergers zwar zu den kleineren Betrieben, räumen bei den diversen Prämierungen aber regelmäßig die Topbewertungen ab.

Foto: Rote-Pichlbirnen-Saft

Josef Lechner: Mostviertler Rinderrohschinken

In der kleinen Fleischerei Lechner in Kilb wird der wahrscheinlich beste Rinderrohschinken des Landes produziert. Seit 1853 besteht der Familienbetrieb bereits, und so lange Josef. A. Lechner, der den Betrieb 2006 von seinem Vater übernommen hat, zurückdenken kann, wurde diese Spezialität hier schon hergestellt. Und zwar in feinster traditioneller Handwerkskunst.

Der Schlüsselbegriff zum Erfolg lautet für Josef Lechner Sorgfalt. Die Sorgfalt beginnt bei der Auswahl der besten Tiere von Bauern aus der unmittelbaren Umgebung. Geschlachtet wird im Betrieb selbst, und die Tiere werden bereits am Vortag im eigenen kleinen Stall eingestellt, damit sie den Transportstress abbauen können. Josef Lechner legt Wert auf ehrliche Ware, in seinen Produkten „ist nur drin, was auch reingehört“. Also kein Mehl, keine Geschmacksverstärker und keine Konservierungsstoffe. Er arbeitet nach alten traditionellen Rezepturen, an deren Perfektionierung er akribisch feilt. Richtungsweisend dafür sind ihm die Beurteilungen und Ergebnisse der Wettbewerbe, an denen er regelmäßig teilnimmt.

Die allerhöchsten Bewertungen erzielt dabei jedes Mal sein Mostviertler Rinderrohschinken. Für diese Spezialität des Hauses kommen nur magere Stücke wie Schale oder weißes Scherzel infrage. Vier Wochen lang wird das Fleisch ausschließlich in grobem Meersalz gepökelt und danach eine Woche lang in der sechzig Jahre alten, gemauerten Selch über Buchenholz kalt geräuchert. Das Ergebnis ist ein unglaublich aromatischer, saftiger Rohschinken von einer samtig weichen Konsistenz, die an die italienische Delikatesse Bresaola – luftgetrocknetes Rindfleisch aus dem Veltlin – erinnert. Auch hervorragenden Prosciutto vom Schweinskarree stellt er nach einem alten italienischen Rezept selbst her, ebenfalls vier Wochen mit einer Spezialgewürzmischung eingesalzen und danach zwei bis drei Monate gereift. Eine weitere Vorliebe des ehrgeizigen Fleischermeisters gilt der Blutwurst, von der er ab und zu auch die eine oder andere Kreativvariante wie Aloevera-Wasabi oder Kürbiskern-Cranberry anbietet. Insgesamt umfasst sein Angebot, saisonal variierend, fast hundert Sorten Fleisch- und Wurstwaren.

Fleischerei Lechner, Josef A. Lechner
3233 Kilb, Marktplatz 7
Tel. 02748/73 30

Josef Lechner liebt seinen Beruf, er produziert nach keiner Norm, stellt seine individuellen Produkte her, ist neugierig und immer offen für Neues. Besonders wichtig ist ihm, mit seinen Produkten den Kreislauf zwischen den Bauern und den Kunden der Region zu schließen. „Wir wollen gutes, ehrliches Fleisch unserer Landwirte zu Spitzenprodukten veredeln und dadurch Nahversorgung gewährleisten."

Foto: Prosciutto vom Edelschweinkarree

Josef Neuhauser: hat einen „Spleen" – Säfte und Brände

Josef Neuhauser ist gelernter Landwirt und betreibt im Mostviertel eine kleine Vieh- und Milchwirtschaft, die er 1989 von seinen Eltern übernommen hat. Seine wahre Leidenschaft aber gilt dem Obstbau. Angefangen hat er damit aus reiner Liebhaberei, „schon alleine, um das Obst wachsen und gedeihen zu sehen". Die Liebe hat sich über die Jahre zu einem richtigen „Spleen" ausgewachsen, wie er sagt, und der Obstanbau und die Weiterverarbeitung sind mittlerweile zum zweiten Betriebsstandbein geworden.

Neben dem für die Region typischen extensiven Mostobstbau betreibt er seit einigen Jahren eine kleine Intensivobstanlage mit Äpfeln, Birnen, Kirschen und Marillen, die er als Tafelobst verkauft und in kleinen Mengen zu Edeldestillaten und ausgezeichneten naturreinen Säften verarbeitet. Konstant die beste Qualität zu produzieren ist sein Ehrgeiz und Antrieb – immer im Einklang mit der Natur. Das Fachwissen rund um den Obstbau und die Verarbeitung eignete sich Josef Neuhauser selbst an, mittels Literatur, bei Vorträgen und Kursen und durch eigene Erfahrungen in seinen Obstanlagen.

Auf seinen weitläufigen Streuobstwiesen mit prächtigen, teils weit über hundert Jahre alten Bäumen finden sich alte Mostobstsorten wie Speckbirne, Rote und Grüne Pichlbirne, Schweizer Wasserbirne, Rosenhofbirne, Bohnapfel oder Rheinischer Krummstiel. In der Obstanlage kultiviert Lechner sowohl alte Sorten wie Boskoop oder Berner Rosenapfel, die besonders aromatisch und für die Weiterverarbeitung optimal geeignet sind, als auch neuere Apfelsorten wie Topas oder Remo. Durch das Mischen von Tafel- und Mostobssorten erzielt der Fruchtliebhaber unglaublich geschmacksintensive Produkte.

Um höchste Qualität zu erzeugen, verarbeitet Josef Neuhauser nur vollreifes, einwandfreies Obst, das händisch geerntet und aussortiert wird. Für die Saft und Mosterzeugung werden die Früchte in einer Packpresse gepresst, was zwar arbeitsintensiver, aber dafür umso schonender ist. Äpfel werden zu naturtrüben und klaren, reinsortigen Säften sowie zu Mischsäften verarbeitet, Birnen zu reinsortigem, klarem Saft und Most sowie zu Apfel-Birnen-Mischmost. Im klassischen Doppelbrennverfahren stellt Neuhauser außerdem Schnäpse her, darunter Holz- und Speckbirnenbrand, reinsortige Apfelbrände etwa vom Rosenapfel. Weiters gibt es fassgelagerten Zwetschkenschnaps, Kirsche, Marille, Mispel, Vogelbeere und einen Gelben-Muskateller-Brand – seine Lieblingstrauben, die er aus dem Weinviertel bezieht. Geduld und Genauigkeit beim Brennen sind sein Credo, ohne Geduld ist man beim Brennen fehl am Platz und nur durch Qualitätsarbeit ist das Produkt gut in die Flasche zu bringen, ist er überzeugt.

Josef Neuhauser
3233 Kilb, Mallau 2
Tel. 02748/60 82

Foto: Kirschedelbrand

Biohof Hansinger: Dirndljoghurt und Hagebutteneis

Der wunderschön gelegene Bauernhof im niederösterreichischen Alpenvorland befindet sich seit 1929 im Besitz der Familie Hansinger, seit der Umstellung auf biologische Landwirtschaft wird der Familienbetrieb von Anneliese und Herbert Hansinger – mittlerweile in dritter Generation – als reiner Grünlandbetrieb mit Milchwirtschaft geführt. Hoher „Kuhkomfort" ist Herbert Hansinger besonders wichtig, seine Rinder – robustes Fleckvieh – werden ganzjährig auf den umliegenden Weideflächen bzw. in einem großzügigen, modernen, lichtdurchfluteten Laufstall extensiv gehalten. Auf den arrondierten, weitläufigen Streuobstwiesen wachsen zahlreiche alte Obstsorten.

Neben Ursprünglichkeit, Harmonie und Vielfalt ist die Produktion von hochwertigen biologischen Nahrungsmitteln das vorrangige Ziel der Landwirte. In der kleinen Produktion am Hof wird daher nahezu der gesamte Milchertrag selbst weiterverarbeitet: zu Frischmilch,

Schlagobers, Joghurt, Topfen, Molkegetränken – und Eis. Für die Milchverarbeitung ist Anneliese Hansinger verantwortlich. Besonderes beliebt sind ihre Fruchtjoghurts, für die sie größtenteils Früchte aus der eigenen Landwirtschaft verwendet. Neben den „klassischen" Sorten wie Erdbeere, Himbeere, Heidelbeere, Kirsche, Marille, Pfirsich und Zwetschke werden auch Exoten wie Bananen oder regionale Wildfrüchte wie zum Beispiel die Dirndln verarbeitet. Für die Eisproduktion sorgt der älteste Sohn: Reines Fruchteis und cremiges Milcheis werden in den unterschiedlichsten Geschmacksrichtungen, wie Topfen, Vanille, Schokolade, Haselnuss, Karamell, Maroni, Zwetschke, Birne, Zitrone und Beerenmischungen, erzeugt. Verwendung finden ausschließlich reine Früchte, Milch, Schlagobers und Eidotter – aber keinerlei Geschmacks- und Konservierungsstoffe. Die ganz besonderen „regionalen" Spezialitäten sind das Dirndl- und das Hagebutteneis, das auf Anregung der „Wildrosenregion" kreiert wurde, das „überregionale" Marilleneis entstand aus einer Kooperation mit einem Wachauer Marillenproduzenten.

Bioladen Hansinger
Anneliese und Herbert Hansinger
3233 Kilb, Raiffeisenplatz 1
Biohof Hansinger
3233 Kilb, Petersberg 9
Tel. 02748/74 66, www.hansinger.at.tf

Das Obst für Joghurt und Eis wird händisch gereinigt und geschnitten oder püriert, alle Produkte werden händisch abgefüllt, aber auch Most, Apfel- und Mischsäfte sowie Edelbrände werden aus den diversen Früchten der Streuobstwiesen gewonnen. Von Anfang an hat die Familie Hansinger auf Direktvermarktung gesetzt und im Zentrum von Kilb einen eigenen Bioladen eröffnet, der von der Tochter geführt wird. Neben den eigenen Erzeugnissen umfasst das Sortiment unterschiedliche Produkte von regionalen Produzenten bis hin zu EZA-Produkten aus aller Welt.

Foto: Dirndl- und Stracciatella-Joghurt aus Kuhmilch

Biohof Neiss: alles Gute vom Truthuhn

Als der gelernte Forstfacharbeiter Robert Neiss und seine Frau Silvia 2000 auf den idyllisch gelegenen kleinen Bauernhof im Ötscherland, der sich seit 1890 in Familienbesitz befindet, heimkehrten, hatten sie eigentlich andere Pläne: Hier sollten Jura- und Merinoschafe gezüchtet werden. Und so bauten sie einen großen, offenen Laufstall und schafften sich eine Herde Schafe an. Kühe, Hühner und Truthähne kamen mit der Zeit auch noch dazu – eine schöne, bunte Vielfalt. Dass ausgerechnet die Nachfrage nach Truthahn am größten war, hätten sich die beiden freilich nicht gedacht. Und so ergab es sich, dass aufgrund der steigenden Nachfrage nach biologischem Putenfleisch immer mehr dieser Vögel den Hof bevölkerten und man sich schließlich gänzlich auf die Zucht der ursprünglich aus Nordamerika stammenden Hühnervögel spezialisierte – in den weitläufigen, hellen Vollholzställen, die ursprünglich den Schafen und Kühen als Unterkunft dienten, tummeln sich nun unzählige weiße Truthähne.

Mit fünf Wochen kommen die Tiere als Kücken auf den Hof und werden sorgsam, ausschließlich mit Biogetreide, aufgezogen. Gehalten werden sie in drei unterschiedlichen Herden, je nach Größe; sie haben zu jeder Jahreszeit direkte Auslaufmöglichkeiten vom Stall auf die umliegenden Wiesen. Dabei fühlen sie sich sichtlich wohl und liefern in

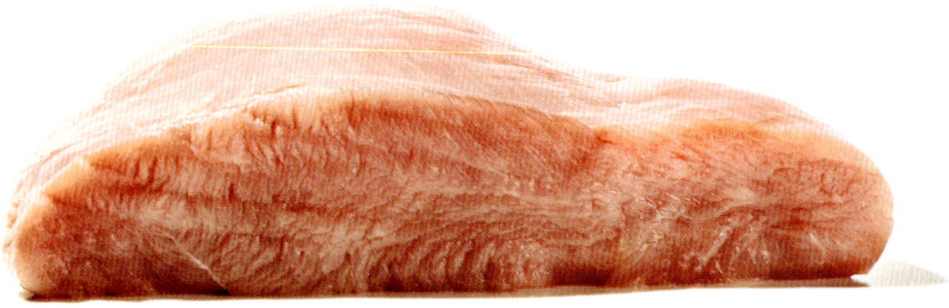

der Folge erstklassige Fleischqualität. „Wenn es den Tieren gutgeht, schmeckt man das auch im Produkt", ist Robert Neiss überzeugt, weshalb er auch selbst am Hof schlachtet – nur wenige Meter vom Stall entfernt, völlig stressfrei.

Robert und Silvia Neiss
3294 Langau, Oisreitl 4
Tel. 07480/52 52
www.biohof-neiss.at

Die Frischfleischverarbeitung erfolgt ebenfalls am Hof. Brust im Ganzen, Schnitzel, Oberkeule ausgelöst und gerollt, Ragout und Leber werden auf Vorbestellung im eigenen Hofladen angeboten oder zugestellt. In Zusammenarbeit mit einem Fleischhauer in Scheibbs wird ein umfangreiches Sortiment an Wurst- und Schinkenspezialitäten vom Biotruthahn erzeugt: etwa saftiger Selchroller und Schinken, Krakauer, Extra, Beskiden, Pikantwurst, Leberkäse, Frankfurter Bratwürstel und Käsekrainer. Die Besonderheit der Produkte ist, dass sie aus reinem Putenfleisch bestehen und anstelle von Schweinefleisch und Speck reines Sonnenblumenöl zur Zubereitung verwendet wird.

Foto: Putenbrustfleisch

Josef Farthofer: Ein Bioedelbrenner heizt ein

Die Passion für das Veredeln von (Most-)Obst wurde dem studierten Wirtschaftspädagogen und Lektor für Produkt- und Projektmanagement in Wieselburg gleichsam in die Wiege gelegt. Josef Farthofer ist nämlich bereits der Fünfte in geschlossener Familienfolge, der sich der Schnapsbrennerei mit Haut und Haaren verschrieben hat. Der ambitionierte Quereinsteiger setzt diese bemerkenswerte Tradition seit 2003 in einer modernen Brennerei in Aschbach fort.

Der Ort liegt im Herzen des Mostviertels, dem größten zusammenhängenden Birnbaumgebiets Europas. Die überaus reizvolle Landschaft ist naturgemäß stark geprägt von den alten, hochstämmigen Mostbirnenbäumen. Dass somit in dieser Region der Verarbeitung der Birnen eine zentrale Bedeutung zukommt, dürfte niemanden verwundern. Unterschiedlichste alte Mostbirnensorten sind die vornehmlichen Rohstoffe des Meisterbrenners. Winawitzbirne, Gatternbirne, Dorschbirne und Speckbirne sind nur einige jener Sorten, die er, neben regionalen Apfelarten wie Bohnapfel und Klarapfel zu seinen biologischen Bränden, Geisten und Likören veredelt. Als „Mostbaron" hat er sich der traditionellen Mostobstnutzung und ihrer Zukunft auch „ehrenhaft" verpflichtet. Mit dem Ziel, das ultimative sortentypische Fruchtaroma in seine vielfach ausgezeichneten Edelschnäpse zu bringen, wird ausschließlich schönstes und vollreifes Obst verwendet, das er besonders schonend destilliert. Vor- und Nachlauf trennt er großzügig ab und verwendet nur das Herzstück, das er nach entsprechender Reife mit Mühlviertler Urgesteinswasser wieder auf Trinkstärke einstellt. Im umfangreichen Sortiment finden sich überdies einige fassgelagerte Spezialitäten wie Birnenmostbrand oder Alter Apfel. Darüber hinaus werden von Farthofer Zwetschken, Weichseln, Marillen und Muskat-Ottonel-Trauben von ausschließlich österreichischer Herkunft eingemaischt

Edeldestillerie, Mag. Josef Farthofer
3361 Aschbach Markt, Neen 1
Tel. 0676/358 56 44
www.edelschnaps.at
www.bioschnaps.at

und gebrannt. Ganz spezielle Produkte sind der Bio-Wodka und Bio-Gin.

Mit seiner Kreation „Mostello“ ist ihm ein besonderer Coup geglückt – und gleichzeitig der internationale Durchbruch gelungen: ein nach Portweinmethode erzeugter Birnendessertwein, der beim BioWein-Cup 2008 mit Gold ausgezeichnet wurde. Mittlerweile wird das Glanzstück nach Großbritannien ebenso wie nach Japan exportiert.

Ein anderes anspruchsvolles Projekt hat eben seinen Abschluss gefunden: die „Mostelleria“, eine neue Betriebsstätte mit Schaubrennerei in einem historischen Mostkeller in Öhling. Sie wurde mit besonders umweltfreundlicher Energieversorgung ausgestattet. Die Prozesswärme stammt aus einem modernen Biomassekessel. Zusätzlich wird die Abwärme des Kühlwassers und der Maische zur Wärmeversorgung genutzt. Dass damit gleich auch noch das Feuerwehrhaus, die Volksschule und der Kindergarten in Öhling geheizt werden können, gehört zu den schönen Nebeneffekten des Betriebes. Zudem soll zukünftig eine moderne Biogasanlage die Reststoffe aus der Schnapsbrennerei in Strom und Wärme umwandeln. Seinen Brennstoff Miscanthus kultiviert Farthofer übrigens selbst, er ist somit energietechnisch völlig autark.

Foto: Williamsbirne Bio-Edelbrand und Bio-Birnendessertwein

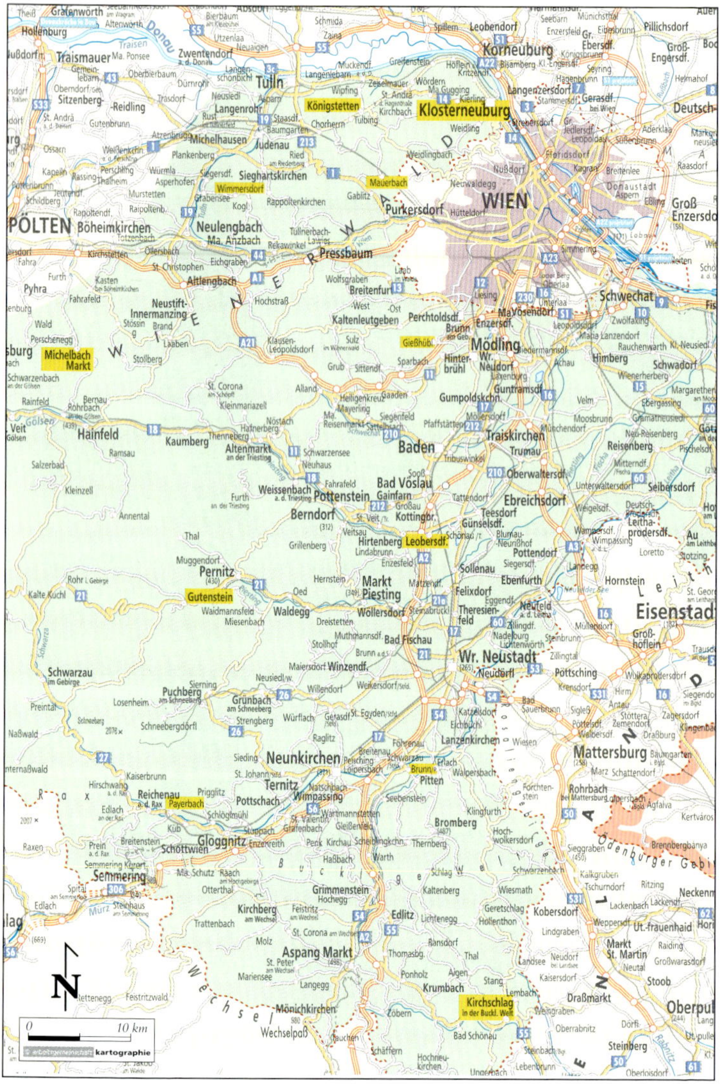
Klosterneuburg
Königstetten
Wimmersdorf
Mauerbach
Gießhübl
Michelbach Markt
Gutenstein
Leobersdf.
Payerbach
Brunn
Kirchschlag in der Buckl. Welt
WIEN
Tulln
Korneuburg
Purkersdorf
Pressbaum
Mödling
Baden
Bad Vöslau
Wr. Neustadt
Neunkirchen
Gloggnitz
Semmering
Aspang Markt
Mattersburg
Eisenstadt
Schwechat
Hainfeld
Pernitz
Berndorf
Traiskirchen
Ebreichsdorf
Neulengbach
Sieghartskirchen
Michelhausen
Traismauer
Zwentendorf
Altlengbach
Breitenfurt
Perchtoldsdf.
Kaltenleutgeben
Alland
Kaumberg
Altenmarkt an der Triesting
Pottenstein
Markt Piesting
Wollersdorf
Waldegg
Puchberg am Schneeberg
Grünbach am Schneeberg
Ternitz
Pottschach
Reichenau a. d. Rax
Schwarzau im Gebirge
Kirchberg am Wechsel
Edlitz
Krumbach
Bromberg
Mönichkirchen
Wechselpaß
Wiener Wald
Donau
0
10 km
kartographie

Industrieviertel

So wenig Genuss der Name des südöstlichsten Viertels von Niederösterreich verheißt, so verblüffend ist die Vielfalt an herausragenden Produkten, die dort anzutreffen sind. Die unsinnliche Bezeichnung stammt noch aus der Zeit der frühen Industrialisierung, als sich in der Region aufgrund des hohen Rohstoffvorkommens und guter Energiequellen ein erster Wirtschaftsschwerpunkt vor den Toren Wiens bildete. Zum Industrieviertel zählen die Bezirke Mödling, Baden, Wiener Neustadt, Neunkirchen, Bruck an der Leitha und Wien-Umgebung. Der weite landschaftliche Bogen spannt sich somit vom Wienerwald über die Thermenregion, das Rosalien- und Leithagebirge bis hin zur beliebten k. u. k. Sommerfrische-Destination Schneeberg und Rax. Nicht weniger vielseitig und ansprechend ist das kulinarische Spektrum dieser Region. Das Tullnerfeldschwein, glückliche Weiderinder und Ziegen aus dem Biosphärenpark im Wienerwald, Bergschafe vom Gießhübl oder heimische Fische aus eiskalten Naturteichanlagen. Im Industrieviertel werden hochwertigste „Rohstoffe“ nachhaltig erzeugt. Und traditionsbewusste, innovative Fleischhauer, Bäcker, Käse- und Essigerzeuger stecken viel Energie in die Herstellung einzigartiger Lebensmittel weit abseits von industrieller Fertigung.

Gut Dornau: Forelle ist nicht gleich Forelle!

Fischzucht hat auf Gut Dornau eine lange Tradition, die ältesten Fischteiche der insgesamt siebzig Hektar Wasserfläche stammen aus dem frühen 17. Jahrhundert. In den letzten Jahrzehnten wurden vorwiegend Besatzfische für den Angelsport in den großen Naturteichen gezogen, bis Ferdinand Trauttmansdorff vor rund 15 Jahren damit begann, auch eine Speisefischsparte zu entwickeln – mit dem Ziel, die heimischen Süßwasserfische „salonfähig" zu machen und den Kunden regionale Produkte näherzubringen. Dass die heimische Spitzengastronomie zur selben Zeit dieselben Ziele verfolgte, kam ihm dabei im Laufe der Jahre zweifellos zugute.

Gut Dornau
2544 Leobersdorf, Gutsverwaltung Dornau
Tel. 02256/626 66
www.gutdornau.at

Wichtig ist Trauttmansdorff vor allem, eine Vielfalt an Fischen bieten zu können. Salmoniden, Fried- und Raubfische züchtet er in den großen Natur- oder Erdhälterteichen, die außerordentlich hohe Qualität der Fische resultiert einerseits aus der niedrigen Besatzdichte sowie der – durch natürliche Zuflüsse von Piesting und Triesting – hohen Wasserqualität in den Teichen sowie aus der ausreichend vorhandenen Naturnahrung. Das im Vergleich zur herkömmlichen Zucht deutlich langsamere, natürliche Wachstum der Fische wirkt sich selbstverständlich auch sehr positiv auf die Fleischqualität aus.

Vor der Auslieferung kommen die Fische durch Schleusen „stressfrei" in Betonhälterteiche oder Vorfluter mit viel Frischwasserdurchfluss, wo sie ohne Erdkontakt auswässern. Das ist besonders bei Friedfischen wie dem Karpfen wichtig, aber auch Forellen, Bach- und Seesaibling, Wels, Hecht und Zander schmecken nach der „Wässerung" einfach besser.

Besonders am Herzen liegen Ferdinand Trauttmansdorff heimische Fischarten wie die Bachforelle, die zwar viel langsamer wächst als die weitverbreitete, ursprünglich aus Kanada stammende Regenbogenforelle, dafür eine ungleich feinere Fleischstruktur aufweist und qualitativ hochwertiger ist. Oder der heimische Flusswels, den der gängige rotfleischige, aus Afrika stammende Wels schon fast völlig vom Markt verdrängt hat. Hier herrscht seiner Meinung nach noch großer Aufklärungsbedarf. Ein weiteres Anliegen ist es ihm, den klassischen „Weihnachtsfisch" Karpfen, von dem mehrere Wildformen gezüchtet werden, auch als Jahresspeisefisch zu etablieren.

Seit einiger Zeit werden auch Speiseflusskrebse gezüchtet. Absolute Frische ist ein selbstverständliches Qualitätskriterium auf Gut Dornau. Die Fische werden erst nach Bestellung gefangen, geschlachtet und unmittelbar danach ausgeliefert. Jeden Freitag wird von 8 bis 12 Uhr im Detailverkauf ab Hof das gesamte Speisefischsortiment angeboten. Neben der angeschlossenen Landwirtschaft – das Fischfutter wird aus eigenem Getreide hergestellt – ist der Verkauf von Edelnüssen ein weiteres Betriebsstandbein. In der naturbelassenen Plantage im Park wachsen etwa 300 Bäume der Sorte Geisenheim. Die Nüsse werden grün, ganz oder ab Oktober getrocknet und ausgelesen angeboten. Eine besondere Spezialität ist das kaltgepresste biologische Walnussöl.

Foto: Wels

Biohof Handler: per Internet zum Leindotteröl

Was bitte ist Leindotteröl? Leindotter ist eine uralte Nutzpflanze, deren Samen schon in 4000 Jahre alten Gräbern gefunden wurden. In der Frühzeit europäischer Ackerkultur nahm der Kreuzblütler eine durchaus wichtige Rolle ein, geriet dann aber aufgrund ertragsstärkerer Sorten als Speisepflanze in Vergessenheit und wurde in der jüngeren Vergangenheit hauptsächlich als Mischfrucht in Getreidefeldern ausgesetzt und als Lieferant hochwertigen pflanzlichen Öls für die pharmazeutische Industrie, die Lackindustrie und nicht zuletzt für Biodiesel verwendet.

Eines Tages hatte der Lembacher Biobauer Franz Handler jedenfalls keine Lust mehr, Milch an die Genossenschaft zu liefern. Weshalb er sich nach Alternativen umsah: Seine Rinderzucht stellte er auf Mutterkuhhaltung um, seine wunderschönen Fleckvieh-Limousin-Mischlinge dienen nun der Gewinnung von Biofleisch, und im Internet fand er den Leindotter und sein Öl. Er las von den extremen Werten mehrfach ungesättigter Fettsäuren, dem hohen Alpha-Linolensäure-Anteil beziehungsweise dem rekordverdächtig hohen Boviswert von 40.000 bis 80.000 („feinstoffliche Energie"), der zwar in der empirischen Wissenschaft keine Bedeutung hat, in den Bereich der Parawissenschaft reicht, bei Menschen mit esoterischem Bewusstsein aber großen Eindruck macht. Abgesehen davon, dass sich

Leindotter gut biologisch anbauen lässt und gemischt mit Getreide die Erträge seiner Haferfelder ungefähr verdoppelte.

2004 begann Franz Handler also mit dem Anbau dieser ominösen, strahlend gelb blühenden Ölsaat, entwickelte eine Vorrichtung, die winzigen Leindottersamen vom restlichen Getreide zu trennen, drei bis vier Tonnen Ertrag hat er mittlerweile pro Jahr. Gepresst wird Handlers Leindotteröl in der Ölmühle Fandler, dem Spezialisten für kaltgepresste Öle mit hohem Anteil mehrfach ungesättigter Fettsäuren, 700 bis 800 Fläschchen vorerst nur, für die ländliche Region sei das unbekannte Öl wohl etwas kostspielig, meint Franz Handler. Das Öl besitzt eine strahlend gelb-grüne Farbe, verströmt einen intensiven vegetabilen Geruch, der ein bisschen an Rüben und Kohl erinnert, und schmeckt erstaunlich komplex nach Nüssen, frischem Heu, grünen Erbsen und Löwenzahn, unterlegt von einer milden, süßlichen Note – ein absolut faszinierendes Öl. In Kombination mit Frischkäsen oder gedämpftem Gemüse ein tolles Geschmackserlebnis. Uwe Machreich vom nahen Gourmetrestaurant Triad rührt es auch zu einer Art nussig-würziger, gelber „Butter“ als extravagantem Brotaufstrich aus der Region.

Biohof Handler
2860 Kirchschlag in der
Buckligen Welt, Lembach 8
Tel. 0676/941 71 30

Foto: Leindotteröl

Denise Pölzelbauer: Qi aus dem Steinofen

Im idyllischen kleinen Ort Brunn an der Pitten ist mit Denise Pölzelbauer eine der kreativsten (Slow-)Bäckerinnen des Landes am Werk. Das in dem kleinen Familienbetrieb von jeher hochgehaltene traditionelle Handwerk hat die junge Frau – im ersten Bildungsweg zur Bürokauffrau ausgebildet – von ihrem Großvater gelernt.

Brot wird hier seit Generationen händisch und aus Natursauerteigen hergestellt und im 130 Jahre alten Steinofen – dem Herzstück der Backstube – gebacken. Diese Tradition setzt die jüngste Bäckermeisterin Österreichs konsequent fort und, erweitert um ihr Wissen um die 5-Elemente-Lehre, innovativ um.

„Wohltuend und wohlschmeckend sollen ihre Produkte sein", Dinkel-, Weizen- und Roggensauerteig bilden die Basis für alle ihre Backwaren. Die Zutaten werden nach den jeweiligen Elementen klassifiziert und der Teig im exakten Zyklus gemischt. Bis auf die Semmeln werden alle Backwaren ausschließlich in reiner Handarbeit hergestellt.

Ihre Liebe zu exotischen Gewürzen hat Denise Pölzelbauer im Rahmen von 5-Elemente-Kursen entdeckt und begonnen, in der

Backstube damit zu experimentieren. In einer zweiten Schiene, der Qi-Star-Reihe, tobt sich die junge Kreative nun erfolgreich damit aus. Der erste Versuch war ein Baguette mit Ingwer und Garam Masala, das sofort großen Anklang fand. Erweitert wurde das asiatische Baguettesortiment um Chili-Sesam mit Assam, Chili-Limette, Chili-Walnuss, Curry-Pfirsich, Basilikum-Tandoori-Masala, Tomate-Koriander und Lemongrass. Neben den asiatisch inspirierten Broten hat Denise Pölzelbauer begonnen, auch regionale Produkte in die Qi-Star-Linie einfließen zu lassen, etwa in Form von Erdapfel-Rosmarin, Roten Rüben und Kren mit Preiselbeerstich. Ihre neueste Kreation ist ein dünnes, knuspriges „Weingebäck", das sie aus Traubenkernmehl, mit Ghee und Rosmarin bestreut, bäckt. Die junge Bäckermeisterin legt großen Wert auf die Verwendung natürlicher Zutaten und verzichtet zur Gänze auf Geschmacksverstärker, Konservierungsmittel und Fertigmischungen. Dass sie mit 26 Jahren bereits in den erlauchten Kreis der „slow baker" aufgenommen wurde, ist die logische Konsequenz ihrer qualitätsorientierten Arbeit. Denise Pölzelbauer liebt ihre Selbstständigkeit und die kleine Bäckerei, die sie nun bereits in fünfter Generation führt. Nirgendwo anders könne sie sonst auf diese Art und Weise experimentieren und arbeiten, Monotonie wäre nichts für sie, sagt die genussorientierte Gourmetbäckerin. Dass sie damit auch noch äußerst erfolgreich ist, freut sie besonders und bestätigt die junge Bäckermeisterin auf ihrem Weg.

Bäckerei Pölzelbauer
2823 Brunn an der Pitten
Hauptstraße 23, Tel. 02627/822 96
www.qi-star.at

Foto: Baguettes mit Curry, Sesam, Galgant und Roten Rüben, Vollrohrzucker

Der Alpenlachs: die Erfolgsgeschichte einer Marke

Eismeersaibling und Atlantischer Lachs aus Österreich? Ja. Mit dem „Alpenlachs“ gelang dem Unternehmer Peter Brauchl ein genialer Wurf: ein Süßwasserfisch, der, obwohl gezüchtet, die Fleischqualität eines Wildfisches hat.

Ausschlaggebend war ein Gespräch mit einem kanadischen Wissenschaftler der Pacific University Seattle über Lachsfische und deren hohen ernährungsphysiologischen Stellenwert, worauf sich Peter Brauchl fragte, warum man diese Lachsfische nicht in den klaren, kalten Gewässern der Alpenrepublik züchten sollte. Das war 1979. Nach einigen Jahren schwammen dann die ersten Eismeersaiblinge in seinen Teichanlagen im niederösterreichischen Gutenstein, die Geburtsstunde des „Alpenlachs“. Von namhaften Experten wie Professor Otto König bestenfalls mit Kopfschütteln quittiert, erwuchs das Projekt, in Österreich die wertvollsten Speisefische Europas zu züchten. Nach umfangreichen Forschungs- und Entwicklungsarbeiten fand Brauchl letztlich eine Methode, Fische aufzuziehen, die den Vergleich mit Wildlachs nicht zu scheuen brauchen: Bis zu einer Größe von etwa acht Zentimetern werden die Alpenlachse in eigenen Bruthäusern – eines der beiden Bruthäuser befindet sich in Gutenstein, der „Wiege des Alpenlachses“, ein wahrhaft paradiesisches Idyll, das mit seinen Teichanlagen wie natürlich gewachsen wirkt – aufgezogen. Anschließend werden sie in Teichen ausgesetzt. In klarem, kaltem Wasser wachsen die Setzlinge dort unter ihresgleichen heran, ab einem Gewicht von ungefähr einem halben Kilo kommen die „Kavalierlachse“, in den „großen Teich“, wo sie bis zur Speisereife, die nach etwa 2,5 Jahren erreicht ist, bleiben. In glasklarem Wasser mit einer Idealtemperatur von ungefähr neun bis zehn Grad werden die Fische mittels Futterautomaten ordentlich

Alpenlachs Gutenstein
Mag. Rainer Niulaszy
2770 Gutenstein, Längapiesting 51
Tel. 0676/608 72 65 oder
Alpenlachs Soravia GmbH
1030 Wien, Thomas-Klestil-Platz 3
Tel. 01/716 90-431, www.alpenlachs.at

auf Trab gehalten: In unterschiedlichen Intervallen werden an verschiedenen Stellen kleine Mengen Spezialfutter ausgeworfen: Ständig in Bewegung, bauen die Fische ordentlich Muskelfleisch auf. Gefüttert werden sie mit speziellem „Alpenlachsfutter“ – einer Mischung aus Getreide und hochwertigen, kaltgepressten heimischen Biosaatölen. Das beigemengte Fischeiweiß stammt aus einer Futterfischzucht, die ebenfalls nach strengen ökologischen Richtlinien arbeitet.

Um den Fischen den notwendigen Freiraum zu schaffen und zudem die Wasserqualität hoch zu halten, werden die Teiche bewusst schwach besetzt und durch eine „natürliche Kläranlage“ saubergehalten. Verschmutzungen werden über einen Bodenablauf in Sumpfbeete geleitet. Dort wird das Wasser in mit Schilf, Binsen oder anderen Sumpfpflanzen bewachsenen Feuchtgebieten geklärt. Dabei entstehen wertvolle Biotope, in denen auch seltene Tierarten wie Steinkrebs, Feuersalamander und Schwarzstorch ideale Lebensbedingungen vorfinden.

Mittlerweile ist das einzigartige Verfahren patentiert, und die Alpenlachsaufzucht wird in einer Art Franchisesystem von vielen kleinen Lizenznehmern in weiten Teilen Österreichs – bald auch in Deutschland und der Schweiz – nach strengsten Qualitätsvorgaben betrieben.

Einmal in der Woche werden die köstlichen Fische fangfrisch, ganz oder filetiert, gebeizt oder geräuchert ab Hof verkauft. Sie werden auch auf Märkten in einigen Städten Österreichs angeboten, etwa samstags am Karmelitermarkt im „Slow-Food-Corner“.

Foto: Eismeersaibling „Alpenlachs“

Konditorei Alber: kaiserlicher Zwieback

Mit Reichenau assoziiert man Sommerfrische, Kur, Künstlertreff um die Jahrhundertwende und – Zwieback. Kaiser Franz Joseph war bekanntermaßen ebenfalls ein gerngesehener Gast in Reichenau, wo er sich im Thalhof regelmäßigen Kuren unterzog. Und auf ein Thalhofköchinnen-Rezept geht auch der original Reichenauer Biscuitzwieback zurück, der seit 1882 von der Familie Alber hergestellt wird und bereits zwei Jahre später auf der ersten Wiener Kochkunstausstellung mit der ersten Goldmedaille ausgezeichnet wurde. Biscuitzwieback zu backen hat eine lange Tradition in der Region, und das Rezept ist in alten Kochbüchern heute noch zu finden. Besonders geschätzt wurden damals die typischen Eigenschaften des Backwerks: lange Haltbarkeit, feiner Röstgeschmack und die gute Verträglichkeit. Fortgeführt – mittlerweile auch als geschütztes Produkt – hat diesen Brauch allerdings nur die Familie Alber. Von ihr wurde seinerzeit auch die kaiserliche Villa Wartholz in Reichenau beliefert, daran erinnert der Doppeladler und der Vermerk „Lieferant des K.u.K. Hochadels“ auf der hübschen, rosaroten Nostalgieverpackung. Produziert wird die Spezialität

seit 1980 in der Alber'schen Backstube in Hirschwang – heute von Manfred Alber in der bereits fünften Generation. Wie vor nunmehr beinahe 130 Jahren werden ausschließlich frische Eier, Zucker, Mehl und Anis zur Herstellung des original Reichenauer Biscuitzwiebacks verwendet. Alle Zutaten werden händisch vermischt, aufgeschlagen und auf Backbleche dressiert. Nach dem ersten Backgang wird das Biscuit in Scheiben geschnitten und in einem zweiten Durchgang nochmals gebacken bzw. gebäht. Dass dieses aufwendig erzeugte Gebäck wenig mit herkömmlichem Zwieback bzw. mit der unter dieser Bezeichnung bekannten Schonkost gemein hat, ist naheliegend und augenscheinlich, unterscheidet sich der Reichenauer Zwieback doch schon durch seine äußere Form von den harten Scheibchen. Am besten genießt man das mürbe, leicht süßliche Edelgebäck zu Tee, Kaffee, Süßwein oder zum ebenfalls herrlich altmodischen Chaudeau, empfiehlt Familie Alber. Besonders beliebt ist die Reichenauer Spezialität als Souvenir oder Mitbringsel und wird entsprechend europaweit versandt. So verlässt auch kaum ein Besucher die 1960 gegründete Café-Konditorei Alber in Payerbach ohne eine rosarote Schachtel.

Konditorei Alber
2651 Reichenau/Rax, Hirschwang 93
Tel. 02666/524 03
Café-Konditorei Alber
2650 Payerbach, Ortsplatz 1
Tel. 02666/526 50, www.zwieback.at

Foto: Original Reichenauer Biscuitzwieback

Anton Gutscher: des Kaisers Blunzen

Als Blunzenritter der Bruderschaft der Blutwurstfeinschmecker Frankreichs ist Anton Gutscher verpflichtet, einmal pro Woche Blunzen zu essen. Aber das tut er sowieso, denn mindestens so oft wird diese Spezialität in seiner Fleischerei hergestellt – und probiert. In bereits dritter Generation führt er seit 1994 den Betrieb im Tullnerfeld, den sein Großvater von Johann Kaiser in Leibrente übernommen hat. Von Johann Kaiser stammt vermutlich auch das überlieferte Blunzenrezept, nach dem seit damals unverändert von der Familie Gutscher produziert wird. Nach der ersten offiziellen Auszeichnung – eine Goldmedaille – für sein Produkt, wollte Anton Gutscher seinem „Liebkind", der Blunzen, eine gewisse Individualität verleihen und benannte sie von Hausblutwurst auf „Kaiserblunzn" um. Eine Philosophie rund um das Produkt aufzubauen war ihm ein großes Anliegen. Auch Regionalität und die Wertschöpfung innerhalb der Region bedeuten Anton Gutscher sehr viel. In einem zweiten Schritt wurden daher Kooperationen mit regionalen Gastronomiebetrieben eingegangen, um der regionalen Spezialität einen fixen Platz auf den Speisekarten zu sichern und um aufzuzeigen, was man aus Blutwurst alles machen kann. Schweinezucht, Hausschlachtung und die Herstellung von Blutwurst hat im Tullnerfeld eine lange Tradition. Daher ist das Wissen um die Herstellung in der Region auch – generationenübergreifend – sehr präsent. Selbstredend verwendet Gutscher nur regionale Rohstoffe, in diesem Fall das Tullnerfelder Schwein. Sehr bald schon ergänzte er daher die „Kaiserblunzn" um die Regionsbezeichnung „Tullnerfelder" und mit der „Tullnerfelder Kaiserblunzn" war er sozusagen Vorreiter in Sachen regionaler Lebensmittel und „Genussregion", für die er sich auch heute

noch stark einsetzt. Seit er den Begriff schützen ließ, ist die seit Generationen mündlich überlieferte Rezeptur nun auch erstmals niedergeschrieben worden. Das Wichtigste bei der Blutwurst, meint Anton Gutscher, ist nicht, was hineinkommt, sondern was nicht hineinkommt. In seinem Fall bedeutet das: keine Innereien, keine Geschmacksverstärker und sonstigen Zusatzstoffe und auch kein Pökelsalz.

Fleischerei Karl Gutscher
3433 Königstetten, Wiener Straße 19
Tel. 02273/22 29
www.blunznkaiser.at
GENUSS REGION ÖSTERREICH

Neben dem üblichen Kopffleisch und der Schwarte wird für die Kaiserblunzn auch noch mageres Schulterfleisch und Göderlspeck verwendet. Semmelwürfel aus einer Bäckerei vor Ort sorgen für die besondere Flaumigkeit. Gewürzt wird mit Zwiebel und den Klassikern Pfeffer, Majoran und Piment. Seit Anton Gutscher Granderwasser verwendet, hat sich zudem die Salzmenge drastisch reduziert. Mit dem großen Erfolg der Kaiserblunzn ist die Nachfrage derart stark gestiegen, dass der von der Berufsvereinigung der Fleischer offiziell zum Blunzenkaiser Geehrte die Produktion von größtenteils händischer Verarbeitung auf maschinelle Unterstützung umstellen musste. Am längsten hat er dabei nach einer passenden Mischmaschine gesucht, die aus den Zutaten keinen „Einheitsbrei" macht. Denn bei der Qualität durfte es im Vergleich zur traditionellen Verarbeitung ja keinesfalls Einbußen geben. Nach langem Ringen gelang das schließlich, dennoch darf man sich hier keine industrialisierte Massenproduktion vorstellen. „Die Blunze ist ein Nischenprodukt", weiß Anton Gutscher, und viele Schritte werden in dem kleinen Familienbetrieb nach wie vor händisch ausgeführt, etwa das Abfüllen in die Naturdärme und das abschließende Abbinden. Kein Wunder also, dass die Tullnerfelder Kaiserblunzn den Ehrentitel „Beste Blutwurst Europas" tragen darf.

Foto: Blunzenkranzl im Naturdarm

Hofkäserei Hinke: Ziegenkäse, handgestreichelt

Seit einigen Jahren züchten Helwin Hinke und Barbara Stepnow westlich von Wien Milchziegen und betreiben eine kleine, exquisite Käsemanufaktur. Auf die Ziege sind sie eher zufällig gekommen, davor arbeiteten und lernten der vormals im Jazzbereich tätige Tontechniker und die gelernte Landwirtin gemeinsam auf unterschiedlichen Höfen in ganz Österreich, unter anderem auch die Herstellung von Käse.

Hofkäserei Dörfl
Barbara Stepnow und Helwin Hinke
3041 Dörfl, Untere Bergstraße 1
Tel. 02772/553 48
www.hinke.at
GENUSS REGION ÖSTERREICH
Zertifizierter Bioproduzent

Irgendwann war ihnen dann klar, dass sie sich etwas Eigenes aufbauen möchten; auf der Suche nach einer geeigneten Immobilie stießen sie auf den schon damals biologisch geführten Bauernhof in Dörfl. Die Ziegen, die sich bereits am Hof befanden, passten gut in die Gegend und zu ihnen, fanden die beiden; mit zwei Muttertieren und deren Kitzen wurde somit eine Zucht und die Käserei begonnen. Mittlerweile ist die Herde auf vierzig Milchziegen plus Nachwuchs und Böcke angewachsen, durch die Kreuzung verschiedener Arten entstand die „Hofrasse" oder „Wienerwaldziege", die zwischenzeitlich optimal an die örtlichen Bedingungen angepasst ist. Im Winter werden die Tiere im weitläufigen Offenstall gehalten, den Sommer verbringen sie auf den Weiden. Die langsam verwaldenden Pachtflächen im neugegründeten und unter Naturschutz stehenden Biosphärenpark Wienerwald bieten den Laubfressern die idealen Voraussetzungen dafür. Im Stall gibt es Heu von den eigenen Futterwiesen, „Büschel für Büschel" selbst gebunden, Kraftfutter wird keines zugefüttert. Durch diesen „zurückhaltenden Lebensstil" erhöht sich die Lebensdauer und die Leistung der Tiere nachhaltig, sind Hinke und Stepnow überzeugt. Um die Quantität der Milch ging es ihnen nie, um die Qualität schon. Zweimal pro Tag wird daher händisch gemolken, durch das Handmelken werden keine Fettkügelchen zerstört, die Milch ist länger haltbar und die Qualität ungleich höher als bei maschineller Melkung. Das bestätigten auch Produktuntersuchungen.

Darüber hinaus ist Barbara Stepnow auch der stärkere Kontakt zu den Ziegen, der durch das Handmelken entsteht, wichtig.

In der Hofkäserei wird ausschließlich die eigene Milch weiterverarbeitet und trotz steigender Nachfrage nichts zugekauft. „Wir wollen unsere Produkte mit gutem Gewissen erzeugen“, sagt Helwin Hinke, daher setze er auch keine Desinfektionsmittel in der Käserei ein, gereinigt werde nur mit heißem Wasser und Bürsten, „bei uns wird der Käse handgemacht und die Käserei handgewaschen“, schmunzelt er. In seiner kleinen Hofkäserei verarbeitet er die Rohmilch zu Frisch- und Weichkäse, den er im Speckmantel von der Fleischerei Schober aus Gars am Kamp wickelt, in Schnittlauch rollt oder mit Pfeffer und Korinthen vermischt. Im Sommer wird aus den „Überschüssen“ gereifter Käse hergestellt, nachdem die Region diesbezüglich völlig traditionsfrei ist, „kann ich machen, was ich will“. Die geaschte Pyramide etwa ist französisch inspiriert, weiters stellt er einen Rotschmiere-Schnittkäse und – die Hofspezialität – einen Schimmelkäse nach uraltem Rezept her. „Was wir machen, machen wir aus Überzeugung, und wir verwenden dafür auch nur die besten Produkte.“ Auf Vorbestellung ist zu Ostern auch Kitz sowie ganzjährig das Fleisch von einjährigen Ziegen zu bekommen. Besonders gut ist das Fleisch nicht zuletzt deshalb, weil die Kitze zwei Monate bei der Mutter bleiben und sich ausschließlich von Ziegenmilch ernähren, was nicht nur für die Sozialisation wichtig ist, sondern auch die hohe Fleischqualität ausmacht. Auch köstliche Ziegenwurst mit Mangalitzaspeck wird hergestellt und jeweils Freitag auf der Freyung sowie jeden Samstag auf dem Nasch- und dem Karmelitermarkt in Wien angeboten.

Foto: Ziegenfrischkäse mit Pfeffer und Korinthen

Die Elsbeere: Königin der Wildfrüchte

Die Elsbeere ist eine bräunliche, bis daumennagelgroße Wildfrucht mit leicht säuerlichem Aroma und einer spezifischen mandel-marzipan-ähnlichen Note. Eine absolute Besonderheit der Elsbeere ist, dass die Früchte jedes Baumes eine eigene individuelle Aromanote entwickeln.

In Österreich findet man Elsbeerbäume ausschließlich im sogenannten „Wiesenwienerwald", der sich im Gegensatz zum waldreichen Wienerwald durch eine offene, sanfte Landschaft mit Wiesen, Feldern und Obstbäumen auszeichnet. Besonders landschaftsprägend sind die freistehenden wilden Elsbeerbäume mit ihren großen Baumkronen und ihren charakteristischen gezackten Blättern. An die 300 bis 400 Exemplare findet man in der kleinen Region, dem „Elsbeerreich", die den Übergang vom Wienerwald zum Mostviertel bildet. Weltweit einmalig in dieser Gegend ist die jahrhundertealte Tradition der Verwertung dieser Wildfrüchte – vorwiegend zum Brennen von Schnaps.

Foto: Elsbeere und Müsliriegel mit Elsbeere

Nachdem einige der mehrere hundert Jahre alten Bäume bereits von den Wiesen entfernt wurden, weil die Fruchtnutzung aufgrund der extrem beschwerlichen Ernte dieser Wildfrüchte aus Rationalitätsgründen immer mehr zurückging, wurden Veronika und Norbert Mayer aktiv. Um die Tradition der Fruchtverwertung wiederzubeleben und dadurch den rar gewordenen Baumbestand zu erhalten, gründeten die beiden Idealisten 2007 einen Verein zur Erhaltung, Pflege und Vermarktung der Elsbeere. Heute hat dieser Förderkreis zahlreiche Mitglieder, großteils Bauern aus der Region, die sich aktiv an der Entwicklung von immer neuen Produkten aus der aromatischen Wildfrucht beteiligen. Neben dem für die Region so typischen und erlesenen Elsbeerschnaps werden nun auch Schokolade, Konfekt, Camembert und Likör aus der Kernfrucht erzeugt oder damit veredelt.

Veronika und Norbert Mayer
3074 Michelbach, Mayerhöfen 1
„Auf der Prinz"
Tel. 02744/82 56
www.elsbeere.at

Geerntet werden die Beeren nach wie vor traditionell mittels meterhoher Leitern. In zum Teil schwindelerregenden Höhen werden die Doldenrispen vom Baum gebrochen und die Beeren danach händisch Stück für Stück abgerebelt. Um den Baumbestand erhalten zu können, werden in Zusammenarbeit mit einer kleinen Gärtnerei Heister (Jungbäume) gezogen, die mit den Reisern besonders geeigneter Elsbeerbäume der Förderkreis-Mitglieder veredelt und vereinzelt wieder in der Landschaft ausgesetzt werden.

Über den vormals hohen Stellenwert in der Volksmedizin, die Wirkung und die vielfältige Nutzung der Elsbeere ist leider sehr wenig überliefert. Deshalb ist dem Verein auch der Informationsaustausch außerhalb des bäuerlichen Umfeldes mit Interessierten aus anderen, vor allem auch wissenschaftlichen Bereichen sehr wichtig. Die Produkte der einzelnen Betriebe werden – bis auf die Schnäpse, die jeweils von den Erzeugern selbst ab Hof verkauft werden – von Veronika und Norbert Mayer vertrieben.

Anton Klaghofer: Kartäuser Schinken und Wienerwaldglück

Die Fleischhauerei Klaghofer ist ein kleines Handwerksunternehmen im Wienerwald, in dem noch selbst geschlachtet wird und das sich durch einige weitere Besonderheiten in der Verarbeitung auszeichnet. Das Handwerk hat Anton Klaghofer, der „schon mit der weißen Schürze auf die Welt gekommen ist", von seinem Vater erlernt und auch dessen Liebe zum Beruf und die Hochachtung vor den Tieren übernommen. Dazu zählt nicht nur, dass ausschließlich Tiere aus der unmittelbaren Umgebung geschlachtet werden. Anton Klaghofer ist der einzige Fleischhauer, der das sogenannte „Wienerwald Weiderind", das mindestens 200 Tage auf den Weiden des Biosphärenparks Wienerwald verbringt und nach strengen Kriterien tiergerecht und naturnah gehalten wird, verarbeitet. Jedes Tier wird am Vortag der Schlachtung vom Wienerwaldfleischer selbst abgeholt und im eigenen Stall eingestellt. Geschlachtet wird noch traditionell nach den Mondphasen. Das Fleisch kommt innerhalb von zwei Stunden nach der Schlachtung, also noch warm, in die Weiterverarbeitung, dadurch kann die natürliche Bindekraft des Gewebes genutzt und auf den Einsatz von Phosphaten völlig verzichtet werden. Die Rinderhälften können im Kühlraum drei Wochen am Knochen reifen, bevor sie in den Frischfleischverkauf gelangen.

Wienerwald Fleischhauerei
Fa. Klaghofer
3001 Mauerbach im Wienerwald
Hauptstraße 41
Tel. 01/979 22 62
www.klaghofer-schinken.at

GENUSS REGION ÖSTERREICH

Verarbeitet werden in erster Linie Weideochsen, deren Fleisch zart von Fett durchsetzt ist und die Tradition in Mauerbach haben: „Ochsen waren schon die große Leidenschaft des Vaters." Das innovative Sortiment der kleinen Fleischhauerei besteht unter anderem aus Ochsenschinken, -mortadella, -leberkäse, Haselnuss- und Rotweinschinken sowie diversen Wurstklassikern, die allerdings – man muss sich ja unterscheiden – in der speziellen „Wienerwaldform" hergestellt werden. Eine ganz besondere Spezialität des Hauses Klaghofer ist der wunderbar zarte, sogenannte Kartäuser Schinken: Schweineschlögel, der ungefähr sechs Wochen lang trocken und mild gepökelt wird, danach einige Wochen über Tannenzapfen, -reisig und Wienerwaldhölzern kalt geräuchert und nach drei Monaten Reifung mit Wachs verschlossen wird, um nochmals drei Monate weiterzureifen. Tradition bedeutet nicht alt, findet Fleischermeister Klaghofer, der sich neben überlieferten Arbeitsmethoden auch modernster Technik bedient. Sein deklariertes Ziel ist, die Rahmenbedingungen für ein generationenübergreifendes Bestehen des Handwerksbetriebes zu schaffen. An Ideen dafür mangelt es ihm nicht. Die meisten schreibt er schon für seine Kinder auf. Die Grundvoraussetzung dafür ist, dass alle Beteiligten zufrieden sind: die Tiere, die Landwirte, die Fleischhauer und die Kunden. Ein Konzept für ganzheitliches „Glück im Wienerwald“ wird zurzeit gemeinsam erarbeitet.

Foto: Kartäuser Schinken

Herwig Pecoraro: Aceto Balsamico nach traditioneller Art

Sie sollten wirklich Sänger werden“, riet die Sopranistin Elisabeth Schwarzkopf dem jungen Vorarlberger Polizisten nach seinem frech eingeforderten Vorsingen und legte ihm ein Studium bei Maestro Arrigo Pola in Modena nahe.

Als der angehende Tenor vor dreißig Jahren erstmals mit dem Aceto Balsamico di Modena in Berührung kam, gab es in Österreich noch überhaupt keine Essigkultur. Wobei vorweg eines sofort klargestellt werden muss: „Aceto Balsamico ist kein Essig.“ Pecoraro, leidenschaftlicher Genussmensch, war von der dunklen Flüssigkeit, die in Modena in fast jedem Haushalt auf dem Dachboden erzeugt wurde, völlig angetan und setzte es sich zum Ziel, die strenggehüteten Geheimnisse der Herstellung zu ergründen. Neben seinem Studium lernte er bei einem namhaften Produzenten die Herstellung von Aceto Balsamico von der Pieke auf. Mit seinem abgeschlossenen Gesangsstudium und zwei (sündhaft teuren) gebrauchten Fässern – den Heiligtümern jedes Produzenten – kehrte er schließlich stolz nach Österreich zurück.

An seinem neuen Wohnsitz in Klosterneuburg gründete er die „Acetaia Pecoraro“. Mithilfe der Technischen Universität Wien wurden in seinem Reifekeller die klimatischen Bedingungen eines Modeneser Dachbodens erzeugt: im Winter eiskalt, im Sommer brütend heiß mit einer Tag-Nacht-Differenz von nicht mehr als zwei Grad Celsius. Dort lagern nun seine Schätze und reifen mindestens neun Jahre zu echtem Aceto Balsamico nach alter traditioneller Art heran.

In der österreichischen „Nationaltraube“, dem Grünen Veltliner, fand Pecoraro eine Rebsorte, die geschmacklich dem Trebbiano, der traditionell für die Balsamico-Erzeugung verwendet wird, am ehesten entspricht, der sich seiner Meinung nach allerdings viel besser zur Erzeugung von Spitzenqualität eignet als die Ursprungstraube.

Hergestellt wird nach alter Modeneser Art: Der frischgepresste Most wird über offenem Feuer in eineinhalb Tagen auf ein Drittel der Flüssigkeit reduziert. Dieser „Mosto Cotto“ kommt danach in eine sogenannte Fassbatterie, die aus jeweils fünf offenen Fässern zu zwanzig, dreißig, vierzig, fünfzig und sechzig Litern bestehen und aus den Holzarten Akazie, Maulbeere, Kirsche, Kastanie, Esche, aber auch Eiche oder Wacholder gefertigt sind. Durch die Zugabe von altem Aceto Balsamico aus eigener Produktion und die besonderen klimatischen Bedingungen wird die spezielle „schleichende Fermentation“ erreicht. Pro Jahr verdunsten circa zwanzig Prozent des Fassinhalts. Aufgefüllt wird der Schwund mit dem Inhalt des jeweils nächstgrößeren Fasses, sodass letztlich – nach sechs Jahren – eine Mischung aus allen fünf Hölzern im kleinsten Fass lagert. Diese „Cuvée“ wird in einem Reifefass für mindestens weitere drei Jahre gelagert, nach insgesamt neun Jahren findet sich der Geschmack aller Hölzer, eine ausgewogene Balance zwischen Süße, milder Säure und zartem Fruchtschmelz im „jüngeren“ der beiden Pecoraros wieder. In weiteren sechs Jahren Reifezeit entwickeln sich aus dem Fruchtton des neun Jahre gereiften Balsamico intensive Dörrobstnoten mit Anklängen von Tabak und dunkler Schokolade, die von zarter Zitrusfrische abgerundet werden. Wunderbare Produkte, die jedem Vergleich mit Spitzenprodukten aus Modena problemlos standhalten. Bezogen können sie direkt beim charismatischen Erzeuger werden, der Interessierten (auf Anfrage) gerne auch in die Welt der traditionellen Aceto-Balsamico-Herstellung einführt.

Acetaia Pecoraro, Herwig Pecoraro
3400 Klosterneuburg, Eisenhütte 32
Tel. 02243/873 23, 0664/284 43 04
www.pecorarobalsamico.at
Zertifizierter Bioproduzent in Umstellung

Foto: Aceto Basalmico, 9 Jahre

Anton Wieselthaler: Braune Bergschafe

Anton Wieselthaler züchtet seit 25 Jahren am Gießhübl Schafe, seit zwanzig Jahren macht er das hauptberuflich, davor war der gelernte Koch und Kellner Inhaber einer Greißlerei.

Begonnen hat der einstige Quereinsteiger mit fünf Tieren, zu seinen besten Zeiten hielt der heute Sechzigjährige fast hundert Schafe, heute sind es 25. Wieselthaler züchtet reinrassige Braune Bergschafe, eine alte, vom Aussterben bedrohte Nutztierrasse, die vom Tiroler und Bayrischen Steinschaf abstammt. Sie zeichnen sich durch „asaisonale“ Brünftig- und Trächtigkeit aus – was bedeutet, dass die robusten, braunen Schafe in zwei Jahren dreimal gebären, oftmals auch Zwillinge. Weshalb es das ganze Jahr über Lammfleisch gibt.

„Braune Bergschafe sind gute Mütter“, sagt Anton Wieselthaler, „die in der Regel keine Geburtshelfer benötigen.“ Bei entsprechender Witterung sind seine Schafe den ganzen Sommer über auf der Weide. Zwei Hektar Weidefläche hat er zurzeit von der Gemeinde gepachtet, zwei weitere für die Heuproduktion. Das trockene Brot, das zum Heu zugefüttert wird, stammt von der Biobäckerei Schrott, dazu gibt's Wasser, sonst nichts, keinerlei Mastfutter. Die Wiesen werden von den Tieren quasi selbst gedüngt, herkömmliche Düngemittel werden nicht verwendet – „natürliche Haltung“ lautet die Devise des Züchters.

Besonders sehenswert ist der Stall mit dem alten Stadl, der in Wieselburg abgetragen und hier in aufwendigster Kleinarbeit und mit unzähligen schönen Details ergänzt von Anton Wieselthaler selbst wieder aufgebaut wurde. Im idyllischen Obstgarten vor dem Stadl tummeln sich Hahn und Hühner, die von ihm aus einer Legebatterie gerettet wurden. Geschlachtet wird auswärts – fünf- bis sechsmal pro Jahr, jeweils fünf Lämmer, zur Lamm-Hauptsaison Ostern selbstverständlich auch ein paar mehr. Das Schlachtgewicht der circa drei bis fünf Monate alten Lämmer liegt dann bei 38 bis vierzig Kilogramm,

Anton Wieselthaler
2372 Gießhübl, Hauptstraße 82A
Tel. 02236/265 71
0676/401 38 32

verarbeitet wird das Fleisch von Anton Wieselthaler selbst und zuhause. Er zerteilt es je nach Wunsch der Kunden, er stellt auch einen Rohschinken her, der nur mit Pökelsalz und Knoblauch gesurt und danach über Buchenholz kalt räuchert wird. Die Schaffelle lässt er bei einem Gerber in Ravelsburg naturbelassen verarbeiten und verkauft sie, wie auch die Wolle der braunen Naturschafe, ab Hof sowie alle 14 Tage am Bauernmarkt in Gießhübl.

Foto: Schaf-Rohschinken

Josef Lentsch,
Gasthaus Dankbarkeit, Podersdorf am See, Burgenland

Ich bin hier im Burgenland aufgewachsen, kenne seine Menschen und schätze das, was sie machen. Für mich ist es daher ganz selbstverständlich, mit diesen regionalen Produkten zu kochen. Früher waren es nur wenige, oft belächelte ältere Leute oder ganz junge Landwirte, die diese Produkte herstellten – und die musste man erst einmal finden. Heute sind sie deutlich mehr, und sie kommen zu mir ins Haus und bieten ihre Erzeugnisse an. Und da beginnt für mich Fair Trade – nämlich hier vor Ort –, sodass es mir nicht schwerfällt, für ein gutes Produkt auch einmal einen besseren Preis als den Marktpreis zu zahlen.

Simmering
Schwechat
Fischamend
Wittau
Mannsdorf
Schönau a. d. Donau
Orth a. d. Donau
Eckartsau
Wagram
Pframa
Kopfstetten
Witzelsdorf
Hainburg a. d. D.
Wolfsthal
BRAT
Stare Mesto
Petrža
Stopfenreuth
Bad Deutsch Altenburg
Petronell-Carnuntum
Hundsheim
Berg
Edelstal
Kitsee
Jarovce
D2
Haslau
Wildungsmauer
Regelsbrunn
Scharndorf
Maria Ellend
Oberlaa
Unterlaa
Vösendorf
Leopoldsdorf
Zwölfaxing
Maria Lanzendorf
Rauchenwarth
Kl.-Neusiedl
Enzersdorf an der Fischa
Arbesthal
Höflein
Göttlesbrunn
Mödling
Wr. Neudorf
Laxenburg
Guntramsdf.
Biedermannsdf.
Achau
Himberg
Schwadorf
Wienerherberg
Gallbrunn
Stixneusiedl
Margarethen am Moos
Ebergassing
Gramatneusiedl
Trautmannsdf. an der Leitha
Bruck a. d. Leitha
Pachfurth
Gerhaus
Rohrau
Hollern
Schönabrunn
Prellenkirchen
Deutsch-Haslau
Pama
Potzneusiedl
Gattendorf
Deutsch-Jahrndorf
Velm
Moosbrunn
Münchendorf
Traiskirchen
Trumau
Reisenberg
Neu-Reisenberg
Götzendorf an der Leitha
Sarasdorf
Wilfleinsdorf
Bruckneudorf
Sommerein
Pischelsdf.
Mannersdorf am Leithagebirge
Kaisersteinbruch
Parndorf
Neudorf bei Parndorf
Zurndorf
Parndorfer Platte
Leitha
Oberwaltersdf.
Mitterndf. /Fischa
Unterwaltersdorf
Seibersdorf
Jois
Winden am See
Neusiedl am See
Nickelsdorf
Ebreichsdorf
Teesdorf
Weigelsdf.
Deutsch-Brodersdf.
Leitha-prodersdf.
Hof am Leithaberge
Breitenbrunn
Weiden am See
Gols
Mönchhof
Halbturn
Blumau-Neurißhof
Pottendorf
Siegersdf.
Wampersdf.
Wimpassing a. d. L.
Loretto
Au am Leithaberge
Stotzing
Purbach am Neusiedlersee
Donnerskirchen
Leithagebirge
Ebenfurth
Landegg
Hornstein
St. Georgen am Leithagebirge
Eggendf.
Neufeld a. d. Leitha
Zillingdf.
Müllendorf
Eisenstadt
Schützen am Geb.
Podersdorf am See
Frauenkirchen
Neusiedler See
Nadelburg
Lichtenwörth
Steinbrunn
Groß-höflein
Oslip
Oggau am Neusiedlersee
Trausdorf an der
St. Margarethen im Bgld.
Seewinkel
Zicksee
St. Andrä am Zicksee
Neustadt
Neudörfl
Zillingtal
Pöttsching
Krensdorf
Wulkaprodersdorf
Rust
Hirm
Antau
Siegendorf im Bgld.
Illmitz
Lange Lacke
Andau
Tadten
Bad Sauerbrunn
Sigleß
Stöttera
Zagersdorf
Pöttelsdf.
Zemendorf
Walbersdf.
Draßburg
Klingenbach
Mörbisch am See
Apetlon
Wiesen
Mattersburg
Baumgarten i. Bgld.
Marz
Schattendorf
Fertőrákos
Wallern im Bgld.
Pamhagen
Sopron
Forchtenstein
Rohrbach bei Mattersburg
Loipersbach i. Bgld.
Ágfalva
Kertváros
Hochwolkersdorf
Sieggraben
Brennbergbánya
Kópháza
Balf
Fertőboz
Hidegség
Sarród
Hegykő
Schwarzenbach
Kalkgruben
Ödenburger Gebirge
Fertőhomok
0
10 km
N
kartographie

Nordburgenland

Das Gebiet zwischen Leithagebirge, Neusiedler See, dem ungarischen Grenzgebiet bei Sopron und dem Rosaliengebirge hat eine Fülle alter kulinarischer Traditionen aufzuweisen. Und das relativ junge Phänomen, dass diesen derzeit gerade mit einer neuen Offenheit begegnet wird. So hat sich in den letzten Jahren rund um die Landeshauptstadt ein neues Bewusstsein für die Vielfalt der regionalen Ressourcen und Möglichkeiten entwickelt. Altes wird aufgegriffen, modernisiert und den gegenwärtigen Anforderungen angepasst. Ob das nun die Renaissance des jahrhundertealten Ruster-Ausbruchs aus der schilfreichen Gegend um die Storchenstadt ist oder die Wiederentdeckung der Leithaberger Edelkirschen, der Kittseer Marillen, der Wiesener Ananas-Erdbeeren. Auch pannonischer Safran wird wieder kultiviert. Gewachsene, kleinbäuerliche Strukturen und die entsprechende gastronomische Infrastruktur bilden die Basis für die Entwicklung und Etablierung neuer, erstklassiger Produkte. So ist der Leithaberg mit seinem speziellen Mikroklima und den hochmineralischen Schieferböden gerade dabei, sich zur potentesten Rotweindestination des Landes zu entwickeln. Und mit dem „Loipersbacher Hammerfleisch" lebt eine uralte bäuerliche Tradition der Schinkenherstellung weiter, der das pannonische Klima am Alpenrand hier ebenso entgegenkommt wie den Reben.

Verein Leithaberger Edelkirsche: absolut Kirsch

Mitte April befindet sich der Hang des Leithagebirges von St. Georgen bis Jois sozusagen im Blütenrausch. Da blühen nämlich etwa zehn Tage lang die Kirschbäume, 1800 sind es allein im Ort Donnerskirchen, dem Zentrum der recht jungen Initiative „Leithaberger Edelkirsche“.

Die Bäume gibt es dagegen hier schon immer. Und zwar nicht nur, weil sie landschaftlich reizvoll sind, sondern weil sie im milden Klima westlich des Neusiedler Sees optimale Bedingungen vorfinden. Vor allem aber, weil sie seit jeher gepflegt würden, und zwar von den Hausfrauen, die, erklärt Alfred Schemitz, stellvertretender Obmann des Vereins, sich mit Kirschen und Kirschprodukten traditionellerweise ein Zubrot verdienten. Waren es früher primär Marmelade, Kompott, Kirschsaft und Konserven wie mit Kirschsaft gesüßtes Quittengelee, so findet die Kirsche mittlerweile ein sehr viel breiteres Anwendungsgebiet: Konditoren, Fleischhauer, Schnapsbrenner, Bäcker und Gastronomen erzeugen aus den Früchten der Leithaberger Kirschbäume Kirsch-Leberpasteten, mit Kirschbrand versetzte Bratwürstel, in Kirschlikör marinierte Schinken, selbst angerührten Kirschsenf, Kirsch-Chutney, Kirschbrot und natürlich das gesamte Spektrum der flüssigen Kirsche, von Kirschsaft (den Alfred Schemitz mit einem alten Dampfentsafter herstellt) bis zu Kirschlikör, versetzten Kirschrum und natürlich den klaren Kirschbrand.

Eine Kooperation mit der Wiener Ottakringer Brauerei wird in Zukunft sogar ein Kirschbier nach Vorbild des belgischen Kriek ergeben, und eine lokale Kräuterspezialistin hat aus den Stängeln der Schemitz'schen Kirschen auch schon einen geheimnisvollen und überaus wirksamen Entwässerungstee gemischt.

Neben der zeitgemäßen Verwendung der Früchte – Alfred Schemitz erzählt, dass Händler früher während der Ernte drei bis vier Wochen lang 15 bis zwanzig Tonnen pro Tag allein aus Donnerskirchen wegführten, mittlerweile sind es allerdings deutlich weniger – geht es dem Verein allerdings auch um den Erhalt der Bäume. Alte Bäume sollen so weit wie möglich erhalten bleiben, 4000 neue Bäume wurden in den vergangenen vier Jahren gepflanzt, man experimentiert mit bis zu fünfzig verschiedenen alten und neuen Sorten sowie diversen Anbauformen.

Verein Leithaberger Edelkirsche
Obfrau Rosemarie Strohmayer
7091 Breitenbrunn, Prangerstraße 49
Tel. 0664/618 22 96
Obmannstv. Alfred Schemitz
7082 Donnerskirchen, Hauptstraße 66
Tel. 02683/85 06
www.edelkirsche.at

GENUSS REGION ÖSTERREICH

Die Zukunft, ist Obmannstellvertreter Schemitz überzeut, gehört der Trockenkirsche (Abtrocknung auf zwanzig Prozent), die ein Erschließen des Konditoreimarktes überhaupt erst möglich macht.

Foto: Dörrkirschen und Produkte mit Leithaberger Kirschen

Helmut Schwarz: Ruf des Zanders

Was die Fische aus dem Neusiedler See so gut mache, sei schwer zu sagen, meint Helmut Schwarz, in der dritten Generation Fischer in Oggau. „Sie sind Kämpfer", meint er, und vielleicht liege es auch am Sodagehalt des Wassers, aber grundsätzlich sei das gewissermaßen das biologische Geheimnis des Sees, und in das könne man eben nicht hineinschauen. Tatsache ist, dass der Neusiedler See früher einmal zum erweiterten Überschwemmungsgebiet der Donau gehörte und seine Fauna dementsprechend eine Donau-Fauna ist. Tatsache sei auch, dass es früher, als die Wasserqualität noch schlechter war, mehr Fische gab, weiß Helmut Schwarz, und auf jeden Fall auch mehr Fischer.

Mittlerweile hat der Fischereiverband – alleiniger Pächter der Fischereirechte am See und genossenschaftlich organisiert – 14 Mitglieder, von denen Helmut Schwarz als einer der letzten Berufsfischer aber der aktivste ist. Und was sich auch geändert hat, ist die Fischpopulation im See, die sich natürlich danach richtet, womit neu „besetzt" wird, aber eben nicht nur: So waren bis in die 1950er-Jahre Karpfen und Hecht die Hauptfische, dann wurde Aal populär und stark ausgesetzt, damit hörte man vor zehn Jahren aber wieder auf. Topseller der Neusiedler-See-Fische sei derzeit auf jeden Fall der Zander, weiß Schwarz, der hier auch besonders gute Qualität erreiche und nicht nur in der Topgastronomie rund um den See einen überaus guten Ruf genießt. Als quasi Geheimtipps fungieren aber der Wildkarpfen, langsamer wachsend und daher fester im Fleisch als der „Edelkarpfen", und die Schleihe, aufgrund ihrer schlanken Statur, ihres silbernen Schuppenkleides und nicht zuletzt ihres delikaten, feinen Geschmacks auch „Forelle des Neusiedler Sees" genannt. Und natürlich der uneingeschränkte König des Sees, der mitunter riesige Wels.

Helmut Schwarz
7063 Oggau
Seegasse 26
Tel. 02685/71 23
GENUSS REGION ÖSTERREICH
Zertifizierter Bioproduzent*

* Anm.: Fische aus dem Neusiedler See sind nicht bio.

Gefischt wird am Neusiedler See mit Reusen, Stell- und Zugnetzen, Helmut Schwarz beschränkt sich auf Zugnetze. Seit 1954 wird der gefangene Fisch auch geräuchert, anfangs nur Aal, seit 2003, als Helmut Schwarz den Betrieb übernahm und modernisierte, aber auch die anderen Fische, entweder heiß im traditionellen Räucherofen oder kühler in einer modernen elektrischen Anlage. Zander und Wels bietet Helmut Schwarz auch „graved", also mariniert, an.

Foto: Fangfrischer Zander

Richard und Beate Triebaumer: der Schmalzkreislauf

Richard Triebaumer entstammt einer der prominentesten Winzerfamilien nicht nur Rusts, sondern ganz Österreichs. Er lernte Koch, arbeitete in so angesehenen Restaurants wie Obauer, Steirereck, Laron in Paris und schließlich im Restaurant Nyikospark in Neusiedel am See. Irgendwann gewann der Wunsch, „was Eigenes“ zu machen, dann die Oberhand, und Triebaumer begann damit, Gemüse einzulegen und besondere Schmalzkreationen abzufüllen.

Das war 2001, und irgendwie war er mit der Situation, vor allem tierische Produkte zukaufen zu müssen, nicht ganz zufrieden. Also züchtete er selbst: schwarze, rote und weiße Wollschweine, wobei sich die weißen als für seine Zwecke am geeignetsten erwiesen – sechzig Prozent Fett! Bis zu fünfzig Tiere leben auf einer Weide etwas außerhalb der alten Freistadt Rust, werden vegetarisch ernährt, beweiden und lockern seine Obst- und Nusshaine (die Bäume wachsen seitdem schneller und sind gesünder), fressen, was von den Bäumen fällt. Die Wasserpumpen und elektrischen Zäune werden per Sonnenenergie mit Strom versorgt, die kleinen Ferkel laufen herum, wie es ihnen gefällt. Richard und Beate Triebaumer streben ein ganzheitliches Konzept mit starker Tendenz in Richtung Autarkie an. Triebaumer schlachtet selbst und im eigenen Haus, zerlegt, verarbeitet und verkauft unter einem Dach. Bekommt er ein Stück Wild von einem befreundeten Jäger, holt er es sich unmittelbar und direkt von der Abschussstelle. Die Gemüse – legendär ist etwa seine wirklich scharfe Chilipaste, ein Paradeiserketchup mit Quitten oder die scharf eingelegten, gebratenen Zucchini – wachsen in den eigenen Gärten, die Kerne der Kürbisse werden von den Schweinen ebenso geliebt wie die Kerne der Dirndln (die er zu einem nicht nur köstlichen, sondern auch wunderschönen Muskateller-Dirndl-Kompott verkocht).

Abgesehen davon, dass das Kreislauf-System der Triebaumers wirklich zu faszinieren vermag, dass der unbedingte Qualitätsanspruch ebenso beeindruckt wie die intensive Beschäftigung mit der Materie bis ins kleinste Detail, schmecken die Triebaumer-Produkte auch wahnsinnig gut. Schinken und Speck reifen in einer alten Speisekammer, die schon seit jeher im ganzen Ort für ihre perfekten Bedingungen berühmt war, geräuchert wird selbstverständlich nur über Spänen eigener Laubhölzer – je nach Wurst oder Schinken eine etwas andere Mischung. Und um zu solchen Kreationen wie dem Dörrzwetschken-Oliven-Schmalz oder dem grenzgenialen, strahlend orangen Paprika-Limetten-Schmalz zu kommen, hätte ihm seine Ausbildung in den Toprestaurants schon geholfen, sagt Triebaumer. Vorbild war aber dennoch immer das Bratlfett mit Zwiebeln, das seine Großmutter früher zur Lese in den Weingarten brachte.

Richard und Beate Triebaumer
7071 Rust, Rathausplatz 4
Tel. 02685/204 38
www.triebaumerrichard.at

Foto: Paprika-Limetten-, Kürbis- und Olivenschmalz

Günter Schönberger: von Allgemeiner Verunsicherung zu „reinem Wein"

Zum Weinbau kam der ehemalige Volksschullehrer und langjährige Saxofonist der EAV, Günter Schönberger, aus purer Neugierde. Als leidenschaftlicher Weintrinker hatte er begonnen, sich vermehrt auch für dessen Entstehung zu interessieren, und so folgte der Besuch von Weingütern in Österreich, Frankreich, Italien und Deutschland.

1992 kaufte er zwei kleine Weingärten im Neusiedler See – Hügelland und stellte seinen ersten Wein her. 1996 verlegte er seine berufliche Bühne gänzlich in die Weingärten und den Weinkeller. Nach Mörbisch hat es den steirischen Quereinsteiger aus einem einzigen, aber schwerwiegenden Grund verschlagen: Mit apodiktischer Verve macht er deutlich, dass es außer Bordeaux kein Gebiet gibt, das derart prädestiniert für die Erzeugung sowohl von Weiß-, Rot- und Süßwein in Spitzenqualität ist.

Weingut Schönberger
7072 Mörbisch am See
Setzgasse 9
Tel. 02685/82 66
www.weingut-schoenberger.com

Von Beginn an setzte er auf nachhaltige, biologische Bewirtschaftung seiner Weingärten. In weiterer Folge stellte er den Betrieb auf Biodynamie um. Die gezielte Arbeit mit dem Boden fördert den Terroirgedanken maßgeblich, auf dieser Basis ist es Schönberger möglich, gebietstypische, individuelle, charakteristische Weine herzustellen. Angelehnt an die bis in die Sechzigerjahre weitverbreitete Stockkultur hält er seine Reben sehr nieder. Durch die tagsüber gespeicherte Sonnenwärme, die der Boden wieder abgibt, reifen seine Trauben früher. Auch setzt Schönberger seine Rebstöcke dichter als üblich. Dadurch wurzeln sie tiefer und können so alles aus dem Boden holen, was es für guten Wein braucht. Alte Rebstöcke zu erhalten ist sowieso eines seiner großen Anliegen.

Besonders zugetan ist der Steirer der burgenländischen Ursorte Blaufränkisch, für ihn die beste Rotweinsorte Österreichst. Mehr als die Hälfte seiner mittlerweile auf 26 Hektar angewachsenen Rebflächen werden von dem roten Lokalmatador bestritten. Das weiße Spektrum umfasst Grünen Veltliner, Welschriesling, Pinot blanc, Sauvignon blanc, Chardonnay, Muskat Ottonel, Neuburger und Viognier. Recht umfangreich für einen Winzer, zu dessen Credo es gehört, dass man sich auf jene Sorten konzentrieren solle, die am besten für die jeweilige Region geeignet sind: „Das Problem ist, dass in diesem Gebiet alles so gut gedeiht und daher fast schon traditionellerweise auch alles kultiviert wird.“ Ihm kommt die Vielfalt insofern zugute, als er eine deutliche Vorliebe für das Cuvéetieren hegt. Einige Weine werden natürlich auch reinsortig ausgebaut.

Für seine ausgezeichneten Süßweine kommt allerdings nur eine Sorte infrage: der Welschriesling. Süße darf nur im Weingarten, das heißt durch Botrytisbefall, entstehen und nicht im Keller. Auf den dünnhäutigen Trauben des Welschrieslings kann der Edelpilz besonders gut wirken und durch die relativ hohe Säure der Trauben wird eine schöne Balance zwischen Säure und Süße in den Weinen erzielt. Seine Beeren- und Trockenbeerenauslese werden, wie alle anderen Weine auch, im Holzfass ausgebaut. Sie sind elegant und harmonisch, mit feiner Säure.

Foto: Sauvignon blanc

Taubenkobel: das Burgenland-kulinarische Gesamtkunstwerk

Der Taubenkobel ist heuer 25 Jahre alt geworden. 25 Jahre, in denen sich tatsächlich einiges getan hat, also auf jeden Fall hinsichtlich der burgenländischen Kulinarik, die der Taubenkobel nämlich wachgeküsst, neu definiert und bleibend geprägt hat.

Begonnen hat das alles ja als ein etwas szenigeres Landgasthaus zweier Amateure, die aber sehr schnell nicht nur ihren ganz persönlichen Weg fanden, sondern auch einerseits das kulinarische Potenzial der Region und andererseits die Bereitschaft des Publikums für genau so etwas erspürten. Schon in den frühen Neunzigern sorgte Walter Eselböck für großes Aufsehen, indem er Waren von mehr oder weniger kleinen Produzenten rund um den Taubenkobel in seine Kreativmenüs einfügte, teils ein bisschen als Provokation, teils als Corporate Identity – wobei die Grenze beim Taubenkobel da immer ein bisschen fließend war.

Im Taubenkobel hatten nicht nur die aufstrebenden, jungdynamischen burgenländischen Winzerstars die beste aller Bühnen, sondern auch die Schinkenmacher, die Fischräucherer, der Schmalzspezialist, die Käser, Paradeiszüchter, die Rosenwasser-Erzeugerin und die Schnapsbrenner des lange Jahre verlachten Grenzlandes. Bei Festen und Festivals konnten sich die Betriebe stets einem interessierten internationalen Publikum zeigen, irgendwann gingen Walter und Evelyne Eselböck sogar so weit, ihre Kreationen auf vom Nachbarn handgefertigten Keramiktellern zu servieren.

Im Jahr 2000 erlebte das Taubenkobel'sche Prinzip der Nähe und Regionalität einen weiteren Schub, als die Eselböcks im Nachbarhaus ihre sogenannte „Greißlerei" einrichteten. Hier konnte man nicht nur all diese in den Jahren zuvor zu Topqualität herangereiften Burgenland-Produkte erwerben, sondern vor allem auch unkompliziert in Form von Kleingerichten und arrangierten Vorspeisenplatten genießen, ohne dabei die Schwelle des renommierten Gourmetrestaurants überwinden zu müssen – was gerade für die Leute aus der unmittelbaren Umgebung trotz einer für ein Vierhaubenrestaurant betont lockeren Atmosphäre gar nicht immer so leicht ist. Anfangs ließ man sich sogar einen Kaffee von einem alten Mann aus dem Ort, der das noch konnte, in einer antiquarischen Rösttrommel rösten, mittlerweile verwendet und verkauft man allerdings Erwin Gegenbauers Naschmarkt-Kaffees.

Taubenkobel
7081 Schützen am Gebirge
Hauptstraße 33
Tel. 02684/22 97
www.taubenkobel.at

Wobei das Eselböck-Universum damit noch keineswegs das Ende seines Wachstums erreicht hatte: Tochter Barbara heiratete Alain Weißgerber, Küchenchef und Betreiber des Restaurants Zur Blauen Gans in Weiden, dessen Küchenlinie seitdem durchaus als Ergänzung zum Taubenkobel gesehen werden darf. Die beiden übernahmen darüber hinaus ein ehemaliges Zollhaus im ungarischen Teil des Neusiedler Sees, machten ein kleines Hotel daraus und gaben dem Taubenkobel-Netzwerk damit eine grenzüberschreitende Komponente. Die andere Tochter, Stefanie, wiederum gründete mit ihrem Mann Eduard Tscheppe, Sohn aus dem einstmals größten Weingut der Steiermark, im Nachbarort Oggau ein nicht nur aufgrund seiner biodynamischen Arbeitsweise sehr außergewöhnliches Weingut. Das im Frühling 2009 auch noch einen Heurigen eröffnet, wo das Zusammentreffen von bäuerlichen burgenländischen Produkten und Topqualität auf die unkomplizierteste und unmittelbarste Weise nachvollzogen werden kann.

Foto: Aus der Greißlerei:
Schwarze Nüsse und Chutney

Biohof Klampfer: Schwein und Wein

Josef und Anna Klampfer führen ihren idyllischen Bauernhof, wie seit vielen Generationen (die ältesten Aufzeichnungen stammen aus dem Jahr 1569) üblich, als gemischten Betrieb. Damals wurde mittels Viehwirtschaft, Acker- und Weinbau der Eigenbedarf an Lebensmitteln so weit als möglich gedeckt. Dafür entschieden sich auch die beiden, als sie den Hof in den Siebzigerjahren von den Eltern übernahmen – entgegen dem damaligen Trend zur Spezialisierung auf Monokulturen. Den Hof in seiner gesamten Vielfalt zu erhalten und biologisch zu bewirtschaften, war für die beiden die logische Konsequenz aus ihrer Aversion gegen chemische Spritz- und Düngemittel. Aus der inneren Überzeugung, „dass man die Natur nutzen, aber nicht ausbeuten soll", haben sie eine Bauernhofidylle geschaffen. Im romantischen Innenhof gedeiht ein üppiger Kräutergarten. Auf den 65 Hektar Ackerland werden in regelmäßiger Fruchtfolge Weizen, Gerste, Sonnenblumen, Erbsen und Klee kultiviert. Der pannonische Weizen wird an ein Biolager geliefert, Gerste und Erbsen für die eigene Schweinemast verwendet. Die Schwäbisch-Hällischen Schweine fühlen sich in ihrem offenen Stall ganz offensichtlich wohl, spielen Ball und liefern, wie für die alte Rasse üblich, hervorragende Fleischqualität. Geschlachtet wird am Hof. Die Verarbeitung obliegt Anna Klampfer, die nach alten, über Generationen weitergegebenen Rezepten Geselchtes, Schinken, Brat-, Selch- und Grillwürstel, Blunzen, Leberpastete sowie Schmalz und Grammeln herstellt. Außer Kräutern, Knoblauch, Zwiebeln, Dinkelsemmeln für die Blunzen, Salz und Pfeffer werden keine weiteren Zutaten für die Spezialitäten verwendet. „Wir wollen wissen, was wir essen, und erzeugen deshalb auch gute Sachen", bringt Josef Klampfer seine Einstellung zu Lebensmitteln auf den Punkt. Der gelernte Kellermeister ist auch für den Wein zuständig. Auf den sechs Hektar Rebfläche wachsen

Biohof Klampfer
Josef und Anna Klampfer
7000 Eisenstadt, Kleinhöfleiner Hauptstraße 84
Tel. 02682/757 31
www.biohof-klampfer.at

Welschriesling, Rheinriesling, Weißburgunder, Grüner Veltliner und Gewürztraminer. Die Rotweine werden aus Blaufränkisch- und Zweigelttrauben gekeltert. Besonders stolz ist er auf seinen 300 Jahre alten Sandsteinkeller, in dem 14 Holzfässer lagern. Computergesteuerte Weintechnik sucht man hier vergeblich – sehr viel wird hier traditionell mit der Hand gearbeitet. Die Weine werden nach alter Hoftradition sehr fruchtig ausgebaut und haben seit der Bioumstellung die besseren „inneren Werte", findet er. Durch die Direktvermarktung haben sich die beiden neue Kundenkreise und Vertriebskanäle aufgebaut. Der Austausch über die Produkte und Biolandwirtschaft ist ihnen sehr wichtig. Anna Klampfer ist „Seminar-Bäuerin" und geht in dieser Funktion verstärkt in Schulen, wo sie im Rahmen des Projektes „Entdecke dein Essen" Schülern die Wichtigkeit der regionalen Landwirtschaft und die Bedeutung von heimischen Produkten näherbringt. Außerdem betreibt die Familie Klampfer eine „Schule am Bauernhof", wo die Kinder einen Einblick in das bäuerliche Leben erhalten.

Foto: Blaufränkisch und Grüner Veltliner

Pannonischer Safran: hundertprozentig rot

Kaum jemand weiß mehr, dass Österreich zwischen dem 11. und dem Anfang des 20. Jahrhunderts nicht nur als Zentrum des europäischen Safrananbaus galt, sondern dass dieser österreichische Safran auch besonders für seine Reinheit und Qualität berühmt war. Johannes Pinterits weiß es, denn erstens beschäftigt sich der frühere ORF-Chefredakteur seit fünf Jahren intensiv mit dem Thema und zweitens erfährt er das Thema Safran seit 2006 unmittelbar, da gründete er nämlich die Arge Pannonischer Safran. Verwendet wird – wie in Andalusien, Tibet, dem Wallis oder anderen hochwertigen Safrananbaugebieten – die im Herbst blühende Krokussorte „Crocus sativus"; wie in den anderen Safranregionen wird auch hier ausschließlich manuell geerntet und verarbeitet – wie vor 5000 Jahren.

Der Unterschied zu vielen anderen Herkünften ist allerdings, dass beim Pannonischen Safran ausschließlich die aromatischen roten Teile der Blütennarben verwendet werden, die gelben, minderwertigen Griffel werden weggezupft, und das aus 200 bis 230 Blüten pro Gramm Pannonischen Safrans. Für ein solches braucht es daher 1,5 Stunden Arbeit – neben dem himmlischen, unerreichten Aroma dieses teuersten Gewürzes der Welt die Erklärung für seinen exorbitant hohen Preis. Was den Pannonischen Safran außerdem unterscheidet, ist seine Verarbeitungsweise: Er wird nicht geröstet, sondern bei niederen Temperaturen getrocknet. Das macht ihn weniger vordergründig, nimmt ihm aber auch die oft störenden Bitternoten und belässt ihm eine unvergleichliche Komplexität. Beim Pannonischen Safran kommen nur ganze, unverletzte Fäden in den Handel; die färben zwar nicht so unmittelbar wie Safranpulver, sind dafür aber ein Garant für Qualität und Unverfälschtheit. Auch bei der Verpackung richtete sich Pinterits ganz nach der altösterreichischen Verpackungstradition: Der österreichische Safran wurde nämlich immer schon in Dosen aus

Arge Pannonischer Safran
7013 Klingenbach
Ödenburger Straße 55/1/3
Tel. 0664/224 72 61
www.pannonischer-safran.at

Weißblech gehandelt, seine kleinen Aludöschen ließ sich Pinterits extra gestalten und anfertigen.

Warum der Safran in den vergangenen hundert Jahren aus dem Burgenland verschwunden ist? „Weil er den Leuten schon bei den Ohren rausgewachsen ist", sagt der Safranmacher, es wurde mit ihm gebacken, versetzt, aromatisiert. Der nunmehrige Pannonische Safran wird freilich nie zum Massenprodukt werden, immer eine Nische bleiben.

Foto: Pannonischer Safran

Otmar Tschürtz: Hammer- und anderes Fleisch

Der Name „Hammerfleisch" gibt natürlich Rätsel auf. Hat man ihn aber einmal gehört, will er einem nicht mehr aus dem Kopf, und das ändert sich auch dann nicht, wenn der „Dorffleischhauer" aus Loipersbach an der ungarischen Grenze erklärt, wie es zu dem Namen kam: In der Gegend von Loipersbach, und eigentlich nur hier, wird die Schweinekeule nämlich „Hammen" genannt. Und zum Hammerfleisch – der in dieser Region eigentlich eher seltenen Zubereitungsart von Schinken durch Salzung, Räuchern und Trocknung – kam es schlicht aufgrund der Armut in dieser Gegend, erfährt man: Geschlachtet wurde nämlich nur zwei Mal im Jahr, mehr Schweine hatte man nicht, allerdings musste das Fleisch bis zur Ernte und Weinlese haltbar gemacht werden – es war schließlich der einzige Lohn der Arbeiter.

In Otmar Tschürtz' Familie wurde immer schon Hammerfleisch hergestellt – seit den Dreißigerjahren, wie bei allen Fleischverarbeitungen, unter Verwendung von Nitritpökelsalz. Da Tschürtz aber wusste, dass Hammerfleisch auch schon davor als Delikatesse galt, vor allem aber nach einem Besuch des Prosciuttofestes in San Daniele, probierte er es einmal ohne das Konservierungssalz und versuchte es mit reinem Meersalz. Der Hohn der Kollegen war ihm gewiss, aber das Experiment gelang – die Topgastronomie wurde auf den außerordentlichen, nur ganz leicht über ast- und rindenfreiem Buchenholz geräucherten und sechs Monate gereiften Rohschinken aufmerksam; mittlerweile zählt das Loipersbacher Hammerfleisch zu den österreichischen Gourmetstandards.

Otmar Tschürtz
7022 Loipersbach, Herrengasse 27
Tel. 02686/72 35
www.der-tschuertz.com

Aber damit ist Otmar Tschürtz mit seiner Kreativität noch lange nicht am Ende: Nicht nur, dass er urburgenländische Sautanz-Traditionsrezepte wie die „Schubwurst" wieder herstellt oder eine „Edelsalami" ausschließlich aus dem weitaus reiferen Fleisch und Speck älterer Zuchtsauen fabriziert, er experimentiert auch mit pannonischem Sa-

fran und – die Königsklasse in der Schinkenwelt – mit ganzen, am Knochen gereiften Rohschinken. Und zwar sowohl mit den Keulen „normaler" Schweine, die von einem lokalen Schlachter nach der Fütterungsweise der Schweine (Getreide statt Mais, das gibt kernigeren, festeren Speck) für ihn ausgewählt werden („wenn's passt, dann krieg ich's"), als auch mit Keulen der fetten Mangalitzaschweine, die er sich in Ungarn besorgt. Und dann hat er noch ein ganz besonderes Projekt laufen: In der Gegend um Loipersbach gibt es seit jeher sehr viele Edelkastanienbäume; eine Schweineherde in den Hainen weiden und die Kastanien nach andalusischem Eichelschwein-Vorbild Kastanien fressen zu lassen, wurde ihm aus Naturschutzgründen zwar nicht genehmigt, gegen die normale Zufütterung sprach aber nichts. Zwei Jahre lässt er die Schinken der so gemästeten Schweine reifen; geschmacklich mache sich die Kastanie nicht bemerkbar, in der Fettstruktur aber umso stärker. Im September kommen diese Schinken wieder auf den Markt – und werden schon sehnsüchtig erwartet.

Foto: Loipersbacher Hammerfleisch

Biohof Preisegger: Ananas-Erdbeeren und Bauerngolf

Die kleine Gemeinde Wiesen am Osthang des Rosaliengebirges ist berühmt für seine Ananas-Erdbeeren. Umgeben von Erdbeerfeldern und Obstanlagen liegt auch der Biohof, in den Brigitta Preisegger vor zwanzig Jahren eingeheiratet hat.

Der gelernten Buchhändlerin war der Einsatz von chemischen Spritzmitteln in der konventionellen Landwirtschaft schon damals ein Grauen. Mit viel Verve und Überzeugungsarbeit konnte sie ihren Mann schließlich dafür gewinnen, den Obstanbaubetrieb biologisch zu betreiben. Im Zuge der Umstellung kam auch der Anbau von Getreide dazu und ihre Leidenschaft, Brot zu backen. Anfangs buk Brigitta Preisegger ihre Natursauerteigbrote nur für den Eigenbedarf, bald darauf wurde der Ofen schon mehrmals in der Woche angeheizt, um auch andere Haushalte mit Bauernbrot zu versorgen. Letztendlich gab die Neobäckerin ihren „Brotberuf“, den Buchhandel, auf und eröffnete einen Hofladen. „Der Anfang war nicht leicht, nur mit den eigenen Produkten im Sortiment.“ Aber mit viel Engagement, Veranstaltungen und Biobuffets – damit die Leute ihre Produkte kennenlernen – sowie einer langsamen Sortimentserweiterung ist nicht nur der Laden, sondern auch der Kundenstock ge-

wachsen. Seit 1998 wird der kleine Hofladen gewerblich geführt. Um den Kunden, die auch von weiter weg anreisen, einen gesamten „Wocheneinkauf“ zu ermöglichen, bietet Brigitta Preisegger neben einem umfangreichen Nahrungsmittelangebot auch biologische Kosmetik, Hygiene- und Reinigungsmittel an.

Brigitta und Johann Preisegger
7203 Wiesen
Hauptstraße 21a
Tel. 02626/816 15
www.biopreisegger.at

Das Fleisch, von Rind, Schwein und Pute, wird direkt von den Bauern geliefert und stammt, wie die meisten Produkte, aus der Umgebung.

Das Obst kommt aus dem eigenen Betrieb. Neben Ananas-Erdbeeren kultiviert Johann Preisegger Marillen, Pfirsiche, Weichseln, Kirschen, Zwetschken, Trauben, Birnen, zahlreiche Apfelsorten und Birnenquitten, die auch zu Saft, Essig und Marmeladen weiterverarbeitet und im Laden verkauft werden. Für die selbstgemachten Marmeladen kombiniert Brigitta Preisegger die hofeigenen Früchte auch mit Ingwer, Lemongrass, Kokosmilch, Melisse, Holunderblüten, Duftbegonien oder Agavendicksaft.

Neben dem Dinkel-Roggen-Weizen-Sauerteigbrot werden im Hofladen auch noch saisonal wechselnde Mehlspeisen wie Erdbeerschnitten, Himbeer-Topfen-Golatschen oder Apfelkuchen angeboten. Regelmäßig besuchen Schulklassen den Hof und erfahren in der „Schule am Bauernhof“ Wissenswertes über biologische Landwirtschaft, für den Spaßfaktor sorgt eine „7-Loch-Bauerngolf-Anlage“ im Steilgarten hinter dem Haus. In der Zeit von Mai bis Ende Juni können auf Vorbestellung die täglich frisch geernteten Wiesener Ananas-Erdbeeren am Hof abgeholt werden.

Foto: Erdbeer-Melisse- und Erdbeer-Kokos-Fruchtaufstrich

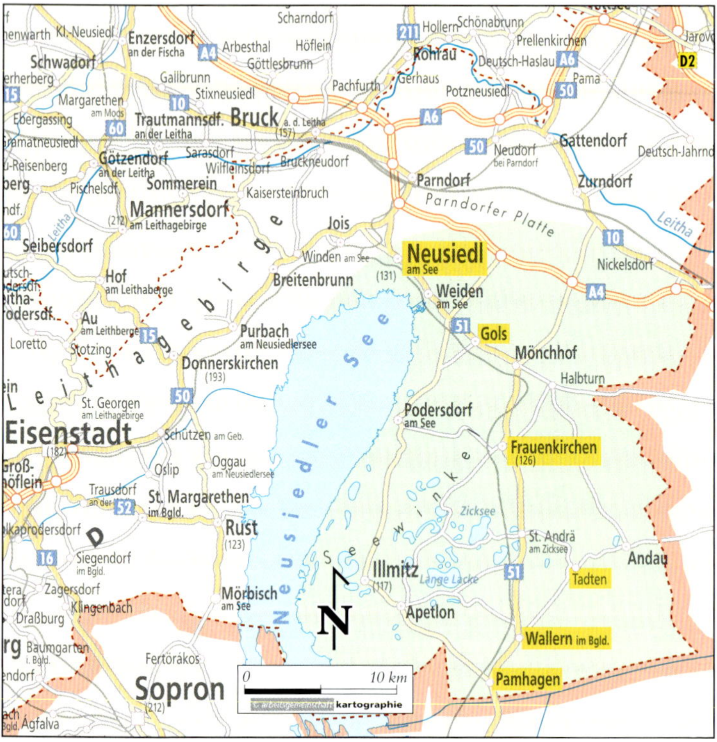
Scharndorf
Hollern
Schönabrunn
Prellenkirchen
Kl.-Neusiedl
Enzersdorf an der Fischa
Arbesthal
Höflein
Schwadorf
Göttlesbrunn
Rohrau
Deutsch-Haslau
Gallbrunn
Pachfurth
Gerhaus
Pama
Margarethen am Moos
Stixneusiedl
Potzneusiedl
Ebergassing
Trautmannsdf. an der Leitha
Bruck a. d. Leitha (157)
Gattendorf
Deutsch-Jahrndorf
Götzendorf an der Leitha
Sarasdorf
Wilfleinsdorf
Bruckneudorf
Neudorf bei Parndorf
Sommerein
Parndorf
Zurndorf
Pischelsdf.
Kaisersteinbruch
Mannersdorf am Leithagebirge (212)
Parndorfer Platte
Leitha
Jois
Seibersdorf
Neusiedl am See (131)
Winden am See
Nickelsdorf
Hof am Leithaberge
Breitenbrunn
Weiden am See
Au am Leithberge
Purbach am Neusiedlersee
Gols
Loretto
Stotzing
Mönchhof
Donnerskirchen (193)
Halbturn
Leithagebirge
St. Georgen am Leithagebirge
Podersdorf am See
Eisenstadt (182)
Schützen am Geb.
Frauenkirchen (126)
Neusiedler See
Oggau am Neusiedlersee
Oslip
Trausdorf an der
St. Margarethen im Bgld.
Zicksee
Rust (123)
St. Andrä am Zicksee
Seewinkel
Andau
Siegendorf im Bgld.
Illmitz (117)
Lange Lacke
Tadten
Zagersdorf
Klingenbach
Mörbisch am See
Apetlon
Draßburg
Wallern im Bgld.
Baumgarten i. Bgld.
Fertörákos
Pamhagen
Sopron (212)
Ágfalva
0
10 km
kartographie
A4
A6
D2
N

Seewinkel

Der Seewinkel östlich des Neusiedler Sees ist der sonnenreichste Winkel Österreichs und die westlichste Salzsteppe Europas. Das Klima ist pannonisch, das Flachland und die kulinarischen Einflüsse sind es ebenfalls. Steppenrinder, Weidegänse, da und dort ein Ziehbrunnen. Endlose Felder, Gemüseäcker, Weideflächen und weitläufige Weinbauzonen gehen quasi nahtlos in ausgedehnte Schilfgürtel über und diese wiederum in den See. Die höchsten Erhebungen sind die zahllosen Windräder rundum. Und im Vergleich zu den weitgestreckten Flächen wirken die kleinen Ortschaften mit ihren spätbarocken Türmchen geradezu winzig. Aber genau dieser Kontrast macht einen nicht unwesentlichen Teil des Reizes dieser Region aus. Die Fauna und Flora rund um den See sind einzigartig, der Nationalpark Neusiedler See ist Weltkulturerbe. Ebenso interessant ist die Diskrepanz zwischen den dörflichen Strukturen, der Bescheidenheit der Menschen und den herausragenden Spezialitäten internationalen Formats, die im Seewinkel erzeugt werden. Das ausgeprägte Qualitäts- und Traditionsbewusstsein sowie die Ortsverbundenheit der Produzenten sind auffällig. Der Seewinkel in den letzten Jahren zum Hort der Erhaltung alter Nutztierrassen und der handwerklichen Fertigung regionaler Delikatessen geworden. Und somit schon längst nicht mehr ausschließlich für Wassersportler attraktiv.

Johann Griemann: Wild direkt vom Jäger

Mehr Natur als Wild geht gar nicht", ist Johann Griemann überzeugt.Seinen Einmannbetrieb „Wild vom Jäger" hat er vor zehn Jahren aus Unzufriedenheit über den Wildpreisverfall am Markt und dem Preisdiktat der Wildbrethändler gegründet. Damals gab es in der Gastronomie eine Wildwoche pro Jahr, und laut Statistik haben nur drei Prozent aller Österreicher Wild gegessen. Das hat der leidenschaftliche Genussmensch nicht verstanden. Durch die waidgerechte Bewirtschaftung – ausreichende Wildäcker und Äsungsflächen – gibt es ja schließlich genug Wild in der Region. Er beschloss also, die Vermarktung des erlegten Wildes in die Hand der Jäger zu legen beziehungsweise selbst in die Hand zu nehmen, und hat die Funktion als Schaltstelle zwischen Jägerschaft, Wild und Gastronomie übernommen. Zuerst begann er, in den Jagdgesellschaften Überzeugungsarbeit zu leisten, um ein Bewusstsein für das hochwertige Produkt und Lebensmittel Wild und zugleich auch für die Verantwortung im Umgang mit diesem Naturlebensmittel zu schaffen. Vom reinen Schießen hat sich der Naturliebhaber immer distanziert. Auf der anderen Seite rannte er Gastronomen und Wirten „die Türe ein" und redete sich den „Mund fusselig", um für das schmackhafte und gesunde Wildfleisch zu werben. Dass seine Initiativen erfolgreich waren, bestätigt ihm nicht nur die große Nachfrage vonseiten der Gastronomen – das ganze Jahr über.

Wild vom Jäger, Johann Griemann
7100 Neusiedl am See, Triftgasse 36
Tel. 0699/11 30 21 97
www.wild-vom-jaeger.at

Die von Johann Griemann vertriebenen Wildschweine, Hirsche, Rehe, Hasen und Fasane werden im Seewinkel und im Leithagebirge – ausschließlich in freier Natur – erlegt und unterliegen strengen Kontrollen. Durch die kurzen Transportwege und die sofortige Verarbeitung und Vakuumierung ist absolute Frische garantiert. Regelmäßig finden nunmehr auch Schulungen der Jagdverbände hinsichtlich der neuesten Erkenntnisse in Sachen Wildbrethygiene statt. Neben dem

Frischfleisch bietet er auch wunderbaren Wildschwein-, Hirsch- und Rehschinken, Wildschweinspeck, Wildwurst und Wildwürstel an. Produziert werden diese Spezialitäten vom „Mangalitza-Jupp“, einem Fleischhauer in Illmitz, der exklusiv für Griemann seine Wildprodukte herstellt. Die Rezepturen wurden von beiden gemeinsam entwickelt, der Schinken wird vier Wochen gesurt und dabei zweimal entwässert. Danach wird er drei Tage und drei Nächte über Buchenholz kalt geräuchert und im Anschluss bis zu einer Woche luftgetrocknet. Gewürzt wird die zarte Spezialität nur mit typischen „Wildkräutern“ wie Thymian, Majoran und wenig Salz. Die Würste von den fettarmen Wildtieren werden zusätzlich mit Speck vom Mangalitzaschwein angereichert. Ganz besonders freut sich Johann Griemann zurzeit über das positive Echo der vielen Besucher bei den zahlreichen Veranstaltungen, auf denen er seine Produkte präsentiert. Schließlich richtet sich sein Angebot nicht nur an die Gastronomie, sondern auch an Privatpersonen.

Foto: Hirschschinken

Erich Stekovics: auf der Suche nach dem verlorenen Geschmack

Wenn ich gefragt werde, was wir hier mit dem Betrieb erreichen möchten, kann ich entweder stundenlang reden oder einen Löffel Mieze-Schindler-Marmelade anbieten“, bringt Erich Stekovics seine Philosophie auf den Punkt.

Madame Mieze Schindler ist eine von siebzig verschiedenen alten Erdbeersorten, die der Gemüseguru auf seinem Hof kultiviert. Für den Quereinsteiger verkörpert sie den Urgeschmack, „und wir sind ja auf der Suche nach den verlorenen Geschmäckern“, sagt der für seine unzähligen Paradeisersorten bekannte Neolandwirt.

Von der Unzufriedenheit der Konsumenten mit der handelsüblichen Ware – „es gibt keine guten Erdbeeren mehr! Die Paradeiser schmecken nach nichts mehr!“ – angespornt, gründete der studierte Theologe 2002 eine kleine Landwirtschaft. Kurz darauf kam die Saatgutvermehrung für die Arche Noah in Schiltern dazu, und von der Artenvielfalt angesteckt, pflanzte Erich Stekovics bereits im Jahr darauf tausend verschiedene Paradeisersorten und öffnete seinen Betrieb als Schaugarten für Besucher. Über 3200 unterschiedliche Paradeisersorten befinden sich seither als Saatgut in Stekovics' Lager in Frauenkirchen, jährlich werden zwischen 500 und 600 Sorten davon angebaut. Außerdem kultiviert der botanische Raritätensammler über 350 verschiedene Chili- und Paprikasorten. Bereits seine Eltern verdienten ihr Geld damit, im

Seewinkel Paprika zu ziehen, mit dem Geschmack war er somit von Kindheit an vertraut.

Einen weiteren Schwerpunkt bildet der Anbau von alten Obstsorten wie Himbeeren, Maulbeeren, Weingartenpfirsichen, Marillen und eben seinen speziellen Erdbeeren. Darüber hinaus schnattern unter den Obstbäumen Emdener und Pommerngänse sowie die Fränkische Landgans. Ein weiteres Paradeprojekt von Erich Stekovics zur Erhaltung der geschmacklichen Vielfalt und einer alten Seewinkler Tradition ist nämlich die Hausganshaltung. Wichtigstes Betriebsstandbein ist jedoch die „Einlegearbeit“: In der kleinen Manufaktur am Hof werden die Obst- und Gemüseraritäten in reiner Handarbeit getrocknet, eingelegt und eingekocht. Öl und Essig für die süßen und sauren Spezialitäten kommen zum Großteil ebenfalls aus eigener Produktion. „Bis auf Salz und Zucker sind wir völlig autonom“, konstatiert Erich Stekovics.

Erich Stekovics
7132 Frauenkirchen, Schäferhof 13
Tel. 0676/966 07 05
www.stekovics.at
Zertifizierter Bioproduzent

Auch im Anbau geht Stekovics neue Wege. Der Begriff „Terroir“ spielt eine zentrale Rolle für ihn, „wir gießen unsere Paradeiser nicht. Wir pflanzen sie und überlassen sie der Natur“. Dadurch entwickelten die Pflanzen eine unglaubliche Wurzeltiefe und brächten den Geschmack aus dem Boden in die Frucht, erklärt er. Genauso wichtig bei dieser Philosophie ist der Wind, er sorgt für die Geschmacksausbildung, weshalb die Pflänzchen im Freien gezogen werden. „Es ist nicht immer einfach, in natürliche Vorgänge nicht einzugreifen, aber der Kampf ums Überleben macht nun einmal den Geschmack aus“, ist Erich Stekovics überzeugt. Wasser verwässere nur. Und was Stekovics will, ist das reine, das unverfälschte Geschmackserlebnis.

Foto: Eingelegte Chilis

Bauernhof Gmall: Ziegenkäse, Angusrind und Wein

Bauernhof Gmall
Gerhard und Isolde Gmall
7122 Gols, Neustiftgasse 63
Tel. 02173/24 67
0650/822 57 81
www.bauernhof-gmall.at.tt

Der Biobauernhof Gmall ist ein vielseitiger kleiner Familienbetrieb im Zentrum von Gols. Das war nicht immer so. Ursprünglich wurde, wie in der Region üblich, auch von der Familie Gmall vorrangig Weinbau betrieben. Nach dem Weinskandal 1985, der dem Image des österreichischen Weins sehr geschadet hat, fand ein grundsätzliches Umdenken statt und der Betrieb wurde komplett umstrukturiert. Heute weidet eine Herde von circa siebzig Aberdeen Angusrindern im Seevorgelände des Nationalparks Neusiedler See – Seewinkel und leistet dort einen wertvollen Beitrag zur „Landschaftspflege". Die robusten, hornlosen Rinder zeichnen sich nicht nur durch ihre besonders hohe Fleischqualität aus, sondern auch dadurch, dass sie für die Muttertierhaltung besonders gut geeignet sind. Diese alte schottische Rasse ist darüber hinaus „frühreif" und liefert bereits nach einem Jahr erstklassiges, fein marmoriertes Fleisch. Einmal im Monat wird geschlachtet. Die Rinderhälften lässt Gerhard Gmall zehn Tage am Knochen reifen bevor sie zerteilt und (auf Vorbestellung) ab Hof verkauft werden. Am Haus werden dreißig Ziegen mit Auslauf gehalten. Dazwischen tummeln sich Minischweine. Angefangen hat es mit zwei Ziegen, die die Kinder geschenkt bekommen haben. Sie haben sich vermehrt, und niemand hat es übers Herz gebracht, die Kitze zu schlachten. Ein Heurigenbesitzer hat damals zur Käseherstellung angeregt. Zweimal am Tag wird gemolken und die Milch noch warm weiterverarbeitet. Ziegentopfen und einen sehr milden Ziegenfrischkäse stellt Isolde Gmall daraus her, sowie sehr cremige, ebenfalls milde Ziegenbällchen, die sie in Pflanzenöl einlegt. Der Ziegenkäse ist ungewürzt, nur das Öl wird mit selbstgezogenen, getrockneten Kräutern aromatisiert. Isolde Gmall mag den reinen Eigengeschmack des Ziegenfrischkäses, deshalb legt sie ihn auch in relativ geschmacksneutrales Pflanzenöl ein; Olivenöl wäre für sie zu dominant und zu wenig regional zugleich. Mittlerweile wird einmal im Jahr – kurz vor Ostern – auch Kitz geschlachtet. Rechtzeitige Vorbestellung ist unbedingt notwendig, da die Nachfrage sehr groß ist. Auch Weinbau wird in der Zwischenzeit wieder betrieben: Auf einer geerbten Fläche von vier Hektar wächst Grüner Veltliner, Blaufränkisch und Zweigelt. Weißer und roter naturtrüber Traubensaft wird aus den Trauben hergestellt, sowie ein trockener Grüner Veltliner, ein Blaufränkisch-Tafelwein und die beiden „double g"-Weine Blaufränkisch und Zweigelt, die von Sohn Gerhard produziert werden. Der im Eichenfass gereifte Blaufränkisch 2003 wurde von Vino Top unter die fünf besten Bioweine Österreichs gereiht. Alle Produkte sind täglich (am besten nach telefonischer Terminvereinbarung) ab Hof erhältlich.

Foto: Ziegenkäsebällchen

Klaus Rapf: Aus Alt mach Neu

Seit 2004 ist Klaus Rapf Biobauer. Nach zwanzig erfolgreichen Jahren im Bereich Softwareentwicklung machte er sich auf die Suche nach einer neuen Herausforderung. Klar war: Er möchte mit Materie zu tun haben, mit etwas Angreifbarem, Essbarem, wollte genussvolle Lebensmittel herstellen, Kundenkontakt und unmittelbares Feedback auf seine Arbeit haben.

Nachdem Klaus Rapf aber nicht von der Rohware anderer Produzenten abhängig sein wollte, beschloss der Quereinsteiger, diese „Rohware" selbst zu kultivieren: Obst, Gemüse und Wein aus eigenen Trauben. Nach einer „Schmalspurausbildung" zum landwirtschaftlichen Facharbeiter legte Klaus Rapf rasant los – unter dem Motto: ausprobieren, beobachten, nachjustieren. Die optimalen klimatischen Bedingungen dafür fand er im Seewinkel vor, wo er seinen ersten Grund kaufte, mittlerweile sind seine Anbauflächen über das gesamte Burgenland verstreut. Von Anfang an experimentierte er mit exotischen Sorten und begann gleich einmal mit hundert verschiedenen Paradeisersorten. Artenvielfalt ist ihm sehr wichtig, und wenn er sich zwischen unterschied-

lichen Sorten nicht entscheiden kann, nimmt er einfach alle und schaut am Feld, wie sie sich entwickeln.

Rapf arbeitet ausschließlich mit alten, samenfesten Sorten, deren Saatgut er selbst vermehren kann. Wobei er es besonders spannend findet, dass jede „alte“ Sorte durch den Anbau zu einer „aktuellen“ Sorte wird, weil sie sich ja an die jeweiligen Gegebenheiten anpasst und dadurch verändert. Auch köstliche „Zufallskreuzungen“ hat Klaus Rapf schon geerntet, das Saatgut vermehrt und weiter damit experimentiert. Über tausend Sorten umfasst seine aktuelle Saatgutliste, davon alleine 700 Paradeiser und Paprika, Kürbisse, Zuchinispezialitäten, Melanzani, Erbsen und Okraschoten. Und auch wenn Fruchtgemüse seine Leitkultur sind, geht Rapf nun auch verstärkt in den Bereich der Wurzelgemüse: Zurzeit etwa wachsen Knollenziest oder sechzig verschiedene Radieschen- und Rettichsorten auf seinem Acker in Podersdorf, auch mit Knoblauch experimentiert der Neobauer gerne, 13 verschiedene Arten davon vermehrt er nun seit drei Jahren.

Biohof Klaus Rapf
7162 Tadten
Obere Hauptstraße 55
Tel. 0664/951 83 30

An Pflanzen liebt er grundsätzlich ihre absolute Selbstständigkeit: Er kann ihnen zwar Gutes tun, aber sie brauchen ihn nicht. Daher arbeitet Rapf am Feld mit minimalstem Einsatz: Gedüngt wird nicht, Pflanzenschutz so wenig wie möglich eingesetzt. Das „Unkraut“ bleibt stehen und wird in den Boden eingearbeitet. „Die Natur holt sich auch aus wenig Angebot das zum Leben Notwendige heraus“, ist er überzeugt. Auch im Obstbereich wird auf Vielfalt gesetzt: Interessante Sorten von Marillen, Pfirsichen, Nektarinen, Kirschen, Weichseln, Zwetschken, Quitten, Erdbeeren, Himbeeren und Brombeeren sind über seine Mischflächen verstreut. In kleinen Mengen werden von seiner Frau daraus vielerlei Produkte hergestellt. Seine Waren vertreibt Klaus Rapf auf Märkten (Naschmarkt, Karmelitermarkt, Wochenmarkt Bruck a. d. Leitha) selbst.

Foto: Frisches Gemüse und eingelegte Blüten

Wolfgang Hautzinger: „der gute Hirte“

Eigentlich wollte Wolfgang Hautzinger Priester werden, und sein älterer Bruder hätte den elterlichen Hof übernehmen sollen. Doch es kam anders: Wolfgang Hautzinger, Freiheit und Natur liebend, verließ das Knabenseminar und setzte die Worte „weide meine Schafe, weide meine Lämmer“ wortwörtlich um.

Seit 25 Jahren züchtet er auf seinem Biohof nun Schafe, angefangen hat er mit 18 Tieren, heute blöken, springen, spielen, fressen und schlafen in der weitläufigen Außenklima-Stallanlage bis zu 400 Tiere – Fleisch- und Milchschafe – friedlich, fröhlich und harmonisch neben- und miteinander. Das Grünfutter bekommen sie direkt vor die Nase geliefert. „Auf die Weide gehen die bequemen Tiere daher gar nicht besonders gerne“, erzählt Christa Hautzinger. Der luftige, lichte Stahlbeton-Lärchenholz-Stall ist nach Südwesten hin offen, der Verbau der Nord-Ost-Seite hält Wind und Wetter ab. Sollte es dennoch einmal in den Stall schneien, dann liegen die meisten Schafe garantiert im Schnee – und zwar freiwillig. Das freut sie, denn „das zeigt, dass wir gesunde Tiere haben, die trotz Stallhaltung mit den Jahreszeiten leben“.

Die Fleischschafe, rustikale Jura- und Tiroler Bergschafe, leben gemeinsam mit den Schwarzkopf- und Suffolk-Böcken sowie ihren Lämmern in einem eigenen Teil des Stalls. In der Mitte tollen die Jungtiere, zutraulich wie junge Hunde, herum, und daneben ruhen sich die „Arbeitstiere“, die Milchschafe, aus. Sie geben auch den Jahresrhythmus des Betriebs vor. Von Jänner bis Ende Februar wird gelammt, Anfang März mit dem Melken begonnen. Bis Anfang September marschieren die „Schaf-Damen“ zweimal täglich in die moderne, neue Melkanlage, wo händisch vorgemolken und erst danach maschinell gemolken wird. Auf Hygiene wird ganz besonders streng geachtet, da die Hautzingers in der angeschlossenen Käserei ausschließlich Rohmilch verarbeiten.

Bioschafzucht Hautzinger
7162 Tadten, Jägerweg 15
Tel. 02176/26 93
0699/10 86 26 47
www.schafzucht-hautzinger.at

Ab September geht die Milchleistung dann drastisch zurück, im November kommen die Böcke zu den „Milchlieferantinnen“, und ab diesem Zeitpunkt gibt's Winterruhe – für die Schafe und die Familie Hautzinger.

In der produktiven Milchphase herrscht auch in der kleinen Hightech-Käserei Hochbetrieb. Die Milch wird vom Melkraum direkt in den Kühler gepumpt und geht von dort in die Käsekessel. In Handarbeit werden Joghurt, Topfen, Frischkäseaufstriche, milder Naturkäse, Weichkäse mit saisonal wechselnden Zutaten wie Bärlauch, Basilikum, Tomaten oder Chili hergestellt. Weiters in Olivenöl eingelegter und geräucherter Schafkäse sowie – seit einiger Zeit – ein erstklassiger Camembert (der leider meistens vergriffen ist).

Neben dem Verkauf von dem in der heimischen Spitzengastronomie hochgeschätzten Frischfleisch werden auch nach traditionellen Rezepten zubereitete Aufstriche und Lammwürste im Hofladen und auf diversen Märkten – samstags zum Beispiel am Wiener Karmelitermarkt – angeboten. Aus der Schafswolle werden Decken, Socken, Haus- und Handschuhe hergestellt.

Foto: Frischkäse natur und mit Basilicum

Meinklang: konkret graupert

Die Großfamilie Michlits bewirtschaftet im südlichsten Teil des Seewinkels einen bunten, vielseitigen Biobauernhof mit Landwirtschaft, Weinbau, Apfelbau und einer Herde Angusrindern. „Biodynamisch zu arbeiten und zu denken ist für uns ein herrlicher Weg, um vielen Dingen auf den Grund zu gehen, sich aktiv mit Naturprozessen auseinanderzusetzen und feinfühliger zu werden“, lautet der Konsens.

Die Landwirtschaft wird von Anneliese und Werner Michlits sen. gemeinsam mit den beiden Söhnen Johannes und Lukas betrieben. Unter anderem werden alte, längst vergessene Getreidesorten wie Emmer, Dinkel und Einkornweizen kultiviert, in der auf Anregung der Familie Michlits gegründeten biodynamischen Brauerei Gusswerk in Salzburg braut man daraus etwa das Meinklang Ur-Kornbier. Die Produkte aus der eigenen Landwirtschaft so weit wie möglich selbst zu veredeln ist ein Bestreben der Michlits-Familie, so etwa auch Essig und Saft aus ihren Topaz-Äpfeln.

Für die Meinklang-Weine zeichnen Werner Michlits jun. und seine Frau Angela verantwortlich. Mit ihrer Philosophie, „die Trauben wachsen zu lassen, wie sie wachsen wollen, und reifen zu lassen, wie sie reifen wollen“, schlugen sie einen völlig neuen, radikalen Weg im Weinbau ein: In ihren „Graupert-Weingärten“ wird seit über acht Jahren überhaupt nicht in das Wachstum der Rebstöcke eingegriffen, es wird nicht geschnitten, und auch das alte Holz bleibt stehen. Mit dem Ergebnis, dass die Trauben kleiner und intensiver, die Holzkörper kräftiger, die Triebe kürzer und die Stöcke insgesamt weniger krankheitsanfällig geworden sind. Das Ziel ist, die Weingärten in ihr natürliches Gleichgewicht zu bringen. Unterstützt werden sie dabei durch Begrünungspflanzen, die den Boden mit Nährstoffen versorgen, sowie von biodynamischen Präparaten in Form von Tees und Auszügen. Zur Unterstützung des Humusaufbaus im Boden wird nach der Kreislauf-Philosophie ausschließlich organischer Dünger von den eigenen Rindern ausgebracht. Und bei der Vinifikation setzt sich die Philosophie fort: „Der Wein kommt in die Flasche, wie er von der Traube kommt."

Familie Michlits
7152 Pamhagen
Hauptstraße 86
Tel. 02174/21 68-11
www.meinklang.at

„Graupert" im Garten, „konkret" im Keller. „Konkret" steht hier einerseits für die strikte Ausbauform, zum anderen für „concrete", die englische Bezeichnung für Beton: Ein Teil der Weine wird nämlich in überdimensionalen Betoneiern ausgebaut. „Beton ist luftdurchlässig, der Wein kann atmen und wird geschmacklich durch das Material nicht beeinträchtigt. Die ovale Form ermöglicht, dass der Wein ungehindert zirkulieren und in völliger Freiheit reifen kann", beschreibt Angela Michlits diese neuartige Methode. Das Ergebnis sind Weine mit unbeeinflusstem, konkretem Sortencharakter. Und sinnbildlich für den ganzheitlichen, lebendigen Hoforganismus der Familie Michlits ziert eine Kuh die Etiketten aller Meinklang-Produkte, auch die der Weine.

Foto: „Graupert"-Wein

Martin Karlo: von Steppenrind und Wasserbüffel

Wir sind eine Genussregion", betont Fleischermeister Martin Karlo. Und daher verarbeitet er ausschließlich Tiere aus dem Burgenland, das angebotene Rindfleisch kommt zum größten Teil sogar direkt aus Pamhagen.

Die Spezialität des Hauses freilich ist eine für die Region typische alte Haustierrasse: das ungarische Steppenrind, für Martin Karlo geschmacklich der Inbegriff von Rindfleisch.

Früher waren die grauen Rinder im gesamten pannonischen Raum sehr weit verbreitet, heute gehören sie zu den vom Aussterben bedrohten Arten. Eine große Herde weidet im Seevorgelände des Nationalparks Neusiedler See – Seewinkel, verhindert dort die landseitige Verschilfung. Dadurch ist der Bestand der Rasse letztendlich auch gesichert.

Martin Karlo
7152 Pamhagen, Rosengasse 1
Tel. 02174/21 26
0664/101 83 72
www.fleischerei-karlo.at

GENUSS REGION ÖSTERREICH

Pro Jahr werden nur wenige Tiere geschlachtet und seit mittlerweile zehn Jahren exklusiv von Martin Karlo verarbeitet – neben Frischfleisch vom Steppenrind bietet er etwa einen Rindersaftschinken und Würste aus den Urrindern an. Dafür wird das Fleisch faschiert, mit Pfeffer, Paprika und Kümmel gewürzt – „wie früher eben". Keine Geschmacksverstärker, keine Chemie, sondern einfaches, ehrliches Handwerk mit Hauptaugenmerk auf den spezifischen Eigengeschmack der alten Rasse.

Die Würste werden kalt geräuchert und danach luftgetrocknet, der Schinken vom Graurind mindestens fünf bis sechs Wochen trocken eingesalzen, „nur Kräuter und Meersalz – sonst nichts", verrät Martin Karlo. Danach kommt der Schinken 15 bis 18 Stunden in den kalten Buchenrauch und wird anschließend zum Trocknen aufgehängt. Bis er eben fertig ist. In seinem Kleinbetrieb kann er es sich schließlich leisten zu schauen, wie sich das Produkt entwickelt, zu prüfen, ob es seinen Vorstellungen schon entspricht, und erst dann damit in den Verkauf

zu gehen. Geschwindigkeit in der Produktion interessiert Martin Karlo nicht.

Der Schinken und die Würste wurden sofort mit großer Begeisterung aufgenommen, und das Steppenrinder-Projekt hat – durch Mundpropaganda verbreitet – quasi von selbst zu laufen begonnen, erinnert er sich. Nachdem er nur kleine Mengen davon produzieren kann, ist ihm eine Verfügbarkeit der Produkte vor Ort besonders wichtig. „Denn hier ist die Natur, hier ist das Rind, hier ist die Wurst.“ Anderswo nehme man seine Erzeugnisse völlig anders wahr, ist er überzeugt.

Martin Karlo, der den Betrieb bereits in dritter Generation führt, schlachtet überdies noch selbst. Zehn Tage lässt er das Fleisch am Knochen reifen, bevor es vakuumiert wird. Das feinfaserige, fettarme Fleisch der Steppenrinder ist besonders zum Sieden und Schmoren geeignet. Für Martin Karlo ist es das Urrind, „wenn ich Steppenrind esse, dann esse ich Rindfleisch“.

Eine weitere Spezialität und Rarität mit regionalem Bezug ist die herzhafte Dauerwurst vom Wasserbüffel – ebenfalls aus dem Nationalpark –, die er mit dreifacher Körnung, Senfkörnern und Chiliflocken auf traditionelle Weise herstellt.

Foto: Würste vom grauen Steppenrind

Günther Fink: Alles von der Traube

Im südlichen Teil des Seewinkels betreibt Günther Fink biologischen Weinbau (in der Umstellungsphase) und „mehr“. Verschwendung ist ihm ein Gräuel. Bevor Fink den Familienbetrieb im Jahr 2000 übernahm, war er in einer Winzergenossenschaft tätig, wo er mit den Unmengen Trester, die nach der Lese angefallen sind, und – nach der Schließung des Betriebes – mit einem Lagerbestand von vielen tausend Litern unverkäuflichem Weißwein konfrontiert. Der Wein wurde schließlich von einem italienischen Essighersteller abgenommen, dessen einziges Kriterium der Alkoholgehalt des Weines war.

Mit „Produkte rund um die Traube“ könnte man dieses „Mehr“, das Fink aufgrund dieser Erfahrung mittlerweile betreibt, ganz gut beschreiben. Sein Entschluss, sich in Essig und Traubenkernöl zu versuchen, stand schnell fest. Nach dem Betriebsmotto „Klein, aber fein“ ließ er eine eigene Beerenauslese von einem Freund zu Essig vergären. Einen Teil des Tresters der Ernte 2000 siebte er händisch aus, ließ die Samen in der Sonne trocknen und pressen. Das Ergebnis waren acht Liter Öl aus 400 Kilogramm Kernen. Beide Produkte nahm er auf eine Messe mit und stieß damit auf große Begeisterung. Also beschloss er, die Produktion zu professionalisieren. Für die Ölerzeugung bastelte er sich eine kleine Anlage, die aus einer alten Getreidereinigungsmaschine, Trockenboxen und einer Schneckenpresse für die Kaltpressung besteht. Circa 200 Liter Traubenkernöl stellt er mittlerweile im Jahr her, und dafür verwendet er das beste Material: Die Kerne von besonders spät gelesenen, sehr reifen Rotweintrauben bezieht er von der Winzergenossenschaft Andau.

Weingut, Essig- und Ölmanufaktur
Günther Fink
7151 Wallern im Burgenland
Bahnstraße 66
Tel. 02174/23 84
0664/27 46 81, www.fink.at
Zertifizierter Bioproduzent
Zertifizierter Bioproduzent in Umstellung

Traubenkernöl ist ein besonders hochwertiges Produkt und sehr aufwendig in der Herstellung. Die Qualität ist vergleichbar mit bestem Olivenöl, „allerdings milder und nussiger, mit sehr feinen traubig-bananigen Geschmackskomponenten“, beschreibt Günther Fink sein Toperzeugnis. Für die exklusive Essiglinie hat er sich ebenfalls eine kleine Anlage sowie eigene Essigkulturen zugelegt. Das Sortiment wurde nach und nach erweitert. Heute umfasst es Weißburgunder-, Rotwein- und Beerenauslese-Essig sowie – als Zugeständnis an die Region – einige Gemüse- und Fruchtessige (Paradeiser, Gurke und Marille). Günther Fink versucht, beim Essig die Stärke seiner Weine, Frische und Frucht, herauszuarbeiten, und füllt daher direkt nach der Gärung ab. Für Weiß- und Rotweinessig verwendet der Winzer seine Spitzenweine, nur die Beerenauslese stellt er durch vorzeitige Stoppung der Gärung eigens für den Essig her. Weiters erhältlich sind ein Tresterbrand und Traubenkernpölster. Und Günther Fink hat noch nicht aufgehört, über weitere Produkte rund um die Traube nachzudenken.

Foto: Traubenkernöl und Essig aus Paradeisern

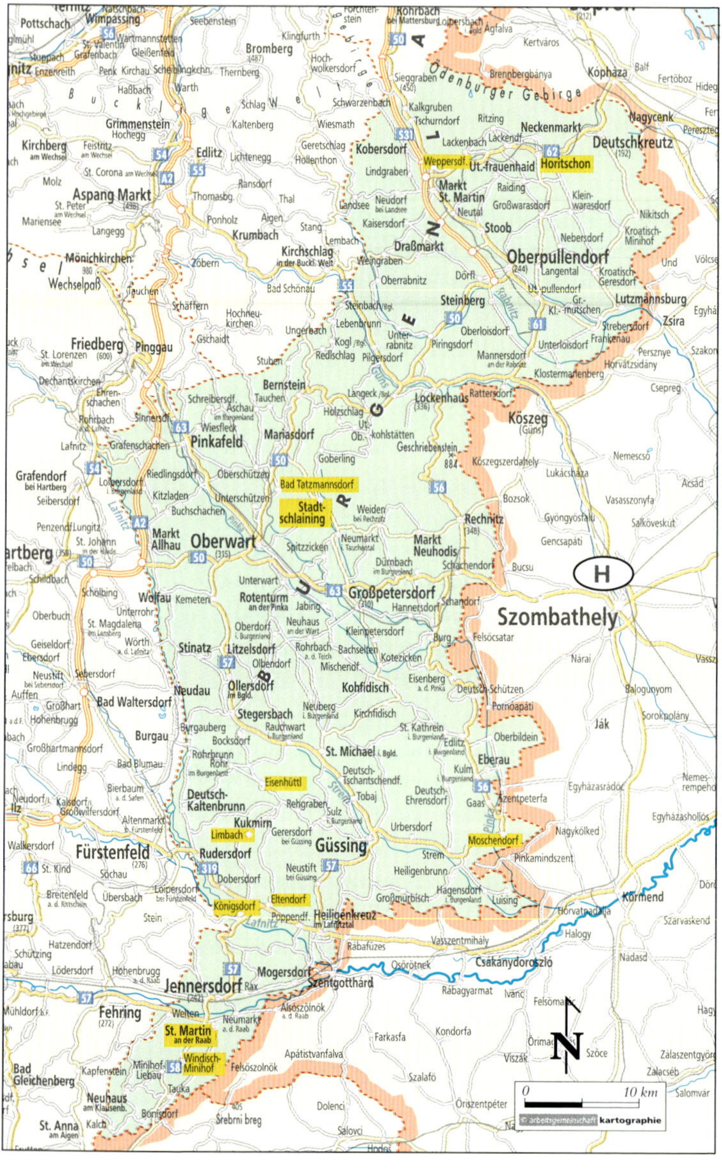
Weppersdf.
Horitschon
Bad Tatzmannsdorf
Stadt-
schlaining
Eisenhüttl
Limbach
Moschendorf
Königsdorf
Eltendorf
St. Martin
an der Raab
Windisch-
Minihof
Oberpullendorf
Deutschkreutz
Oberwart
Pinkafeld
Güssing
Jennersdorf
Fürstenfeld
Szombathely
Kőszeg
Lockenhaus
Großpetersdorf
Rechnitz
Szentgotthárd
Körmend
H
N
0
10 km
kartographie

Mittel-/Südburgenland

Ein schmaler Streifen entlang der ungarischen Grenze, immer schon Grenzland, immer schon entlegen, immer schon arm an Mitteln, immer schon reich an kultureller Vielfalt, in seiner exponierten Randlage immer ein bisschen von modernen Strömungen verschont geblieben. Kein Wunder, dass das Mittel- und Südburgenland in den vergangenen zwanzig Jahren ein überaus beliebtes Ziel für Aussteiger, Umsteiger, Neuanfänger und Quereinsteiger war. Hier trafen sie auf kleinbäuerliche Strukturen, wie man sie sonst nur mehr selten findet, und auf ein Klima, das sich für ökologische Experimente jedweder Art als besonders geeignet erwies. Eine überaus fruchtbare Kombination, und was da alles daraus entstand, ist erstaunlich, denn nur selten erlebte eine Region innerhalb kurzer Zeit derartig viele Impulse von außen. So wurden stark regionale Projekte wie der Zickentaler Moorochse geschaffen, wird in völlig unterschiedlich ausgelegten Gärten – von englischem Perfektionismus bis permakultureller Laisser-faire-Ideologie – eine völlig unterschiedliche Vielfalt lokaler Pflanzen gepflegt, und natürlich für die südburgenländische Weinidentität schlechthin, den Uhudler, gekämpft.

The Parkers: Apfelsaft mit Terroir

Martina Parker ist Journalistin, stammt aus dem Südburgenland, liebt Ponys und Äpfel. Ihr Mann Alan Parker ist Lichtdesigner und arbeitet im Event- und Bühnenorganisationsbereich, kommt aus Südengland und wurde apfelmäßig ebenfalls einigermaßen geprägt, nämlich indem sein Vater in jungen Jahren einen „Orchard" mit alten südenglischen Apfelsorten anlegte, wovon der heranwachsende Alan dann schon recht gut profitieren konnte.

Als ihr Sohn Jack geboren wurde, beschlossen die beiden, in den Lindenhof in Bad Tatzmannsdorf zu ziehen, ein idyllischer Bauernhof, der von der Familie bisher hauptsächlich für die Unterbringung der Ponys verwendet wurde. Was Martina Parker aber feststellen musste, war, dass sämtliche der alten Streuobstwiesen ihrer Kindheit verschwunden waren, die Klaräpfel, die Kronprinz Rudolf und wie sie alle heißen, verbaut zu Kuranstalten, verdrängt durch Kreisverkehrsanlagen, ersetzt durch Golfplätze. Siebzig Prozent der südburgenländischen Streuobstwiesen sind allein in den vergangenen Jahren verschwunden, Lebensraum für unzählige Vögel, Insekten und andere Tiere, und natürlich auch wesentlicher Faktor der landschaftlichen Prägung. Und auch die im Südburgenland an sich recht virile Obstwirtschaft hatte sich von den großen, alten Bäumen verabschiedet und auf Spalier gesetzt, „auf denen die Apfelbäume zu Stauden degradiert werden und wie gefoltert aussehen".

The Parkers, Lindenhof
7431 Bad Tatzmannsdorf, Sulzriegel 10
E-Mail: supernatural@theparkers.at
www.theparkers.at

Geblieben war ihr aber zumindest der eigene Obstgarten, der bis dahin eigentlich nur dazu gedient hatte, Heu für die Ponys zu erbringen. Ilzer und Berner Rosenapfel standen da hauptsächlich drin, Erbachhofer Weinapfel und Kronprinz Rudolf, und „weil ich einen kompletten Apfelspleen hab", den sie auf Wiens Märkten nur überaus unzureichend befriedigt sah, begannen die Parkers 2005 damit, die Äpfel ihrer Streuobstwiese zu ernten und zu pressen. Vom Ergebnis waren die beiden Parkers dermaßen begeistert, dass sie nicht nur eine elegante „Corporate Identity“ entwickeln ließen, sondern auch nach einem weiteren „Terroir“ suchten. Martina Parker inserierte in lokalen Zeitungen und bekam 2007 tatsächlich einen Apfelhain in Grafenschachen bei Pinkafeld angeboten: 56 dreißig bis siebzig Jahre alte Bäume, deren Früchte sie bestimmen ließ und auf Sorten wie Borsdorfer, Gelber Bellefleur, Schöner von Boskoop, Lavanttaler Banane, Rheinischer Krummstiel, Großherzog Friedrich von Baden, Landsberger Renette stieß. Abgesehen von der Vielfalt und Qualität der Äpfel sowie dem Artenreichtum in dem Garten („das ist ein Biotop!“) waren die beiden fasziniert von der Mischung und dem Konzept der alten Apfelanlage, „da hatte sich offenbar wer etwas gedacht“, sagt Alan Parker. Beide Apfelgärten werden weder gespritzt noch gedüngt, nur einmal im Jahr gemäht (der Grasmulch ist die einzige Düngung) und dann „Lagen-rein“ unfiltriert abgefüllt. „Terroir Bad Tatzmannsdorf“ ist etwas gerbstoffiger, süßer und mit leichter Muskatwürze unterlegt, „Terroir Pinkafeld“ extrem vielschichtig und lebendig, ein äußerst komplexer Apfelsaft. Das nächste Projekt der beiden ist ein im Herbst 2009 neu angelegter Apfelgarten mit alten englischen Sorten aus Alans Heimat, ausgewählt danach, „ob sie cool aussehen und eine interessante Geschichte haben“.

Foto: Lagenreine, unfiltrierte Apfelsäfte

Tröschers Genussauslese: Nuss und Nüsser

Wer je eine traditionelle burgenländische Hochzeit miterlebt hat, weiß, was Überfluss bedeutet: Bei dieser Gelegenheit ist es nämlich seit jeher üblich, unendlich viele verschiedene Kekse in unendlichen Mengen zu backen, von denen dann jeder Hochzeitsgast eine unerschöpfliche Portion mit nachhause bekommt.

Weil die burgenländischen Bauern aber selten reiche Leute waren, ging es natürlich auch darum, diesen Überfluss aus dem, was man hatte, zu bewerkstelligen. Und was man im Mittelburgenland hatte und hat, sind Nussbäume. Im Bezirk Oberpullendorf immerhin mehr als 8000, jede Familie habe früher zumindest zwei Bäume besessen, weiß Frau Tröscher, vor oder hinter dem Haus, und neben der Prägung des dörflichen Ortsbildes sorgten die Nussbäume eben durchaus auch für einen gewissen Wohlstand – nicht zuletzt, weil man daraus Nusskipferl, Nussstrudel und knusprigen Nusszwieback machen konnte. Und natürlich auch den dunkelbraunen Nussschnaps aus in Zwetschkenbrand – den hatte auch jeder – eingelegten grünen Nüssen (und weil Zucker teuer war, meistens trocken bzw. bitter, was aber egal war, man trank ihn ja schließlich als Medizin).

Frau Tröschers Großmutter, Jahrgang 1905, war eine gelernte Köchin, die auch schon in großen Hotels in den Alpen gekocht hatte und demgemäß einen großartigen Ruf als burgenländische Hochzeitsbäckerin genoss. Ihr Wissen um die Verarbeitung der burgenländischen Nüsse, gab sie ihrer Enkelin weiter, die bereits vor zwanzig Jahren mit der Herstellung von Nussstrudeln für Bauernmärkte begann, Marmelade aus den Früchten des eigenen Gartens machte, Brennkurse belegte und seit einigen Jahren gemeinsam mit ihrem Sohn Jürgen die Firma Genussauslese führt. Zu ihrem Programm gehören Nussliköre und Schnäpse, unter anderem mit Rotwein oder auch als klarer Geist, ein herrliches Walnusspesto (mit burgenländischem Kürbiskernöl und pannonischem Majoran), Nussmarmeladen und eingelegte schwarze Nüsse als Begleitung zu Käse oder Wild. Der Renner, verrät Frau Tröscher, seien aber die karamellisierten, gepfefferten Walnüsse. Die Kombination mit pannonischem Safran hat sie auch schon probiert, das hätte farblich aber nicht so funktioniert, weshalb sie dieses edle Gewürz nun für karamellisierte Mandeln verwendet. Ebenfalls ein Thema ist die Edelkastanie, die in der Region ebenfalls häufig vorkommt. Frau Tröscher bezieht die Maroni für ihre cremige Maroni-Kirsch-Marmelade aus dem Nachbardorf, zwar unregelmäßig und in unberechenbaren Mengen, „aber zum Großmarkt zu fahren, interessiert mich nicht". Mit regionalen Produkten zu arbeiten ist für sie nicht nur selbstverständlich, sondern sogar eine gewisse Passion. Und auf diese nussigen Marmeladen, Pestos, Knabbereien und Liköre wäre ihre Großmutter sicher auch stolz.

Tröschers Genussauslese
7331 Weppersdorf, Hauptstraße 129
Tel. 0699/19 52 63 44
www.genussauslese.at

GENUSS REGION ÖSTERREICH

Foto: Walnuss-Kräuter-Pesto

Franz Weninger: der langsame Blaufränkisch

Dass die uralte und hauptsächlich im pannonischen Raum angebaute Rebsorte Blaufränkisch das größte Potenzial unter Österreichs Rotweinen hat und immer öfter Weine von absoluter Weltklasse erbringt, gilt nicht nur unter Österreichs Weinspezialisten mittlerweile als unbestritten.

Franz Weninger, einer der absoluten Spezialisten für diese Sorte, war eigentlich schon immer Pionier. Er begann in den Achtzigern als einer der Ersten, im Mittelburgenland die Kombination des Blaufränkisch mit Ausbau im Barrique zu probieren und die burgenländische Ursorte mit den französischen Rebsorten Cabernet Sauvignon und Merlot zu kombinieren. Er war aber auch einer der Ersten, die einen Blaufränkisch von uralten Rebstöcken einer Einzellage auf den Markt brachten, er setzte als einer der Ersten auf „Terroir", also durch unterschiedliche Böden, Lagen und Kleinklimata bedingte unterschiedliche Charaktere seiner Rotweine. Und er war 2001 im mittelburgenländischen Blaufränkischland der Erste, der auf Spontangärung setzte, also keine Reinzuchthefen mehr verwendete, und der in weiterer Folge biodynamisch nach Rudolf Steiner arbeitete.

Man tat das, weil man überzeugt war, über Gesundung und Dynamisierung der Böden mittelfristig die Weinqualität verbessern zu können, erklärt Sohn Franz Reinhard Weninger, nicht aus religiösen oder esoterischen Gründen. Und auf die Idee mit den unterschiedlichen Terroirs sei man auch eigentlich durch Zufall gekommen, erzählt er: Das Weingut Weninger bewirtschaftet immerhin sechzig verschiedene Parzellen rund um Horitschon, „und die Unterschiede waren teilweise so groß, das musste man einfach probieren". Die weitere Erfahrung zeigte, dass sogenanntes „non-interventional winemaking" – also möglichst wenig Eingriffe im Keller – die

Weingut Weninger
7312 Horitschon, Florianigasse 11
Tel. 02610/421 65
www.weninger.com
Zertifizierter Bioproduzent
Zertifizierter Bioproduzent in Umstellung

Terroir-Unterschiede am deutlichsten hervorbrachte, „jeder Eingriff nivellierte dann gleich wieder“. Das spezielle Bild eines Weines dürfe man dabei natürlich nicht im Kopf haben, erklärt Weninger jun., die Balance müsse das einzige Ziel sein. Die Erträge gehen durch die biodynamische Wirtschaftsweise natürlich dramatisch zurück, aber dafür könne man sich das mühsame Ausdünnen nahezu sparen. Auf Konzentrationen jeder Art wird selbstverständlich verzichtet, nicht einmal das normalerweise übliche Abpressen eines Rosé kommt für die Weninger-Blaufränkischen infrage, weil es die Ausgewogenheit und Eleganz der Weine beeinträchtigen würde. Ausbau im Barrique ist mittlerweile kein Thema mehr, im großen Holzfass und in speziellen, extrem massiven Betonzisternen, in denen sich die Gärung selbst reguliert, dafür sehr wohl. Und was Franz und Franz Reinhard Weninger ebenfalls reizt: die optimale Nutzung der Ressourcen. Aus diesem Grund – und weil es ein fantastisches Würzmittel darstellt – wird seit einigen Jahren „Verjus“ gepresst, der würzig-saure Most aus den (freilich in immer geringerer Zahl vorhanden) noch grünen Trauben, die man beim Ausdünnen früher auf den Boden geschnitten hat. Auch Traubenkernöl lassen die Weningers seit vier Jahren aus den Pressrückständen ihrer Weine pressen.

Foto: Blaufränkisch „Hochäcker“

Joel Herbert Hesch: Permabeeren

Der Hof von Joel Herbert Hesch entspricht in so mancher Hinsicht dem freilich nicht ganz klischeefreien Bild des Biobauernhofs: Sträucher, Bäume und Büsche wachsen hier sozusagen antiautoritär, Versatzstücke der Produktion stehen mal hie, mal da, die mitunter üppig blühende Natur scheint den Hof – eine Kombination aus einem kleinen südburgenländischen Bauernhof und einem steirischen Hof, den Hesch abgebaut und im Weiler Zahling bei Eltendorf neu aufgebaut hat – mindestens so zu bewohnen wie die Menschen, vielleicht sogar ein bisschen mehr als diese.

Hesch ist bereits seit 25 Jahren Biobauer, vertritt die Philosophie der Permakultur, also die Idee, dass sich die Natur mehr oder weniger von alleine reguliert und man mit Maschinen nicht eingreifen muss und darf, und gilt vor allem als Pionier beim Anbau biologischer Beeren.

Foto: Beeren aus Permakultur

Die Hauptrolle in seinem Angebot bestreitet zweifellos die Himbeere, von der Hesch mehrere Sorten angebaut hat und die eine Ernte von Juni bis in den Oktober hinein ermöglicht. Eine Besonderheit im Angebot Heschs ist aber auch die japanische Weinbeere: eine kleine, glänzend rote Beere, die mit der Him- und Brombeere verwandt ist und große Mengen kleiner, säuerlicher Beeren mit hohem Vitamin-C-Gehalt erbringt. Diese Beeren werden in Bioläden und auf Bauernmärkten – hauptsächlich in Fürstenfeld – vor allem frisch verkauft, aus den Himbeeren, aus Quitte und aus Zwetschken wird am Hof aber auch Marmelade hergestellt, bei der mit Honig und biologischem Geliermittel gearbeitet wird anstatt mit Gelierzucker. Diesen Honig stellt Hesch ebenfalls selbst her, zwanzig Bienenvölker sorgen für Akazienhonig, Obstblütenhonig, Waldblütenhonig und Waldhonig, auch Met wird gekeltert.

Joel Herbert Hesch
7562 Eltendorf, Zahling 89
Tel. 03325/27 01

Womit Joel Herbert Hesch auch außerhalb des Südburgenlandes für Aufsehen sorgte, sind seine ofengetrockneten Birnen und Zwetschken. Die Birnen stammen von einem riesengroßen, uralten Streuobstbaum, der den Bauernhof weit überragt. Den Ofen, in dem die Früchte zum Teil getrocknet, zum Teil geräuchert werden, baute Hesch eigenhändig aus Lehm in einem Vorraum seines Bauernhofs, die Abwärme dient im Herbst auch zur Beheizung des Hauses. Die starke Räuchernote der Früchte kommt beim Publikum recht gut an, beim Gesetzgeber weniger, der sieht Raucharoma für Obst nicht vor und beanstandet Heschs Lehmofen-Geräuchertes gerne einmal.

Ebenfalls vertreten ist der Biobauernhof mit handgemachten sogenannten „Energie-Kugeln" aus Schokolade, Buchweizen, Butter und Kakao, die sich vor allem auf Weihnachtsmärkten bis nach Wien großer Beliebtheit erfreuen.

Ernst und Ilse Gassler: Uhudler heißt Widerstand

Der Uhudler war immer schon unberechenbar, widersetzte sich immer schon jeglicher Kontrolle und Beschränkung, war immer schon widerstandsfähig und souverän – und den Behörden und Bürokraten daher seit jeher ein Dorn im Auge.

Unter „Uhudler" versteht man Weine, die hauptsächlich im Südburgenland, aber auch in der Steiermark und vor hundert Jahren wohl überall in Österreichs Weinbaugebieten aus sogenannten „Direktträgern", also unveredelten Rebsorten, gekeltert werden. Diese hätte es im Südburgenland immer schon gegeben, erzählt Ilse Gassler aus Moschendorf, sie wuchsen in Lauben oder rankten sich an Scheunenwänden empor, ihre Trauben wurden zu „Haustrunk" gepresst, dem einfachsten und schlechtesten Wein, den man am Feld aus Krügen gegen den Durst trank. Karriere machten die „Direktträger" erstmals während der Reblauskatastrophe in der zweiten Hälfte des 19. Jahrhunderts, als man Rebsorten wie „Noah", „Ripatella", „Isabella", „Delaware", „Elvira" und „Othello" aus den USA importierte, da deren Wurzeln immun gegen die Reblaus waren. Zudem erwiesen sich diese Rebsorten als immun gegen echten und falschen Mehltau sowie fast alle anderen Infektionen, man brauchte nur eine Rebe in den Boden zu stecken, und schon wurde ein Weinstock daraus, Spritzen war und ist bei diesen Rebsorten obsolet.

Weinhof Gassler
7540 Moschendorf 130
Tel. 0664/445 12 74
www.weinhofgassler.at

Diese Unabhängigkeit sorgte schon früh für Feindseligkeit der Behörden. 1936 gab es erste Auspflanzungsverbote, die Weinideologen der Nazizeit empfanden die Weine mit dem opulent fruchtigen Beerenaroma als unedel, undeutsch und damit gefährlich, die Weinbaubehörden der Zweiten Republik übernahmen diese Einstellung unreflektiert, dem Uhudler wurden Fuselöle und ein erhöhter Anteil des giftigen Methylalkohols unterstellt. 1985 gab es schließlich ein Totalverbot und der Uhudler wurde in den Untergrund verbannt. Wo er allerdings recht gut überlebte und quasi zum anarchistischen Kultgetränk wurde. 1989 wurde schließlich der „Verein der Freunde des Uhudler“ gegründet, man holte chemische Analysen und Gutachten ein und konnte so 1992 endlich beweisen, dass die Vorwürfe gegen den Uhudler seit jeher völlig aus der Luft gegriffen waren. Seitdem darf der Wein zumindest in den politischen Bezirken Jennersdorf und Güssing als Tafelwein verkauft werden.

Eine der Uhudlerspezialisten und zugleich wichtigsten Anbieter sind Ilse und Ernst Gassler. Die Winzer pressten zwar erst 1997 ihren ersten Uhudler, nahmen sich dieses Weins aber besonders an. Etwa, indem sie sowohl alte Weingärten pflegten als auch neue setzten – ganz nach Tradition mit den verschiedenen Direktträger-Rebsorten gemischt, „auf diese Weise schmeckt jeder Uhudler einzigartig, keiner ist wie der andere“, erklärt Ilse Gassler. Besonders großen Erfolg haben sie mit ihrem Uhudler-Frizzante, aus den eigentümlich geleeartigen Trauben machen sie neben dem klassischen Wein aber auch Traubensaft, Weinessig, Tresterbrand, Uhudlermarmelade, ein Konditor im Nachbarort füllt Pralinen mit Uhudlergelee oder -brand, Alfred Thamhesl aus Königsdorf arbeitet den Wein sogar in seine Kürbiskern-Uhudler-Wurst ein. Wie viele Uhudlerstöcke es derzeit gibt, ist schwer zu sagen und wird von den Erzeugern noch immer nicht gerne verraten. Die aktuelle EU-Verordnung sieht vor, dass Direktträgerweine bis 2020 gekeltert und verkauft werden dürfen, dann müssen sie gerodet werden. Dass der Uhudler auch diese Gesetzgebung überleben wird, ist aber anzunehmen.

Foto: Uhudler-Frizzante

Monika Kleinschuster: Salz auf meinen Rosen

Sowohl die Biografie als auch die Atmosphäre des Bauernhofes von Monika Kleinschuster entsprechen in etwa zu hundert Prozent dem klassischen Bild, das man von einer „Aussteigerin“ hat – Monika Kleinschuster selbst sieht sich eher als Um- bzw. Einsteigerin: Schon Mitte der Achtzigerjahre machte sie Erfahrungen im Umgang mit biologischen Lebensmitteln, als sie das „Statt-Beisl“ im besetzten Kulturzentrum Wuk betrieb. Vor 17 Jahren übersiedelte sie dann ins Südburgenland in einen alten Meierhof mit Obstgarten, befasste sich intensiv mit der Erziehung von Kräutern und war Mitbegründerin einer Vermarktungsgesellschaft namens „Bauerngarten“, die sich Anbau, Verarbeitung und Vermarktung von Kräutern zum Ziel gesetzt hat.

Monika Kleinschusters Gärten und Beete könnte man durchaus als „wild“ bezeichnen – unzählige Kräuter, Blumen, Gemüse gedeihen in ihren Beeten mit und durcheinander in sozusagen paradiesischem Chaos; ein paar freundliche Schafe sorgen dafür, dass das Gras unter den alten Obstbäumen schön kurz bleibt, fünf Laufenten kümmern sich um die Schnecken, gespritzt wird überhaupt nicht, mit Brennnesseljauche auch höchstens ein paar Mal im Jahr gegossen, auch das sorgsame Abdecken der Beete im Winter spart sich Monika Kleinschuster, Grasmulch ist die einzige Düngung für die vitalen Beete. Der Anis-Ysop

Foto: Rosensalz

duftet verführerisch mit der Zitronenkatzenmelisse um die Wette, viele der Kräuter und Gewürze dürfen auch ohne späteren Verwertungszweck gedeihen, „einfach, weil sie schön sind".

Monika Kleinschuster
7461 Stadtschlaining
Neumarkt 117
Tel. 03355/20 92
www.kraeuterundmehr.at.tf

Wenn Monika Kleinschuster ihre Rosen verarbeitet – sie arbeitet etwa mit einem Dutzend verschiedener Sorten, die sich entweder durch starkes Aroma oder intensive Farbe auszeichnen –, erntet sie die Blüten je nach Sorte in Weidenkörben, trocknet sie und gewinnt aus den duftenden Blütenblättern Rosenwasser, Rosengelee, Rosensirup oder auch Rosensalz. Diese Spezialität stellt sie zwar sowohl mit gelbem Farbton als auch in Rot her, gekauft werde allerdings hauptsächlich das rote, schmunzelt Frau Kleinschuster, „obwohl beide gleich gut duften". Und was macht man mit Rosensalz? Zum Beispiel aufs Butterbrot streuen, erklärt die Kräuterfrau, ein in mehrerer Hinsicht sinnliches Erlebnis, optisch wie geschmacklich. Ursprünglich hätte sie mit Meersalz gearbeitet, erzählt Monika Kleinschuster, mittlerweile verwende sie aber heimisches Bergkernsalz aus dem Biovertrieb. Neben ihren Rosensalzen mischt sie das würzige Kristall auch noch mit getrockneten, fein vermahlenen Steinpilzen, mit Kräutern (Dost, Estragon, Basilikum, Majoran, Thymian, Liebstöckel, Zellerblätter, Zitronenmelisse, Minze und Ysop) zu einem besonders köstlichen Kräutersalz, mit selbst angebautem Chili, mit Bärlauch oder mit Brennnesselsamen aus dem eigenen Garten. Diese Samen sorgen laut Meinung der lokalen Landwirte für Kraft und wurden den Pferden früher vor dem Verkauf verabreicht, um das Fell zum Glänzen zu bringen.

Fast alle Zutaten, die Monika Kleinschuster in ihrer Bauernhof-Küche mit Blick auf den Geschriebenstein verarbeitet, stammen aus ihrem eigenen Garten, und wenn nicht von dort, dann aus Wildsammlungen, etwa für ihren Waldmeistersirup oder die Himbeerblättertees.

Anette und Ingolf Hofmann: der Garten als Selbstzweck

Bis 2002 war Anette Hofmann noch Innenarchitektin, Ingolf Hofmann Journalist in Bayern. Absolute Gartenliebhaber waren sie freilich damals schon, hielten außerdem eine kleine Herde mit Ziegen, Bienen, vermehrten als Arche-Noah-Mitglieder Samen und Pflanzen, haben mit einem Gartenleben in Italien oder England geliebäugelt. Den Beschluss, ihr bisheriges Leben aufzugeben und im Südburgenland einen alten Bauernhof zu renovieren, einen Garten anzulegen und von dessen Früchten zu leben, bezeichnet Anette Hofmann heute als „Blitzaktion", umgebaut wurde die Bauernhof-Ruine damals zwei Jahre lang während der Urlaube, gewohnt haben sie damals noch im Wohnwagen, schließlich übersiedelten die zwei samt der 16 Ziegen, ihrer 25 Bienenvölker und der Pflanzensamen in die landschaftliche Idylle des südburgenländischen Hügellands.

Die Obstbauern im nahen Kukmirn seien recht froh über Ingolf Hofmanns Bienen gewesen, erinnert sich Anette Hofmann, denn sehr viele Imker hat es in der Gegend nicht mehr gegeben, die Bestäubung erledigten oftmals eigens importierte Bestäuberbienen, „und so kam das eine zum anderen". Die Hofmanns pflanzten Obstbäume alter Sorten, „allerdings völlig unkoordiniert und nicht unbedingt immer am richtigen Platz", Mirabellen, die in der Region überaus traditionellen schwarzen Maulbeeren, Feigen, sie holten sich Kerne von besonders vitalen Weingarten-Pfirsichbäumen aus den Weingärten am Csaterberg bei

Foto: Uhudler-Apfel-Fruchtaufstrich

Kohfidisch und setzten sie ein, 2004 legten sie einen kleinen Uhudlergarten an.

Im Vordergrund stehe freilich immer die Selbstversorgung, stellt Anette Hofmann klar, und für den Verkauf verarbeitet werden eigentlich nur Überschüsse. Wobei es deren zum Glück reichlich gibt, muss man sagen, denn das Anwesen umfasst mittlerweile sechs Hektar (von denen der Großteil allerdings den Ziegen als Weide dient, deren Aufgabe es wiederum ist, einerseits für Dünger und andererseits für Unterhaltung zu sorgen). Zu dem absolut mustergültigen und atemberaubend schönen Garten – Kräuter, Blumen, Stachelbeeren, Lavendel, Wein, Obstbäume, Buchsbaum, Feigen, Salate, Tomaten, Spargel, Weingartenknoblauch, Erdbeeren wurden mit begeisterndem Sinn für Ästhetik, aber auch nach agronomischen Gesichtspunkten kombiniert – kam auch noch ein Glashaus dazu, in dem die Hofmanns zehn verschiedene Paprikasorten ziehen. Dennoch, „es darf nie so viel werden, dass die Pflanzenvielfalt eingeschränkt wird".

Ihre „Damaszener"-Marmelade aus Erdbeeren und Rosen, die fantastische Uhudler-Apfel-Marmelade, ihre Tomatensugos, das Uhudler-Dörrzwetschken-Chutney, einen Uhudlersenf und andere Kreationen kocht sie in Chargen von etwa siebzig Gläsern ein, 150 ginge zwar auch, „aber nicht ohne Not". Ganz besonders delikat sind auch die getrockneten Früchte und Gemüse, für die sich die Hofmanns einen speziellen Trocknungsschrank aus der Schweiz kommen ließen, die kühle Belüftung belässt den Früchten ihren eigenen wunderbaren Geschmack, über das Aroma der getrockneten Zwetschken kann man tatsächlich nur staunen.

Bauernhof Hofmann
7543 Limbach, Hofried 5
Tel. 03328/321 71
www.tiscover.at/hofmann
GENUSS REGION ÖSTERREICH

Der Verkauf dieser außerordentlich guten Produkte erfolgt entweder ab Hof, über Hofläden, Bauernmärkte oder einige wenige Feinkostläden, „und er ermöglicht mir, so zu leben, wie ich es tue". Eine Konsequenz, die einen nur beeindrucken kann.

Zickentaler Moorochse: ein Braten fürs Naturschutzgebiet

Seit 1992 sind die „Auwiesen Zickenbachtal" zwischen den drei kleinen südburgenländischen Ortschaften Rohr, Heugraben und Eisenhüttl Naturschutzgebiet. Der Zickenbach verläuft hier durch eine Senke und bildete im Laufe der Jahrhunderte ein Niedermoor, das zwar nur mehr etwa vierzig Hektar umfasst, aber immer noch als das größte Niedermoor Pannoniens gilt und vor allem äußerst seltener Flora und Fauna – wie Sumpfsegge, Schwertlilie, Bachkratzdisteln, Braunkehlchen, Sumpfrohrsänger und dem ominösen Wachtelkönig – als Heimat dient.

Durch die intensive Ackerwirtschaft rundherum war dieses Naturschutzgebiet in den vergangenen Jahren akut gefährdet, weshalb die örtlichen Gremien unter Beratung des früheren Brau-AG-Verkaufsdirektors und leidenschaftlichen Südburgenländers Dr. Jürgen Frank einen Aktionsplan beschlossen: eine sanfte Nutzung des Naturschutzgebietes, die den Bauern mindestens den gleichen Erlös wie die intensive Ackerwirtschaft bringt, allerdings sehr viel mehr Identifikation und Selbstbewusstsein durch die Schaffung einer regionalen Marke – eine klassische Win-win-Situation.

Verein „Rinderweide am Zickentaler Moor" – Werner Sinkovics
7543 Eisenhüttl 18, Tel. 03328/323 03
www.moorochse.at
Zu beziehen über Stefri Frischeteam Halper
7501 Oberdorf, Obere Hauptstraße 24
Tel. 03352/62 20, www.stefri.at

Man gründete also 2004 einen Verein und kaufte junge Ochsen, die auf den feuchten Wiesen rund ums Moor weiden und köstliches Fleisch ansetzen sollten. Da man sich für eine ganzjährige Weidewirtschaft entschied, probierte man vorerst diverse Rassen aus, eine Kreuzung von Galloway- und Aberdeen-Angus-Rindern erwies sich aber als besonders geeignet – sie sind ebenso sanftmütig und genügsam wie robust und erbringen außerdem eine exzellente Fleischqualität.

150 Ochsen weiden da nun seit dieser Zeit auf etwa hundert Hektar Wiese rund um das Naturschutzgebiet, mit dem Ergebnis, dass der Nährstoffeintrag in das Moor bereits nach kurzer Zeit um siebzig Pro-

zent reduziert werden konnte. Die Tiere gehören einem Verein, bei dem alle 42 Anrainer-Landwirtschaften beteiligt sind, die Verarbeitung und Vermarktung wird zentral über einen Schlachthof in der Region geregelt, vertrieben wird das Fleisch primär an Betriebe und Gastwirtschaften aus der unmittelbaren Region.

Neben all diesen der Nachhaltigkeit verpflichtenden Faktoren trachtet man aber natürlich auch danach, dass das Fleisch der Zickentaler Moorochsen höchsten qualitativen Ansprüchen gerecht wird: Die Tiere kommen im Alter von vier bis sechs Monaten auf die ungedüngten Weiden, wo sie die nächsten zweieinhalb Jahre sommers wie winters verbringen und entweder frisches Gras oder (im Winter) Heu fressen. In den letzten drei Monaten vor der Schlachtung bekommen sie noch Gerste und eine Roggen-Weizen-Kreuzung, so kommen sie zu einer feinen Fettabdeckung und intramuskulären Fetteinlagerung, „weil bis dahin haben sie ja quasi gar kein Fett", erklärt Dr. Frank. Ebenfalls ganz wichtig: Nach der Schlachtung (pro Jahr höchstens fünfzig bis sechzig Tiere) hängt der Schlachtkörper erst einmal eine Woche im ganzen Stück, um die erste enzymatische Reifung durchzumachen, wird dann erst zerlegt und weitere zwei Wochen abgelegen. Was nicht als Frischfleisch an die lokalen oder an besonders interessierte Gastronomen verkauft wird, wird zu Würsten, einem „Burgenländer-Leberkäse" mit vierzigprozentigem Moorochsenanteil oder seit kurzem auch zu einem sechs Wochen trocken gesalzenen und vier Monate lang luftgetrockneten Moorochsenschinken verarbeitet.

Foto: Luftgetrockneter Moorochsenschinken

Biohof Lassnig-Oberbichler: Chilis im Fleischwolf

Damals waren wir Exoten“, erinnert sich Maria Lassnig-Oberbichler an das Jahr 1987, als sie mit ihrem Mann aus Salzburg ins Südburgenland kam. Damals noch nicht deshalb, weil man das Klima des Dreiländerecks in unmittelbarer Nähe zu Ungarn und Slowenien als so vorteilhaft für Gemüse- und Kräuteranbau erkannte, sondern eher deshalb, weil die Region eine klassische Abwanderungsregion war und man daher einfach und günstig Bauernhöfe bekommen konnte.

Der Hof, für den sich die beiden Salzburger damals entschieden, ist uralt und noch aus gestampftem Lehm „gesetzt“, wie man hier sagt, die Uhudlerreben und blühenden Büsche umranken den geduckten kleinen Hof ungehindert, der Zubau ist schon seit längerer Zeit ein Rohbau, der Garten nähme alle Energie in Anspruch, lächelt Maria Lassnig-Oberbichler. Und das glaubt man ihr sofort. Schon bald, nachdem die beiden sich hier niedergelassen hatten, begann Siegfried Lassnig-Oberbichler mit alten und exotischen Pflanzen zu experimentieren, Freunde brachten ihm Samen von Reisen mit, die Vorläuferorganisation der Arche Noah erwies sich ebenfalls als gute Quelle, „Landwirtschaft zu betreiben, war schon ein Plan, aber eigentlich hat sich alles einfach irgendwie entwickelt“.

An die fünfzig verschiedenen Sorten werden einigermaßen intensiv bewirtschaftet, in dem etwa 5000 Quadratmeter großen Garten wächst und gedeiht aber noch viel mehr, sei es, weil es seinen Weg selbst hierher fand, sei es, dass die Pflanze von früheren Pflanzungen stammt und den Winter überlebte, „irgendwie ergibt sich’s einfach, wo die Pflanzen ihren Platz haben“. Hier zum Beispiel ein kleines Beet mit blauem Zuckermais, dort eine Staude mit Tomatillos, und woanders steht wehrhaft eine mächtige Mariendistel, daneben ein paar Spargelpflanzen, die Brombeeren wachsen schon bis auf drei Meter hinauf, man lässt sie.

Biohof Lassnig-Oberbichler
8383 St. Martin an der Raab
Drosen 12, Tel. 03329/462 65
www.sigeis-biosamensurium.at

Ein paar Pflanzen werden freilich auch in strukturierten Beeten angebaut, vor allem verschiedene Tomaten und Chilisorten, die – wenngleich der Verkauf von Jungpflanzen und Samen die wesentliche Einkommensquelle der Lassnig-Oberbichlers ist – auch verarbeitet und dann lokal verkauft werden. Von Chutneys gibt es etwa vier verschiedene Sorten, aus Pfirsich, Tomaten, Apfel und grünen (unreifen) Tomaten, außerdem gibt's Marmeladen, Pestos, Letschos und Sugos, verarbeitet wird in erster Linie das, was vom Bauernmarkt übrigblieb – und das ist mitunter recht wenig. So etwa werden die Chutneys in Kleinserien von höchstens 200 Gläsern erzeugt – und haben somit quasi Sammlerwert! –, von den Sambals gibt's gar nur 120 Gläser pro Jahr. Diese Sambals – Vorbild sind die höllisch scharfen Chilisaucen aus Indonesien – gibt es in einer roten Version namens „Sambal Manis Volcano", für die unterschiedliche rote Chilis mit geröstetem Zwiebel, Honig, Essig und Gewürzen durch den Fleischwolf gedreht werden, und in einer grünen Variante namens „grüne Hölle" – hier ist außer grünem Chili nur grüner Chili drin.

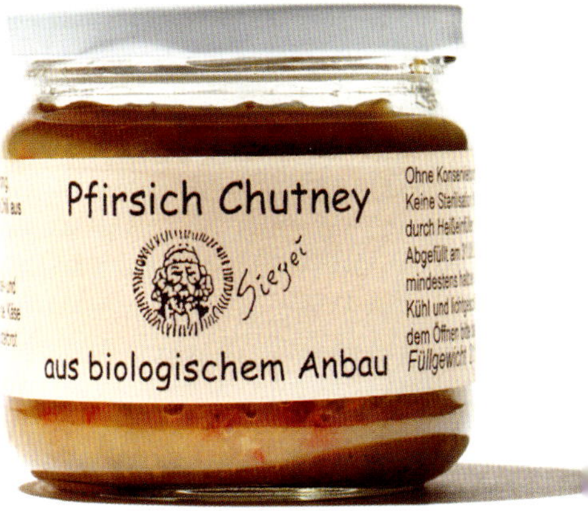

Foto: Bio-Pfirsich-Chutney

Alfred Thamhesl: Kürbis & Fleisch, Fleisch & Kürbis

Im Jahr 1989 standen Alfred und Anita Thamhesl aus Königsdorf vor der Entscheidung, den elterlichen Bauernhof im Nebenerwerb weiterzuführen oder neue Verdienstquellen zu erschließen. Sie beschlossen, den damals eher unkonventionelleren Weg zu gehen, starteten als Erste in der Region mit Direktvermarktung und verkauften Selchfleisch und Würste – Alfred Thamhesl sen. ist gelernter Fleischhauer und zeigte dem Sohn, wie man's macht – an rasch zahlreicher werdende Endverbraucher.

In den folgenden Jahren nahmen die Thamhesls an ziemlich vielen Prämierungen teil und räumten auch zahlreiche Preise ab, die Mundpropaganda blieb aber ihr wichtigstes Marketinginstrument. Und das klappte so gut, dass der kleine bäuerliche Betrieb größer wurde, das Spektrum der produzierten Schinken und Würste stark anwuchs und sich Alfred Thamhesl intensiver mit der Schweinezucht beschäftigte: Fütterung nur mit hofeigenem Futter, Verzicht auf Antibiotika zugunsten homöopathischer Behandlungen, keine Wachstumsförderer, Schlachtung am Hof und natürlich immer nur eigene Verarbeitung. Alfred Thamhesl zerlegt selbst, verarbeitet selbst, räuchert selbst, verkauft selbst, „ich mach's noch genau so, wie's mir der Vater beigebracht hat", sagt er stolz, „aber ich brauch halt länger dafür als ein gelernter Fleischhauer".

Was aber nichts ausmacht, denn seine Würste und Schinken haben ja Zeit. Die Knoblauchwurst nach altburgenländischem Rezept zum Beispiel würde er gern noch länger reifen lassen, die Menschen der Umgebung mögen sie aber frischer, saftiger, erzählt er. Keine Diskussionen gibt's dafür bei seiner jüngsten Kreation, einer Rohwurst mit Kürbiskernen und Uhudler (vom Weinhof Gassler), die trocknet sechs Monate, ist dann steinhart und endlos haltbar, die Thamhesls sind sehr stolz auf sie. Beim geselchten Karree, das bei relativ hohen vierzig Grad („weil sonst schmeckt das nach nix") über Buchen- und Erlenholz aus dem eigenen Wald geräuchert wird, gibt's sowohl eine saftige „frische" Version als auch eine überaus delikate getrocknete Variante.

Und als Tochter Angelika Thamhesl, ebenfalls gelernte Landwirtin, irgendwann einmal eine Platte mit Thamhesl'schem Aufschnitt ein bisschen mit selbst eingelegten Kürbissen dekorierte, startete auch schon das nächste Betätigungsfeld: Die knackigen Kürbiskonserven (per Hand mit dem Keksausstecher gemacht!) kamen nämlich so gut an, dass die Thamhesls vor einigen Jahren damit begannen, neben ihren traditionellen Ölkürbissen, aus deren gerösteten Kernen seit jeher ein besonders feines Kürbiskernöl gewonnen wurde, auch Speisekürbisse anzubauen. Kürbismarmeladen, Kürbis-Chutneys, Kürbis-Apfel-Marmeladen und ein Kürbiskernpesto (ohne Käse, nur aus eigenem Öl und eigenen Kürbiskernen, „nur, was wir selber haben") waren die Folge. Und weil man zum Pesto ja auch Nudeln braucht, produzierte Angelika Thamhesl also auch gleich Hartweizengrießnudeln: Tomatennudeln, Spinatnudeln, Kräuternudeln und natürlich Kürbiskernnudeln. Jetzt sei es dann schön langsam aber genug, stimmen die Thamhesls überein. Und irgendwie will man's nicht so recht glauben.

Thamhesl's Hofladen
7563 Königsdorf 63
Tel. 03325/22 89
Mo–Fr 7.30–19, Sa 7.30–17 Uhr
www.thamhesl.at

Foto: Rohwurst mit Kürbiskernen und Uhudler

Andreas Novy: vom Selbstversorger zum Nahversorger

Andreas Novy war 16 Jahre lang in Deutschland in der Gastronomie tätig, bevor er 2005 den Bauernhof seiner Großeltern in Windisch-Minihof übernahm. Als er zurück ins Burgenland kam, begann er sich mit Alternativen zur bestehenden Landwirtschaft zu beschäftigen. Zusätzlich zu der kleinen Herde Merinoschafe der Großeltern wollte der Tierfreund weitere pflegeleichte Arten auf seinem Hof ansiedeln. Auf der Suche nach Freilandschweinen, fand er im Turopolje-Schwein eine robuste, intelligente, zur Freilandhaltung bestens geeignete Rasse, die zudem erstklassige Fleischqualität liefert. Denn dass an einem guten Schwein Fett sein muss, weiß der in der Gastronomie immer wieder mit nahezu fettfreien, hochgezüchteten Mastschweinen konfrontierte Novy nur zu gut.

Jostmühle Andreas Novy
8384 Windisch-Minihof 188
Tel. 03329/254
www.jostmuehle.at

Knapp zwanzig Tiere hält er zurzeit in seinen großzügigen Freilaufställen. Anfangs nur auf Zuchtbasis gehalten, verarbeitet er mittlerweile einige Tiere auch für den Verzehr weiter: zu weißem Rückenspeck, der drei Monate in Salz und einer eigenen Kräutermischung eingelegt wird, zu Räucherwürsteln, -schopf, und -schlögl sowie zu feinen Aufstrichen.

Als für die 1903 erbaute Jostmühle ein neuer Pächter gesucht wurde, griff Andreas Novy zu, Getreide liefert ihm die eigene Landwirtschaft, Brot wird traditionell am Hof gebacken – warum also nicht auch eine Mühle betreiben? Roggen, Dinkel, Weizen, Mais und Buchweizen werden dort nun vermahlen, die Vollkornprodukte sogar noch mit dem alten, teils wasserbetriebenen Mühlstein; das Weißmehl wird in einer Rückschüttmühle hergestellt. Frisch gemahlen wird spätestens alle zwei Monate, auf Anfrage werden auch Lohnvermahlungen übernommen. Das eigene Getreide reicht mittlerweile längst nicht mehr aus, zugekauft wird von biologischen Landwirtschaften.

In der idyllisch gelegenen Mühle befindet sich auch ein kleiner Verkaufsraum, in dem neben Mehl und den Turopolje-Spezialitäten auch Produkte von anderen Produzenten, vorrangig Kornpfadbauern, angeboten werden. Aber auch von Andreas Novy selbst produzierte Fruchtsäfte wie Apfel- und Birnen- oder Traubensaft aus der hocharomatischen Concordia-Traube, Fruchtaufstriche aus Erdbeeren, Kirschen und Mispeln, die er mit wenig Zucker oder Honig zubereitet, sowie Seifen, die der „Allesverwerter“ aus Schweinefett und Schaftalg von einem Apotheker anfertigen lässt. Und nicht zuletzt auch einige in alten Kupferkesseln selbst gebrannte Schnäpse. „Ich versuche, so viel wie möglich zu verwerten“, erklärt der Neolandwirt, „und das in der besten Qualität.“ Verständlich, denn ursprünglich machte er das alles ja nur für den Eigenbedarf.

Foto: Maisgries und Haydnmehl

Werner Goach,

Jagawirt,
St. Stefan ob Stainz, Steiermark

Ich bin ein absoluter Verfechter der regionalen Produkte. Wenn ich seh, wie etwas wächst und gedeiht, dann hat das einfach eine andere Qualität. Ungefähr neunzig Prozent aller Waren, die wir hier am Reinischkogel verarbeiten, stammen aus unserem eigenen Betrieb. Wenn ich am Montag schlachte, dann gibt's am Abend schon die Leber und das Beuscherl, das Gemüse stammt aus unserem Permakultur-Garten, je nach Jahreszeit immer was anderes. Ich muss mich nicht darauf verlassen, dass ich was bekomme, und hoffen, dass es gut ist – ich weiß es.

Weyer Markt
St. Georgen am Reith
Lunz am See
Lunzer See
Ötscher
1893
St. Aegyd a. Neuwalde
Kleinreifling
Hollenstein an der Ybbs
Göstling a. d. Ybbs
Neuhaus
Erlaufsee
Mitterbach a. Erlaufsee
St. Sebastian
Mariazell
Terz
Kernhof
Schwarzau i. Gebirge
Puchberg am Schneeberg
Schneeberg
2076
Enns
Lassing
Gußwerk
Frein a. d. Mürz
Hirschwang a. d. Rax
Payerbach
Altenmarkt bei St. Gallen
Unterlaussa
Palfau
Hochkar
1808
Greith
Rosenau a. Hengstpaß
Weißenbach a. d. Enns
Salza
Niederalpl
Neuberg a. d. Mürz
2007
Reichenau a. d. Rax
St. Gallen
Oberlaussa
Weichselboden
Mürzsteg
Schottwien
Pyhrgas
2244
Großreifling
Wildalpen
Kapellen
Semmering
Moosland
Hochschwab
2277
Seeberg
1254
Edlach
Spital a. Semmering
Steinhaus
Weng bei Admont
Gstatterboden
Hieflau
Seewiesen
Veitsch
Hönigsberg
Langenwang
Mürz-zuschlag
Hall
H O C H S C H W A B
Mitterdorf im Mürztal
Krieglach
Admont
G E S Ä U S E
Leopoldsteiner See
Johnsbach
Eisenerz
Tragöß
Aflenz Kurort
Turnau
Alpl
Rettenegg
Waldheimat
Präbichl
1232
Thörl
Kindberg
Wartberg im Mürztal
St. Kathrein
Feistritzwald
Trieben
Gaishorn
Vordernberg
St. Kathrein/L.
St. Lorenzen im Mürztal
Stanz im Mürztal
Ratten
Mönichwald
E I S E N E R Z E R   A L P E N
849
St. Marein im Mürztal
Allerheiligen im Mürztal
Waldbach
Schoberpaß
Wald am Schoberp.
Kalwang
Trofaiach
Kapfenberg
Fischbach
Wenigzell
Hohentauern
Mautern in der Stmk.
St. Peter-Freienstein
Strallegg
Leoben
Bruck an der Mur
F I S C H B A C H E R   A L P E N
St. Jakob
Gasen
S E C K A U E R   A L P E N
Donawitz
Niklasdorf
Göss
St. Johann am Tauern
Birkfeld
Miesenbach b. Birkfeld
St. Michael in Obersteiermark
Mixnitz
Koglhof
Röthelstein
Kraubath a. d. Mur
St. Stefan ob Leoben
Möderbrugg
Fladnitz a. d. Teichalm
Passail
Pöllau
Anger
Seckau
Frohnleiten
Oberfeistritz
Stubenberg
St. Oswald
Mur
Kobenz
Semriach
Puch b. Weiz
Oberzeiring
Pöls
Spielberg b. Knittelfeld
St. Lorenzen /K.
St. Margarethen /K.
Übelbach
Weiz
Fohnsdorf
Peggau
Preding
Pischelsdorf i. d. Stmk.
Knittelfeld
Großstübing
Deutschfeistritz
St. Peter ob Judenburg
Zeltweg
Kumberg
St. Ruprecht a. d. Raab
Judenburg
Weißkirchen Stmk.
Großhart
Scheifling
Gratwein
Gratkorn
Eggersdorf b. Graz
Gleisdorf
Sinabelkirchen
Straßengel
Judendorf
Perchau am Sattel
Salla
Mariatrost
Mariahof
Maria Lankowitz
Bärnbach
Nestelbach b. Graz
Markt Hartmannsdorf
Neumarkt Stmk.
GRAZ
Obdach
Köflach
Rosental
Voitsberg
St. Margarethen a. d. Raab
Strassgang
Puntigam
Hitzendorf
Riegersburg
Reichenfels
Hirschegg
Seiersbg.
Feldkirchen bei Graz
Hausmannstätten
Fladnitz
Dürnstein/Stmk.
Lavant
Edelschrott
Raab
Mooskirchen
Lieboch
Fernitz
Oberdorf a. Hochegg
Bad St. Leonhard im Lavanttal
Pack
Kalsdorf b. Graz
Heiligenkreuz a. Waasen
Paldau
Hüttenberg
1644
Modriach
Lannach
Unterpremstätten
Klippitztörl
Wernd
Guttaring
Waldenstein
St. Oswald im Freiland
Stainz
N
0
10 km
kartographie

Obersteiermark

Vordergründig rauchen hier zunächst einmal die Schlote und rosten die Stahlträger. Aber das ist nur im Tal so, in der Furche zwischen Judenburg und Mürzzuschlag. Nur wenige Kilometer muss man sich von Österreichs wichtigstem Industriegebiet entfernen, und schon steht man auf Almen, an gurgelnden Bächen, in duftenden Wäldern oder an moosigen Felswänden. Die kulinarischen Traditionen hier sind vielfältig, zeugen einerseits von harter und schwerer Arbeit, andererseits vom unglaublichen Reichtum der Natur, und auch der heutige Umgang mit diesen Traditionen ist äußerst unterschiedlich, reicht vom Aufspüren und Bewahren nachgerade archaischer Herstellungsweisen und kulinarischer Kulturen bis zur Nutzung der großartigen Gegebenheiten für neue Ideen und unerreichte Qualitäten. Das Wirtshaus Steirereck am Pogusch fungiert in dieser Region zweifellos als Katalysator, und man darf sich erwarten, dass aus diesem großen, interessanten und vielseitigen Stück Steiermark in den nächsten Jahren noch so einiges an köstlichen Traditionen und faszinierenden Aromen zu verkosten sein wird.

Wirtshaus Pogusch, Heinz Reitbauer: der Pionier

Die Geschichte wurde schon tausendmal erzählt, bleibt – nicht zuletzt, weil sie sozusagen mit der neueren Kulturgeschichte der österreichischen Kulinarik ident ist – aber auch beim tausendundersten Mal faszinierend und beeindruckend: 1970 übernahmen die beiden Turnauer Heinz und Margarete Reitbauer an der nicht besonders noblen Weißgerber Lände in Wien Landstraße ein Gasthaus und nannten es „Steirereck". Zu essen gab es einfache Küche, die sich dank kontinuierlicher Qualitätsverbesserung und Weiterbildung langsam auf gutbürgerliches Niveau hinaufschraubte, 1980 bekam das Steirereck seine erste Haube von Gault Millau. In den folgenden Jahren brillierte das mittlerweile zum Restaurant gewordene Gasthaus nicht nur dadurch, urige, steirische Hausmannskost auf Gourmetniveau zu bringen, sondern auch damit, diese aus Produkten mit Ursprung und Herkunft zuzubereiten. Heinz Reitbauer war einer der allerersten in Österreich, die erkannten, dass Herkunft eines Produktes nicht bloß eine Rechnungsadresse ist, sondern eine Qualität sein kann. Unermüdlich arbeitete er mit – hauptsächlich steirischen – Produzenten daran, ihre Güter zu verbessern, zu verfeinern, an internationales Niveau heranzuführen und damit auch ein bäuerliches Selbstbewusstsein zu entwickeln, wie es in den Jahrzehnten der regulierten Fixabnahme-Landwirtschaft in Vergessenheit geraten war. Vor allem beim Fleisch erzielte die Familie Reitbauer enorme Erfolge – die heute längst gut etablierten Marken „Styriabeef" und „Almo" wären ohne die Bühne des in der Zwischenzeit schon mit der Maximalwertung von vier Hauben bewerteten Steirerecks nie das geworden, was sie heute sind.

Wirtshaus Steirereck
8625 Turnau, Pogusch 21
GENUSS REGION ÖSTERREICH **steirereck.at/pogusch**
Do–So 10–24 Uhr

1996 wurde die Reitbauer'sche Idee umgesetzt, die Zutaten nicht nur regional zu beziehen, sondern überhaupt selbst herzustellen. In der Nähe ihrer Heimat Turnau kaufte die Familie Reitbauer eine Landwirtschaft mit einem uralten Einkehrgasthaus, in dem die Regionalität

auf ein in der Gastronomie bisher ungekanntes Niveau gestellt wurde: Nicht nur wurde beinahe alles bei Bauern in der unmittelbaren Region bezogen, die aktuellen Lieferanten wurden in der Stube auch auf einer Kreidetafel vermerkt, eine Art „Hall of Fame“ der lokalen Produzenten geschaffen. Und um die Tendenz noch stärker zu betonen, wurde in der alten Schankstube eine Ecke eingerichtet, in der sich Bewohner der umliegenden Gemeinden ihr Bier selber zapfen konnten – allerdings nur sie, Gästen von außerhalb war dieses Privileg versagt.

Dass diese positive Diskriminierung ebenso wie der wirtschaftliche Aufschwung bei den bäuerlichen Produzenten der Region angesichts der publikumswirksamen Erlebnistoiletten, Sterzhütten und des Weinkellers zum Selbernehmen ein wenig in den Hintergrund trat, war zwar klar, mindert die Idee aber keineswegs. In nur wenigen Jahren wurde das Wirtshaus Steirereck am Pogusch jedenfalls zur Institution und beispielhaft für regional-kulinarisches Marketing. Die meisten der Spezialitäten, die dank Steirereck einem größeren Publikum bekannt wurden, gibt es hier auch zu kaufen und mitzunehmen, etwa Lammsalami, das von Bäuerinnen gebackene Holzofenbrot und vor allem das legendäre „Fedelkoch“: Dabei handelt es sich um eine uralte, auf den steirischen Almen angewandte Methode der Konservierung von Süßrahm, indem das äußerst fette Obers, mit Mehl und Ei vermischt, aufgekocht, mit Zimt gewürzt, zu schneeballgroßen Kugeln geformt und getrocknet wird. So zubereitet, hält ein „Fedelkoch“ nahezu ewig, mit einer Krenreibe über frische Beeren gerieben, ist es unbeschreiblich gut.

Foto: „Fedelkoch“

Hofkäserei Tscheliesnig: Terroir-Ziegenkäse und Münster mit Verve

Das vorherrschende Thema der Region ist zweifellos der Bergbau, Hochöfen, Eisenhütten. Um zur Hofkäserei von Roswitha Tscheliesnig zu kommen, passiert man das Stahlwerk Donawitz, Inbegriff österreichischer industrieller Identität, der Erzberg ist auch nicht weit. Und auch die Hofkäserei selbst ist in einem alten „Radmeisterhaus" untergebracht, jenem des Eisenschmelzers, den Hinweis „Käse" am Ortsanfang von Vordernberg übersieht man leicht, weil der alte Hochofenturm und das Viadukt der Bergwerk-Eisenbahn die Aufmerksamkeit auf sich ziehen.

Roswitha Tscheliesnig und ihr Mann haben Landwirtschaft studiert, sie arbeitete eine Zeitlang als Sennerin in der Hochkönig-Region und experimentierte schon dort ein bisschen mit der Käseherstellung, da hatte sie allerdings nur zwei Ziegen. 2003 bezogen die beiden das Haus in Vordernberg und „verwirklichten einen Traum". Nämlich insofern, als sie nicht nur einen sehr besonderen, sondern wahrscheinlich sogar einzigartigen Käse herstellten. Für ihren „Caprissimum", den sie doppeldeutig „Bergziegenkäse" nennt, weil er einerseits aus der Milch ihrer 33 gämsfärbigen Gebirgsziegen gemacht wird, andererseits ein harter Käse von durchaus alpinem Charakter ist, verwendet Roswitha Tscheliesnig nämlich keine Starterkulturen. Das heißt, sie lässt die erwärmte und mit Lab versetzte Ziegenrohmilch stocken, gibt ihr dann aber keine Bakterien bei, um die spätere Entwicklung irgendwie zu steuern. Der Käse soll von den eigenen Kulturen, die in der Milch, auf den Weiden und in der Käserei leben, geprägt sein, „ich weiß aber nicht, ob das mit der Milch von anderen Ziegen auch funktioniert", lächelt Roswitha Tscheliesnig. Um diese Kulturen am Leben zu halten, desinfiziert sie ihre Käserei auch nicht, das mag dem vom Gedanken der Hygiene geprägten Mitteleuropäer jetzt fremdartig erscheinen, zur Beruhigung sei aber ge-

Hofkäserei Tscheliesnig
8794 Vordernberg, Hauptstraße 117
Tel. 0664/592 61 56
www.kaesetheke.at
/webs/tscheliesnig/start.html
Zertifizierter Bioproduzent

sagt, dass Sauberkeit, Kontrolle und Bedacht bei dieser Methode natürlich eine noch größere Rolle spielen als sonst. Und dass ein so erzeugter Käse eine ganz andere Identität, Ausdruckskraft und Bodenbezogenheit besitzt, ist natürlich auch irgendwie logisch, reinstes „Terroir“ sozusagen.

Gereift werden die zwölf bis 14 Kilo schweren Caprissimum-Laibe mindestens vier bis sechs Monate – „aber acht Monate ist noch besser“ – in einem uralten Keller des in seinen Ursprüngen etwa 800 Jahre alten Hauses, über Erdboden, unter Ziegelgewölbe, „ich glaub, dass der Kontakt zur Erde für den Käse wichtig ist“. Das ist auch der Grund, warum die kleine Produktion auch nicht gesteigert werden kann – die Käsemacherin müsste dafür umbauen, und damit wäre die Einzigartigkeit dahin. Um betriebswirtschaftlich einigermaßen über die Runden zu kommen, macht sie seit 2004 auf Anregung des in der Nachbarschaft Vordernbergs lebenden renommierten Wein-Journalisten August F. Winkler auch einen rotschmiergereiften „Leobner Hauskäse“ aus Kuhrohmilch (die Kühe stehen im Stall einer Kollegin) nach Art des Münsterkäses – und das mit all der aromatischen Vehemenz, die dieser grandiose Käse zu bieten hat.

Tscheliesnigs Käse zählen zweifellos zu den besten – und zugleich rarsten – des Landes. Und einer Sache ist sich Roswitha Tscheliesnig völlig sicher: „Meine Käse kann mir niemand nachmachen.“

Foto: Bergziegenkäse „Caprissimum“

Johannes Gruber: der Waldhonig-Exzentriker

Gebirgslagen- und Grand-Cru-Waldhonige sind Johannes Grubers Spezialität. Der hauptberuflich für Export und Verkauf am Demeter-Weingut Meinklang verantwortliche „Honig-Extremist“ wuchs mit der Imkerei seines Vaters, einem Landwirt, in der Oststeiermark auf. Als Kind musste er oft mithelfen, was selten ohne Stiche vonstatten ging und ihm dementsprechend verhasst war. Bis er vor etwa zehn Jahren die Arbeit mit den Honigbienen neu für sich entdeckte.

Gruber wollte etwas Eigenes, Naturnahes erzeugen, und so stellte er am Fuße des Stuhlecks, wo er den malerischen alten Rennbauer-Hof gepachtet hatte, einige Bienenstöcke auf. Die Gegend mit ihren Almwirtschaften, Wiesen und teils unberührten Nadelwäldern erschien ihm prädestiniert, um erstklassigen Honig zu erzeugen.

Um möglichst unterschiedliche Sorten-Ernten einfahren zu können, das war dem Neo-Imker bald klar, musste er mit seinen Bienen mehrere „Lagen“ bewirtschaften und sozusagen Nomadentum betreiben. Denn da der Aktionsradius von Bienen mit vier Kilometern sehr gering ist, kann der Standort ziemlich genau eingegrenzt, der Charakter des Honigs sehr exakt definiert werden. Entsprechend der jeweiligen Blütezeit bringt er seine Bienen also an ausgesuchte Plätze und erntet so, durch unmittelbares Abernten nach Blühende, sortenreinen „Regionshonig“.

Insgesamt sieben reinsortige Regionsblütenhonige erzeugt Gruber, darunter auch einen Buchweizenhonig aus dem Weinviertel sowie Lindenblüte, Löwenzahn, Sonneblume und Edelkastanie aus der Steiermark. Seine wahre Leidenschaft aber gilt dem Waldhonig, der eine besondere Herausforderung für ihn darstellt und eine noch höhere Sensibilisierung für die örtlichen Gegebenheiten erfordert. Denn die Entstehung von Waldhonig ist von einer zusätzlichen Komponente abhängig: von pflanzensaugenden Insekten, die den Siebröhrensaft von Fichten und Tannen zu Honigtau verarbeiten. Dieser wird von den Bienen gesammelt, fermentiert und als Honig in die Waben eingelagert. Ende Mai fährt er also mit einem Teil seiner Bienen zurück in die Steiermark, wo er durch akribische Beobachtung der örtlichen Gegebenheiten die jeweils besten Lagen für seinen Lagen-Waldhonig erwandert.

Sein absolutes Spitzenprodukt, der doppelt fermentierte „Naintschgraben" – die Grand Cru unter Grubers Gebirgshonigen –, mutet nahezu exzentrisch an. Dafür werden bereits erntereife Waben der Lage „Naintschgraben" nochmals auf den Grund des Bienenstocks gelegt, wo sie von den Bienen erneut als Nahrung aufgenommen, mit Enzymen angereichert und verarbeitet werden. Das Ergebnis ist „Slow Food" in Reinkultur: eine zähflüssige Essenz in dunklem Bernsteinton mit dichten, konzentrierten Aromen von Pfeifentabak, Thymian und Minze.

Rennbauer Honig, Johannes Gruber
8674 Rettenegg 56 oder
1070 Wien, Neustiftgasse 54/9
Tel. 01/923 86 16, 0699/19 23 86 16
www.rennbauer.at
Zertifizierter Bioproduzent

Um auch die Qualität der Standorte zu erhalten, betätigt sich der Nebenerwerbsimker zusätzlich als „Ameisenwirt" und sichert in dieser Funktion den Weiterbestand der Roten Waldameisen, die für die Pflege der pflanzensaugenden Läuse unerlässlich sind. Rennbauer-Honig ist in diversen Bioläden und im gehobenen Feinkosthandel erhältlich. In Wien ist bei Voranmeldung auch direkte Abholung bzw. nach Vereinbarung auch Zustellung der Produkte möglich.

Foto: Gebirgswaldhonig doppelt fermentiert

Thomas Lassacher: Der milde Bergkäse ist auch würzig

Bio war für die Lassachers eigentlich immer schon selbstverständlich, Thomas Lassachers Vater wirtschaftet seit 1980 biologisch, war einer der Ersten in der Region. Dass sich aber nicht nur die Wirtschaftsweise, sondern auch die Vermarktungsgrundlagen für landwirtschaftliche Produkte verändern, bekam Thomas Lassacher nicht nur am Hof der Familie, sondern auch in der landwirtschaftlichen Fachschule mit, die er von 1993 bis 1996 besuchte: Direktvermarktung und Wertschöpfung durch Verarbeitung und Veredelung der eigenen Rohstoffe war das Thema, Lassacher lernte hier etwa die Herstellung von Schnittkäse. Sein Lehrer habe aber immer gemeint, erzählt der junge Käsemacher, dass sowohl Milchqualität als auch der Charakter der Region die Erzeugung von Hartkäse ebenfalls nahelegen würden. Lassacher behielt es im Kopf.

1995 begann er jedenfalls einmal ganz klein mit der Herstellung von Frischkäse, die käsetechnische Einführungsveranstaltung sozusagen. Der nächste Schritt war ein Schnittkäse, der „Schlurtbauerkäse", eine Art Butterkäse mit Rotschmiere, drei bis sechs Wochen gereift, einem Taleggio nicht ganz unähnlich und vor allem beim Publikum sehr beliebt. Mit dem Jahr 2000 wagte Lassacher dann aber den Schritt ins gereifte Käsesegment, borgte sich das notwendige Equipment aus und war von den Ergebnissen recht bald überzeugt, seine Kundschaft auch, „und da bin ich dann so hineingewachsen".

Hofkäserei Thomas Lassacher
8820 Perchau am Sattel 48
Tel. 0664/346 79 70

Was ein wenig bescheidener klingt, als es der Anlass rechtfertigt: Lassacher verwendet für die Fütterung seiner 16 Milchkühe ausschließlich Gras eigener Wiesen, tagsüber grasen die Kühe auf 28 Hektar Weiden auf 1050 bis 1100 Meter Seehöhe, das selber angebaute Getreide – in dieser Höhe eher unrentabel – bekommen die Jungrinder. Verkäst wird, nach klassischer Alpkäse-Tradition, nur die Frühlings- und Sommermilch, also die jener Zeit, in der die Kühe frisches, grünes Gras

vorfinden, die Wintermilch wird zu Topfen für Biobäckereien verarbeitet oder an die Molkerei geliefert. Um über die Käse-Pause von einem halben Jahr zu kommen, hat sich Thomas Lassacher was einfallen lassen: Ab der Mitte des Sommers gibt es einen „Kulturensprung", da werden dann Käsekulturen eingesetzt, die sehr viel langsamer arbeiten, der Käse sehr viel länger zur Reifung braucht.

150 Laib in der mächtigen Größe von zwanzig Kilo können auf diese Weise hergestellt und angebotsmäßig gut übers Jahr verteilt werden. Hergestellt werden der „milde" (mindestens drei Monate Reifung) und der „würzige" (bis zu zwölf Monate) Bergkäse aber völlig gleich, traditionell mit Erwärmung und Schnitt des Bruchs (extra klein) im Kupferkessel, Entnahme mittels Käsereituch, Pressung mit etwa 200 Kilo, anfänglich viermal pro Tag wenden und Tuch wechseln, dann Waschung mit Salzlake. Der milde Bergkäse ist alles andere als unwürzig, verfügt über einen feinen Biss und zarte Karamellnoten, der „würzige" trägt seinen Namen jedenfalls zu Recht: Er ist intensiv, mit leichten Röstnoten und angenehm milchigen Aromen. Sein früherer Lehrer sei jedenfalls sehr zufrieden, meint Thomas Lassacher.

Foto: Schlurtbauerkäse aus Kuhmilch

Mariazeller Lebkuchen: Beweismittel und Souvenir

Lebkuchen ist eines der ältesten Lebensmittel der Welt. Grabbeigaben aus dem alten Ägypten bezeugen das, und auch die alten Römer haben nachweislich Honigkuchen gebacken. In den Jahrhunderten danach wurde Lebkuchen vor allem in Klosterbäckereien eifrig produziert: Die bekömmlichen und lange haltbaren Lebkuchen dienten den Pilgern früher zur Stärkung und als Wegzehrung für den Heimweg.

Leider ist das traditionelle Handwerk der Lebzelterei mittlerweile eine aussterbende Berufssparte (in Österreich gibt es keine Berufsschule mehr für diesen Lehrberuf). Von den ursprünglich zwölf Lebzeltereien in Mariazell gibt es heute nur noch eine, die die zahlreichen Pilger und Besucher (2008 waren es 1,3 Millionen) mit „Stärkung“ versorgt: die Lebzelterei Pirker, die in der sechsten Generation diese alte Handwerkskunst pflegt.

Die Rezepturen und Gewürzmischungen, die von Generation zu Generation weitergegeben wurden, sind bis heute unverändert und wohlgehütetes Familiengeheimnis. Und auch produziert wird noch wie vor hundert Jahren: Alle Lebkuchen werden händisch ausgestochen, gefüllt, verziert und getunkt. Zu mehr als fünfzig Prozent bestehen sie aus reinem Bienenhonig, was nicht nur den Geschmack, sondern auch die lange Haltbarkeit ausmacht. Auf Konservierungsmittel kann daher getrost verzichtet werden.

Siebzig Tonnen Honig pro Jahr werden in der mittlerweile aus allen Nähten platzenden Manufaktur im Zentrum von Mariazell verarbeitet. Der Personalaufwand ist entsprechend hoch, dafür ist jeder Lebzelter, durch dessen Hand die Produkte gehen, eine Kontrollinstanz und Garant für die hohe Qualität der Pirker'schen Spezialitäten. Verarbeitet werden nur hochwertige Rohstoffe, das Mehl kommt aus ausgewählten kleinen Betrieben, die Eier stammen ausschließlich von Hühnern aus Bodenhaltung, und auch Marzipan, Marmeladen und Schokoladen werden in höchster Güte verarbeitet.

Von den anfänglich fünf klassischen ungefüllten Lebkuchen ist das Sortiment zwischenzeitlich auf über fünfzig verschiedene Sorten angewachsen. Zu den innovativen neuen Produkten gehören etwa saftiges Lebkuchenkonfekt, mit fruchtigen Gelees, Cremen und Marzipan gefüllt und in dunkle, helle oder weiße Schokolade getunkt, Diabetikerlebkuchen, Lebkuchenlikör, Lebkuchenbrand sowie, im Sommer, auch Lebkucheneis. Aus der Met-Siederei, die seit jeher mit der Lebzelterei verbunden war, ist schließlich auch die Destillerie gewachsen. Mittlerweile wird ein breites Sortiment an ausgezeichneten, natürlich vergorenen, doppelt gebrannten Edeldestillaten hergestellt, unter anderem der erste Honigbrand. Das gesamte Spektrum der Pirker'schen Produktion wird vis-à-vis der Basilika, im Jugendstiljuwel „Pirker am Hauptplatz", anschaulich dargestellt. Eine Schaubäckerei, ein kleines Lebkuchenmuseum sowie die Wachszieherei, in der nach alter Tradition aus reinem Bienenwachs händisch Kerzen hergestellt werden, sind dort untergebracht.

Pirker Lebzelterei, Konditorei
Wachszieherei, Destillerie, Familie Pirker
8630 Mariazell, Grazer Straße 10
Tel. 03882/21 79
www.pirker-lebkuchen.at
Zertifizierter Bioproduzent

Foto: Lebkuchen

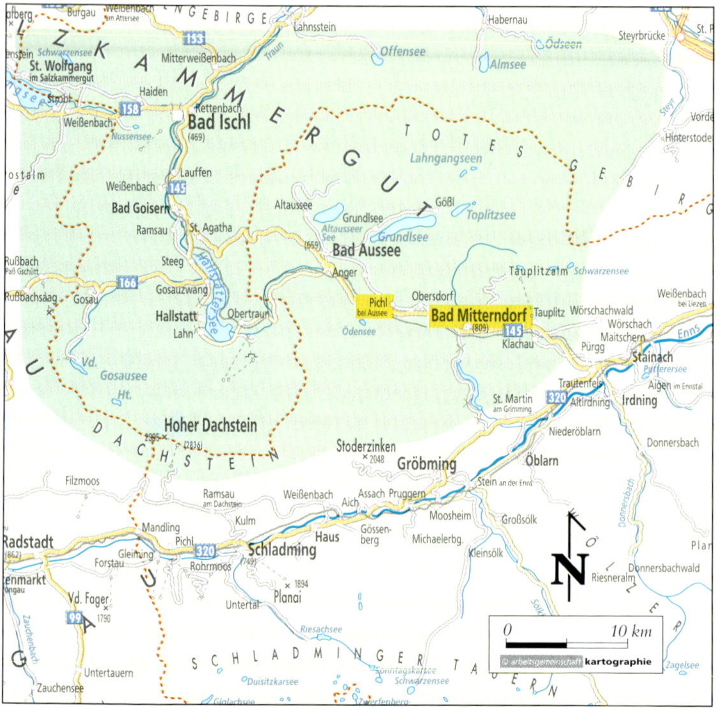

Salzkammergut

Berge und Seen. Die Steiermark hat zwar nur einen relativ kleinen Anteil am Salzkammergut, aber mit dem Ausseerland dafür einen der schönsten. Über hundert Jahre der Sommerfrische und des Tourismus haben in dieser atemberaubenden Landschaft natürlich ihre Spuren hinterlassen, und zwar nicht nur landschaftlich, sondern auch kulinarisch: Die Wiener Kaffeehauskultur ist im Salzkammergut historisch bedingt quasi unvermeidlich und fügt sich hier auch recht trefflich ein, der Massentourismus richtete da schon größeren gastronomischen Schaden an. Aber das, was hier immer schon gut war, bleibt auch gut: das Salz aus den Bergen, die Fische aus den eiskalten Seen und das Gras auf den saftigen, von tausenderlei Blumen und Kräutern übersäten Almen, die im Fleisch der hier weidenden Tiere ihren geschmacklichen Niederschlag finden. Und das Schöne dabei: Was man für ewig gültig hielt, was man nicht mehr verbessern zu können glaubte, legt dennoch qualitativ zu – das Salz etwa wird wieder händisch gebrochen, die ursprünglichen Bedingungen der Fischereibestände wurden wiederhergestellt, Rinder das ganze Jahr über auf den Salzkammergut-Weiden gelassen. Ein neues Qualitätsbewusstsein scheint sich da zu entwickeln, und es gibt wohl noch viele Dinge, die noch zu entdecken, zu erhalten und zu verbessern wären.

Gottfried Schlömmer: gelassene Ringer im wahrsten Sinn des Wortes

Ursprünglich war der Zugang ganz pragmatisch: Mit zunehmendem Alter seiner Mutter und angesichts der Berufstätigkeit seiner Frau musste sich Gottfried Schlömmer eine Art der Rinderhaltung überlegen, die eine geringere Arbeitsleistung erforderte als die Herde Fleckvieh, die er bisher bewirtschaftet hatte. Seine Wahl fiel auf das Hochlandrind, eine uralte, kleine und nie auf Hochleistung gezüchtete Rinderrasse mit langem, zotteligem Fell und großen Hörnern, in der Haltung überaus unkompliziert und an extreme Klimabedingungen gut angepasst, sozusagen hart im Nehmen.

Und das kommt ihnen auf den Niederalmen Gottfried Schlömmers durchaus zugute, denn bei Sonnenschein sind die Weiden direkt unterhalb des mächtigen Grimming zwar von berauschender Schönheit, allerdings liegt der Schnee hier normalerweise bis Mitte April, erklärt Schlömmer, und seine vierzig Tiere leben immerhin das ganze Jahr im Freien. Sie hätten zwar die Möglichkeit, in einem Stall Schutz zu suchen, aber das wollen sie gar nicht, erzählt Schlömmer, „die lassen sich im Winter sogar einschneien".

Hochlandrinderzucht Schlömmer
8983 Bad Mitterndorf, Krungl 29
Tel. 03623/60 21
www.schloemmer.info

Zweieinhalb bis drei Jahre verbringen die zotteligen Langhörner auf diese Weise auf der Alm, werden hier gedeckt, bringen hier ihre Kälber zur Welt, fressen an grüner Saftigkeit kaum zu übertreffendes Salzkammergut-Almengras, trinken Wasser aus einer eigenen Quelle, „unbestrahlt und unbehandelt, so was gibt's heute eigentlich nicht mehr". Zufütterung durch Kraftfutter gibt es gar nicht, erklärt Gottfried Schlömmer, denn das hätte bei den Highlandern erstens keinen besonders großen Effekt, weshalb er sich die Kosten ganz einfach spare und das Fleisch seiner Rinder dementsprechend mager sei. Und außerdem widerspreche es dem Prinzip des extrem langsamen Wachstums, das aber Grundlage für die Güte und Bekömmlichkeit des Fleisches seiner Tiere sei. Pro Jahr werden ungefähr zwölf Rinder geschlachtet, der Schlachtkörper erbringt 220 (Kuh) bis 350 (Stier) Kilo, die Gottfried Schlömmer nach dreiwöchiger Reifung am Knochen hauptsächlich als Frischfleisch direkt an Privatkunden verkauft (in Einzelstücken oder in einem gemischten Paket à ein Kilo, mit oder ohne Knochen) oder von einem auf Hochlandrinder spezialisierten Fleischhauer in Stein an der Enns zu Salami, Kabanossi, würzigen Hauswürsteln (mit Schweinespeck) oder Hauswürsteln mit Kürbiskernen verarbeiten lässt. Prämium-Produkt dieser Angebotspalette ist sicher der über Buchenholz geräucherte und bis zu drei Monate lufttgetrocknete Highlandbeef-Rohschinken, eine absolute Schinkenköstlichkeit. Die Qualität des Hochlandrinderfleisches zeige sich aber eigentlich bei jedem Stück, und er stelle auch mit Freude fest, dass seine Kunden nicht nur die sogenannten „Edelteile" nehmen, sondern gerne auch das „Suppenfleisch", „auch die, die sich's leisten können".

Dass es weniger Arbeit sei, könne man nach den Jahren der Hochlandrinderzucht jedenfalls nicht mehr sagen, meint Gottfried Schlömmer: Die Tiere regeln sich zwar alles selber, aber man muss halt doch immer nachschauen. Jedenfalls hat man das Gefühl, dass diese Arbeit recht befriedigend ist.

Foto: Highlandbeef-Rohschinken

Bergkern: salzige Handarbeit

Salzgewinnung ist die älteste Industrie Österreichs, reicht bis 1200 v. Chr. zurück und begründete im Salzkammergut die sogenannte Hallstattzeit. Noch heute zählt der Salzabbau der monopolisierten Salinen Austria AG mit Sitz in Ebensee zu den wichtigsten Bergbautätigkeiten Österreichs, was zwar eindrucksvoll ist, mit der Slow-Food-Philosophie aber relativ wenig zu tun hat, nicht zuletzt deshalb nicht, weil Speisesalze den absolut geringsten Teil des Abbaus ausmachen, wobei diese mit Jod und Rieselhilfen versetzt werden, was die Sache nicht interessanter macht.

Bis man vor sechs Jahren – der Erfolg der diversen Berg-, Himalaya- und Ursalze war bereits augenscheinlich – beschloss, den Markt anspruchsvoller Genussmenschen zu bearbeiten. Und da hat man auch etwas sehr Besonderes zu bieten: Im Altausseer Salzstollen wird nachweislich zumindest seit dem 12. Jahrhundert Salz gewonnen, und zwar manuell und in bergmännischer Weise, also nicht mittels Auslaugung durch eine Sole. Und das mit 98 Prozent für ein natürliches Salz besonders reine Kristall wurde zwar auch bisher verzehrt – allerdings nicht von Menschen, sondern es diente als Lecksalz für die Zierzucht.

2002 besann man sich seitens der Konzernleitung der Qualitäten dieses Salzes, konzipierte eine Marketinglinie, beschloss einerseits einen (recht hohen) Mindestpreis sowie die Konzentration auf Weiterverarbeiter und kleinen Delikatessenhandel, aber keine Beschickung von Handelsketten. 150 bis 200 Tonnen werden derzeit mit Bohrmeißeln und ohne jede Sprengung aus einem verhältnismäßig kleinen Stollen gebrochen, in dem der Einsatz großer Maschinen nicht möglich ist, die Brocken nach „Obertag" transportiert und hier händisch „verlesen". Bei dieser Selektion geht es primär darum, das sogenannte „Haselgebirge" – ein Lehm-Ton-Gemisch, das einerseits als Geschmacksträger dient, andererseits der Darmflora überaus zuträglich sein soll – unter zwei Prozent zu halten.

SalzWelten
Tel. 06132/200 24 00
www.salzwelten-shop.at

Jod ist in dem „Bergkern-Natursalz“ natürlich auch enthalten, allerdings eben nur in seiner natürlichen und damit so geringen Konzentration, dass es mit technischen Verfahren nur sehr schwer nachzuweisen ist. Was man allerdings nachweisen konnte und auch wollte, waren insgesamt dreißig verschiedene Mineralien, von denen Magnesium, Eisen, Phosphor und Zink den Hauptanteil ausmachen, enthalten seien aber natürlich noch viel mehr, erklärt Claudia Hagen, Vertriebsleiterin des Bergkernsalzes, „sozusagen ein Buffet an Mineralien“.

Das durch seine rosa-bräunlich-scheckige Färbung rasch wieder erkennbare Bergsalz wird in drei verschiedenen Malstärken angeboten: fein, grob und als Brocken (für Badezwecke). Neben diversen Mischungen mit Kräutern und Gewürzen sowie einer speziellen Salzkrustenwanne in der durchschnittlichen Größe eines Ausseer Saiblings gibt es seit einiger Zeit auch eine Kooperation mit den Österreichischen Bundesforsten, die das Bergkernsalz in ihrer Fischverarbeitung in Kainisch über Salzkammergut-Buchen räuchert. Auch mit Robert Hockner, Koch und Patron des renommierten Restaurants Post am See, am Grundlsee, gibt es eine Kooperation: Er stellt mit Bergkernsalz Nudeln her, die unter anderem in den „Salzwelten-Shops“ der Salinen vertrieben werden.

Foto: Bergkernsalz

Österreichische Bundesforste: wilde Fische aus tiefen Seen

Mit zehn Prozent der gesamtösterreichischen Staatsfläche sind die Österreichischen Bundesforste – sozusagen republikanischer Rechtsnachfolger der einstmals kaiserlichen Waldbesitzungen – nicht gerade ein Kleinbetrieb – und außerdem größter Besitzer von Fischwässern im Salzkammergut. Saiblinge und Reinanken aus den Salzkammergut-Seen hatten seit jeher ein extrem hohes Ansehen, schon während der Monarchie wurden sie lebendig in Fässern nach Graz und Wien verbracht. Fischzucht und Verpachtung von Fischereirechten in den steirischen Salzkammergutseen Altausseer See, Grundlsee, Toplitzsee und Ödensee war stets auch ein Teil des Geschäftsbereiches der ÖBF, wenngleich ein etwas stiefmütterlich behandelter.

Das änderte sich 1998, als die Bundesforste zu einer AG umgewandelt wurden (zu hundert Prozent in Staatsbesitz) und man beschloss, den Fischen in Zukunft größere Aufmerksamkeit zu widmen. Und das machte man zum Beispiel, indem alte Aufzeichnungen und Chroniken des „steirischen Fischfangs" von Julius Wallner aus dem Jahr 1911 studiert wurden, um ein Gefühl für die ursprüngliche Fauna dieser kalten, tiefen Seen zu bekommen. Was sich dabei schnell zeigte, war, dass Raubfische wie Hecht und Barsch nicht hierhergehören, sie werden daher seit fünf Jahren rigoros abgefischt.

Sehr wohl heimisch ist dafür der legendäre Grundlsee-Saibling, ein Planktonfresser, der ebenso wie die Reinanke höchstwahrscheinlich nach der letzten Eiszeit vor 10.000 Jahren in die Salzkammergut-Seen eingewandert ist, sowie die Raubfische Bachforelle und Seeforelle. Diese vier Fische stehen seit 2007 im Mittelpunkt des Projektes „Wildfang“: hundertprozentig „wilder Fisch“ aus den Seen, weder besetzt (zumindest Seesaibling und Reinanke) noch zugefüttert und nach dem Fang nicht einmal sortiert – „bei uns hat jeder Fisch seine Berechtigung“, sagt Matthias Pointinger, Leiter des Projektes. Um die Mengen der abzufangenden Fische feststellen zu können, ohne das Gleichgewicht zu gefährden, werden die Bestände mittels nächtlicher Echolotmessungen durchgeführt. Der einzige Weg, die Menge der „Wildfang“-Fische zu vergrößern, ist somit, weitere Seen in das Programm aufzunehmen.

ÖBF Wildfang, Matthias Pointinger
Fischereizentrum Kainisch
8984 Pichl-Kainisch 103
Tel. 03624/289
www.wildfang-naturfisch.at

Etwa zwölf Tonnen Fisch können auf diese Weise pro Jahr entnommen werden, die dann unter einem speziellen Logo auf den – der lokalen Wertschöpfung zuliebe ausschließlich regionalen – Markt kommen, wobei die Mengen natürlich sehr unterschiedlich sind, „von der Bachforelle sind es höchstens ein paar hundert Kilo, und wenn’s von der Seeforelle überhaupt hundert Kilo sind, ist das schon viel“, erklärt Pointinger. Und wenn das Wetter nicht passt, dann gibt’s halt auch mal gar nichts.

Wobei die Bundesforste natürlich auch züchten und zu diesem Zweck lebend gewonnenen Laich von Wildfischen verwenden. Die so gewonnenen Fische (ca. 40 Tonnen) werden auch im modernen Verarbeitungszentrum in Kainisch veredelt, etwa kalt oder heiß geräuchert (über Buchen aus dem Salzkammergut, mit Bergkernsalz aus Altaussee). In Zukunft will man auch eine „Zwischenstufe“ dieser beiden Marktmodelle anbieten, also Fisch aus Aquakulturen mit Biotopgüte, aus Wildlaich gezüchtet und mit nur maximal fünfzig Prozent Zufütterung.

Foto: Geräucherte Saiblinge

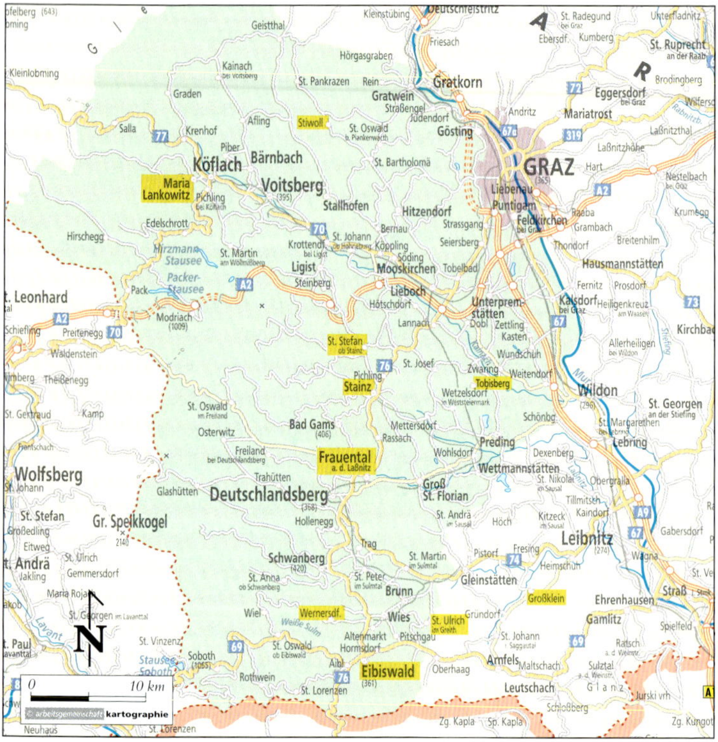
Kleinstübing
Deutschfeistritz
St. Radegund bei Graz
Unterfladnitz
Geistthal
Friesach
Ebersdf.
Kumberg
St. Ruprecht an der Raab
Hörgasgraben
Kleinlobming
Kainach bei Voitsberg
St. Pankrazen
Rein
Gratkorn
Brodingberg
Graden
Gratwein
Straßengel
Judendorf
Andritz
Eggersdorf bei Graz
Mariatrost
Salla
Krenhof
Afling
Stiwoll
St. Oswald b. Plankenwarth
Gösting
Laßnitzthal
Piber
Bärnbach
Laßnitzhöhe
Köflach
St. Bartholomä
GRAZ
(365)
Hart
Nestelbach bei Graz
Maria Lankowitz
Voitsberg
(395)
Pichling bei Köflach
Liebenau
Stallhofen
Puntigam
Hitzendorf
Krumegg
Feldkirchen bei Graz
Raaba
Edelschrott
Hirschegg
Bernau
Strassgang
Grambach
St. Johann ob Hohenburg
Krottendf. bei Ligist
Köppling
Seiersberg
Thondorf
Breitenhilm
Hirzmann Stausee
St. Martin am Wöllmißberg
Söding
Ligist
Mooskirchen
Tobelbad
Hausmannstätten
Packer-Stausee
Steinberg
Fernitz
Prosdorf
Pack
Lieboch
St. Leonhard
Modriach
(1009)
Hötschdorf
Unterpremstätten
Kalsdorf bei Graz
Heiligenkreuz am Waasen
Schiefling
Preitenegg
Lannach
Dobl
Zettling
Kasten
Kirchbach
Waldenstein
St. Stefan ob Stainz
Allerheiligen bei Wildon
Wundschuh
St. Josef
Zwaring
Weitendorf
Theißenegg
Pichling
Stainz
Tobisberg
Wildon
(296)
St. Oswald im Freiland
Wetzelsdorf im Weststeiermark
St. Georgen an der Stiefing
St. Gertraud
Kamp
Schönbg.
Bad Gams
(406)
Mettersdorf
St. Margarethen bei Lebring
Osterwitz
Rassach
Lebring
Preding
Freiland bei Deutschlandsberg
Frauental a. d. Laßnitz
Wohlsdorf
Dexenberg
Wolfsberg
Trahütten
Wettmannstätten
St. Johann
Glashütten
Deutschlandsberg
(368)
Groß St. Florian
St. Nikolai im Sausal
Obergralla
St. Stefan
Tillmitsch
Großedling
Gr. Speikkogel
2140
Hollenegg
St. Andrä im Sausal
Höch
Kitzeck im Sausal
Kaindorf
Gabersdorf
Eitweg
Leibnitz
(274)
St. Andrä
St. Ulrich
Trag
Jakling
Gemmersdorf
Schwanberg
(420)
St. Martin im Sulmtal
Pistorf
Fresing
Wagna
Heimschuh
St. Anna ob Schwanberg
St. Peter im Sulmtal
Gleinstätten
Maria Rojach
Brunn
Straß
Großklein
Ehrenhausen
St. Georgen im Lavanttal
Wiel
Wernersdf.
Wies
St. Ulrich im Greith
Gründorf
Gamlitz
Lavant
Weiße Sulm
Spielfeld
St. Paul im Lavanttal
St. Vinzenz
Altenmarkt
Pitschgau
St. Johann i. Saggautal
St. Oswald ob Eibiswald
Hormsdorf
Ratsch a. d. Weinstr.
Stausee Soboth
Soboth
(1065)
Arnfels
Maltschach
Sulztal a. d. Weinstr.
Aibl
Eibiswald
(361)
Oberhaag
Rothwein
Glanz
St. Lorenzen
Leutschach
Jurski vrh
Schloßberg
Neuhaus
St. Lorenzen
Zg. Kapla
Sp. Kapla
Zg. Kungota
A2
A9
67
70
72
74
76
69
319
N
0
10 km
© arbeitsgemeinschaft kartographie

Weststeiermark

Es ist das Land, in dem der „Hödlmoser“ spielt, Reinhard P. Grubers legendäre Steirersaga eines rabiaten Mofafahrers, in dessen Adern der Schilcher pulsiert. Der Schilcher, einstmals als besonders „hantig“ verschriene „Rabiatperle“ aus der nahezu nur hier existierenden Blauen-Wildbacher-Traube, mittlerweile ein Roséwein von nicht nur hohem regionalem Identifikationswert, sondern auch in Qualitäten gekeltert, die man sich zu Hödlmosers Zeiten kaum vorstellen konnte. Aber in der Region zwischen Koralpe, Graz, dem südsteirischen Weinland und der slowenischen Grenze wurde nicht nur der zwiebelfarbene Schilcher immer feiner, in den vergangenen zehn Jahren war hier nachgerade eine kulinarische Explosion festzustellen: So wurde das legendäre und fast schon verschwundene Sulmtaler Huhn wiederentdeckt und gezüchtet, regionale Schinken- und Wurstspezialitäten erleben eine Renaissance, der ungeheuer große Reichtum an Beeren und Früchten erfährt neue und wunderbare Verwendung, sogar zum Käse-Kompetenzzentrum konnte sich die Weststeiermark entwickeln. Das heißt: Die Weststeiermark blieb so schön und idyllisch, wie sie immer war, nur isst und trinkt man hier mittlerweile sehr viel besser.

Andrea Sagmeister: Kunst in kleinen Chargen

Inwieweit Kochen Kunsthandwerk oder doch Kunst ist, wird ja oft diskutiert, und es gibt wohl viele gute Beispiele für Ersteres und auch ein paar ganz wenige für Zweiteres. Ob es sich bei Marmeladen, Gelees und Chutneys um Kunst handelt, wurde zwar sicher noch nicht so oft überlegt, die Produkte von Andrea Sagmeister kommen da aber zumindest schon sehr nahe heran.

Andrea Sagmeister besuchte eine Kunstschule in Holland, arbeitete dann eine Zeitlang in der Modebranche und gab 2003, als sie die elterliche Obstplantage in der Weststeiermark übernahm, endlich ihrer großen Leidenschaft nach: dem Kochen und Einkochen. Schon drei Jahre später wurde sie zur „echt steirisch"-Botschafterin gekürt, ein Titel, mit dem in der Steiermark regelmäßig herausragende Produzenten in unterschiedlichen Warenkategorien ausgezeichnet werden – in der Kategorie „Marmelade" blieb sie bis heute übrigens die Einzige.

Andrea Sagmeisters Arbeitsweise ist in mehrerer Hinsicht extrem interessant: Erstens verarbeitet sie immer nur winzige Chargen von höchstens drei Kilo, manchmal sogar auch nur ein halbes Kilo; und zweitens macht sie Marmelade, Chutney und Sirup aus Früchten und Blüten, die zwar allesamt ursteirisch sind, die man aber nur äußerst selten ins Glas gefüllt antrifft. Fliedersirup zum Beispiel, oder Sirup von

Foto: Mostgelee und Apfelchutney

ihren Lavendelstöcken (derzeit sind es noch 400, bald werden es tausend sein), den Andrea Sagmeister als ihr „Highlight" bezeichnet, oder die absolut fantastische „Ur-Apfel-Marmelade" aus winzigen, kirschgroßen Wildäpfelchen mit einem nachgerade umwerfenden Apfelduft und ungeheurem Arbeitsaufwand – für ein Kilo Fruchtfleisch schält und schneidet sie etwa drei Stunden.

Ebenfalls ein wichtiges Thema für Andrea Sagmeister ist die Rose. An die hundert Stöcke stehen derzeit in ihrem Garten, sowohl alte, besonders duftintensive Edelrosen als auch Wildrosen. Für ihre Gelees, wie zum Beispiel das mit Chili versetzte „Rosenscharf"-Gelee, verwendet sie sowohl die Blütenblätter, ungeöffnete Blütenknospen als auch die Hagebutten der Rosen. Zugriff auf ein schier unendliches Blütenmeer garantiert außerdem eine Kooperation mit Schloss Herberstein, dessen Muskateller sie auch gerne als Basis etwa für das Gelee „Edelsüß" (mit Lavendel und Goldmelisse) verwendet.

Doch so entscheidend die absolute Frische und Fruchtigkeit, die ungeheuer präzise Definition der Aromen und die überaus kreative Kombination der Aromen bei ihren Gelees auch sein mag, die Optik spielt für Andrea Sagmeister eine mindestens ebenso wichtige Rolle: Die Lavendelblüten in ihrem Lavendelgelee wirken nicht nur genau platziert, sie sind es, das „Kunterbunte Mostgelee" ist eine optische Freude und „Rosenscharf" nachgerade dramatisch schön. Und apropos Kunst: Die Lust an der Optik geht so weit, dass Frau Sagmeister zu ihren Gelees auch die entsprechenden Bilder malt, die von der Schönheit, Kraft und aromatischen Dynamik der in den Gläsern gebannten Früchte, Kräuter, Blüten und Essenzen künden.

Andrea Sagmeister
8503 Tobisberg 34
Tel. 03136/830 68
www.sagmeisters.at

Alle Zutaten, die Andrea Sagmeister nicht in ihren eigenen Gärten und Plantagen hat, bekommt sie übrigens von befreundeten Betrieben und Kooperationspartnern – im Tausch gegen die fertigen Gelees, Marmeladen und Sirupe.

Hofkäserei Deutschmann: der steirische Käsepionier

Die Rinderzucht, sagt Franz Deutschmann, bot sich im weststeirischen Hügelland ganz einfach seit jeher an, die landschaftlichen Gegebenheiten legen das nahe, und mit der Molkereigenossenschaft in Stainz besaß die Region einen sicheren Abnehmer. Aus der weststeirischen Milch wurde hauptsächlich Butter gemacht, auf den Höfen selbst höchstens „saure Milch", weitere Gedanken über die Möglichkeiten der Milchverarbeitung machte man sich nicht.

Das war ein mehr oder weniger sicheres Einkommen, dennoch beschloss Querdenker Deutschmann, als er Ende der Achtzigerjahren den elterlichen Hof übernahm, diesen Pfad zu verlassen. 1987 lernte er bei einem kleinen Schafbauern das Käsen, „wobei da von anspruchsvollen Produkten noch keine Spur war, da ging's noch um Gupferln und so", 1988 stellte er auf biologischen Landbau um, erzeugte biologische Milch, einfache Weiterverarbeitungen wie Joghurt und Frischkäse, aber auch Apfelsäfte von den hofeigenen Streuobstwiesen und Biogetreide, „davon haben wir auf der Landwirtschaftsschule aber überhaupt nichts gelernt, ich musste mir alles selber beibringen". Auch die Vertriebsform war neu: Ab-Hof-Verkauf statt Ablieferung an die Genossenschaft, und weil sich Franz Deutschmann dann fast schon daran gewöhnt hatte, herkömmliche Vorgangsweisen infrage zu stellen, machte er in diesem Sinne gleich weiter: Umstellung auf Laufstall, 1991 der Bau einer professionellen Käserei und damit der Beschluss, die Produkte nicht mehr nur auf Bauernmärkten zu vertreiben, sondern auch den „echten" Handel zu beschicken und die urbane Käuferschicht zu erreichen.

Hofkäserei Deutschmann
8523 Frauental, Oberberglastraße 10
Tel. 03462/40 57
www.hofkaeserei-deutschmann.at

Das machten in Sachen Käse damals noch nicht wirklich viele österreichische Landwirte, und kaum einer so konsequent wie Franz Deutschmann. Er konzentrierte sich bei der Käseherstellung auf Weich- und halbfeste Schnittkäse, da es auf der Hand lag, in der ohnehin schmalen Nische für österreichischen Hochqualitätskäse gegen etablierte Hartkäseerzeuger etwa aus Tirol und Vorarlberg nur wenig Chancen zu haben. Und er entschied sich für Rohmilchkäse – was zu diesem Zeitpunkt in Österreich für Weichkäse eigentlich sogar verboten war, „heute klingt das so leicht, aber damals war das irrsinnig schwierig“.

Sein zehn Wochen gereifter und mit Rotweingeläger behandelter „Fasslkäs“ oder der „Steirische Kürbiskernkäse“ mit gehackten Kürbiskernen im Teig und einer mit Kürbiskernmehl gereiften Rinde fehlten bald in keiner steirischen Buschenschank und in keinem Sortiment auch anspruchsvollerer Gastronomie in der ganzen Steiermark. Mit seinem Rohmilch-Camembert machte sich Deutschmann schließlich österreichweit einen Namen, mittlerweile erzeugt seine Käserei 35 bis 38 Tonnen Käse pro Jahr, von denen 15 bis zwanzig Prozent exportiert werden – sogar in die Schweiz.

„Frankreich ist mein großes Vorbild“, sagt Deutschmann, denn hier würden mit kleinen Strukturen hochwertige Nischenprodukte hergestellt, und zwar durchaus auch in ernstzunehmender Menge. Sein Zukunftsprojekt, das er gemeinsam mit seiner zur Käsesommelière ausgebildeten Frau Gertrud erarbeitet hat, sind weitere speziell affinierte Weichkäse.

Foto: „Steirerschimmel“
mit Blauschimmel und Rotkulturrinde

Lukashof: den Biosenf dazugeben

Ursprünglich diente der Lukashof in Grafendorf bei Stainz der Pferdezucht, die großzügige Anlage aus den Zeiten Erzherzog Johanns zeugt noch heute von dem Selbstbewusstsein und der Souveränität der damaligen Landwirtschaft. Alois Höglers Vater hatte sich inzwischen – wie die meisten Bauern der Umgebung – auf Mischwirtschaft und Schweinezucht verlegt, ein Weg, der Alois und Dagmar Högler wenig zukunftsträchtig erschien, als sie den Betrieb 1987 übernahmen.

Sie stellten also rasch einmal auf Bioproduktion um, wurden zwei Jahre später zertifiziert, versuchten es vorerst einmal mit Direktvermarktung und ab 1993 mit der Verarbeitung des eigenen Obstes zu Schnaps und anderen bäuerlichen Spezialitäten. Und sie bemerkten: Genau diese anderen Spezialitäten interessierten die Leute, Kürbiskernpesto mit Basilikum, Marmeladen, Chutneys und so weiter. Daraus entwickelte sich bald eine Geschäftsidee, und die Höglers begannen damit, hübsch aufgemachte Bio-Geschenkkasetten für Firmen zusammenzustellen, holten sich Verpackungs- und Produktinspirationen von diversen Lebensmittelmessen, besonders die Besuche in Italien waren da sehr ergiebig – „Italien war eigentlich der Anstoß“, sagt Alois Högler. Einiges wurde zugekauft, selbst gemacht wurden vorerst jene Sachen, deren Ausgangsmaterial am Lukashof einfach vorhanden war und verarbeitet werden musste, mit der Zeit spezialisierten sich die Höglers aber immer mehr und stellten auch jene Dinge selber her, die in der gewünschten Qualität biologisch einfach nicht zu bekommen waren.

So mangelte es als Begleitung zu einem irischen Biolachs in der Geschenkbox ganz einfach an einem überzeugenden Senf, weshalb sich Dagmar Högler also daranmachte, Senf zu rühren. Ein Orangen-Dill-Senf war der erste Versuch und stieß unmittelbar auf große Begeisterung, ein Schilcher-Kren-Senf – der Lukashof unterhält vor allem in der Adventszeit auch Glühmoststände – als Begleitung zu diversen Würsten wurde bald nachgeschossen.

Neben den Senfen und drei Pestos stellt Dagmar Högler auch reinsortige Apfelmarmeladen der alten Sorten Bohnapfel, Schafnase, Frauenapfel und Oderling her, diverse Chutneys („das Weingartenpfirsich-Chutney ist immer als Erstes aus"), Gelees, Kürbisknabberkerne, aromatisierte Schmalzaufstriche und Kräutersalz. Die Wildkräuter dafür gedeihen in einer nur zwei Mal pro Jahr gemähten Streuobstwiese, Dagmar Höglers Schwester kennt als gelernte Kräuterpädagogin die Schätze, die da gedeihen.

Ebenfalls außergewöhnlich: Zubereitet wird alles nach der chinesischen Lehre der fünf Elemente, also mit Bedacht auf die Balance und „im Kreis gekocht", wie man zu dem geregelten Ablauf der Zugabe der unterschiedlichen Zutaten sagt. Gekocht wird außerdem über Holzfeuer, „weil es einfach etwas anderes ist", sagt Frau Högler.

Lukashof
8510 Stainz, Grafendorf 11
Tel. 03463/39 50
www.lukashof.com

Seit vergangenem Jahr ging der Lukashof gewissermaßen in die Vermarktungsoffensive, jährlich werden an die 50.000 Gläser erzeugt, die über 140 Handelspartner in Deutschland und Österreich – zumeist kleinere Delikatessengeschäfte und Bioläden – verkauft werden.

Foto: Biosenf mit Orangen und Dill

Carl Heinz Gerstner: permakulturelle Schweinevielfalt

Als „Jäger und Naturgeher“ sah sich der Juwelierssohn Carl Heinz Gerstner eigentlich immer schon, auch als er noch Kindertrachtenmode herstellte. Der erste Schritt in jene Richtung, die er heute beschreitet, war allerdings, als er die Textilbranche aufgab, einen Naturkostladen eröffnete, dort auch entsprechende Bücher verkaufte und in einem davon, vom Australier Bill Mollison, von der „Permakultur“ las. Und diese Idee der nachhaltigen, selbstregulierenden Systeme von Pflanzen, Tieren und Menschen faszinierte ihn.

Er übersiedelte vor zwölf Jahren auf einen winzig kleinen Bauernhof im weststeirischen Hügelland bei Stiwoll, nannte ihn „Sonnhof“, begann in Kooperation mit Jugendlichen aus einer nahen Nervenheilanstalt Pflanzen so anzubauen, wie sie auch in der Natur zusammenpassen würden, hatte zuerst einmal drei Schafe, und wurde von den Bauern der Umgebung entsprechend belächelt. Bald hatte er hundert Schafe, und man begann zu munkeln, dass er der größte Schafbauer der Steiermark werden wolle. Aber weit gefehlt, denn genauso fasziniert wie die Permakultur hat Carl Heinz Gerstner immer auch schon das Schwein – das intelligenteste und sozialste Haustier überhaupt.

Und als ihm ein kleines Turopolje-Ferkel geschenkt wurde, ging’s los: Zu dem Turopolje kamen noch Schwäbisch-Hällische, rote und weiße Mangalitza- und sogar ein paar Wildschweine; Gerstner unternahm Bildungsreisen nach Transsylvanien, Kroatien und Ostungarn, überall dorthin, wo Schweine noch gehütet werden und Schweinehüter noch genau die Bedürfnisse und Eigenheiten der Tiere kennen.

Sonnhof
Carl Heinz Gerstner
8113 Stiwoll 52
Tel. 0664/423 06 76

Mittlerweile hat Gerstner vier Zuchteber und an die 250 Sauen in mehreren Koppeln herumlaufen, die Ferkel bewegen sich frei und erkunden die benachbarten Wälder, die Sauen bleiben in ihren Suhlen, machen aber fortwährend Bewegung, wirken erstaunlich schlank und hochbeinig. Traktor hat Gerst-

ner allerdings keinen, gemäht und gedüngt werden die Wiesen von den Schafen, umgegraben und aufgearbeitet von den Schweinen, alle Arbeit, die von der Natur doch nicht so gewährleistet werden kann, kauft er von einem Maschinenring zu, aber viel ist das nicht. „Ich habe eigenes Wasser, Gemüse, Holz usw."

Wenn die Muttersauen Junge haben, dürfen sie zum Energietanken in frische Koppeln, wo sie Grünfutter, Felderbsen und Sojabohnen vorfinden. Die kleine Herde von Eseln, die Pfauen und die Lipizzaner dienen nur landschaftlichen und emotionalen Zwecken, wirken in dieser Funktion aber auch nicht unglücklicher als die Schweine oder die Schafe.

Dass Schweine aus solch einer Idylle einfach die beste Basis für unglaubliche Fleischprodukte sind, ist klar. Selbst verarbeitet Carl Heinz Gerstner das Fleisch seiner permakulturellen Mitbewohner zwar nicht, beliefert damit aber zum Beispiel Anton Kranzelbinder in Maria Lankowitz, der die Gerstner'schen Schweine zu seinen glutamatfreien „Sonnhof"-Spezialitäten verarbeitet.

Foto: „Lardo" vom Permakulturschwein

Genussfleischerei Kranzelbinder: unverstärkt starke Schinken

Die Genussfleischerei von Anton Kranzelbinder ist ein kleiner Familienbetrieb auf der Hauptstraße von Maria Lankowitz, das – zumindest bisher – eher durch seine Lipizzanerweiden Berühmtheit erlangte. Der junge Fleischhauer realisierte rasch, dass er nur durch Spezialisierung und Qualität eine Chance haben würde, setzte daher auf Lohnverarbeitung für Demeter-Betriebe und ließ sich auch als Biobetrieb zertifizieren (was sich aufgrund seiner Betriebsgröße aber schließlich nicht rechnete).

Und Anton Kranzelbinder überlegte sich auch, worauf man bei der herkömmlichen Fleischverarbeitung verzichten könne, wenn man sich erstklassiger Fleischqualität sicher sein kann – Ochsen von der Stubalm und Schweinefleisch etwa von Carl Heinz Gerstners Permakulturprojekt Sonnhof –, weil nämlich genau das die Basis seiner Arbeit ist. Also probierte er es gleich einmal ohne Natriumglutamat, kompensierte dies anfangs mit ein bisschen mehr Pfeffer und Kümmel und wunderte sich ein wenig, dass seine Kunden das Fehlen des Geschmacksverstärkers kaum bemerkten. Auch

auf Nitrit verzichtet Kranzelbinder gerne, und die Gewürzmischungen, mit denen er arbeitet, sind zu hundert Prozent biologisch, „und zwar von der Extrawurst bis zur schimmelgereiften Salami".

Genussfleischerei Anton Kranzelbinder
8591 Maria Lankowitz, Hauptstraße 175
Tel. 03144/27 22
fleischereiantonkranzelbinder.gemeindeausstellung.at

Diese entwickelt sich in letzter Zeit zu einer echten Spezialität der Genussfleischerei, nicht zuletzt deshalb, weil Anton Kranzelbinder einen kleinen Kühlraum, der überflüssig geworden war, zum Schimmelreife-Raum umfunktionierte und hier Salami in fünf verschiedenen Kalibern – von der Salametti bis zur wirklich mächtigen Rohwurst im Bimmerling, dem „Wurmfortsatz" des Rinderdarms mit einem Füllvolumen von mehreren Kilo – mit den natürlichen Enzymen des weißen Schimmels reifen lässt. Der Inhalt der Würste sei mehr oder weniger der Gleiche, Geschmack und Konsistenz würden aufgrund der unterschiedlichen Kaliber aber stark divergieren, erklärt der Fleischhauer.

Seit vier Jahren verarbeitet er das Fleisch der Permakulturschweine von Carl Heinz Gerstners Sonnhof in Stiwoll unter der Marke „Sonnhof" zu Schinkenspeck, Bauchspeck, zu Salami, zu Lardo und seit kurzem auch zu einem luftgetrockneten Rohschinken. Der kühl geräucherte Schinkenspeck zergeht mit leicht karamelligem Geschmack cremig auf der Zunge, der sechs Monate getrocknete Beinschinken ist überhaupt eine Klasse für sich, außer einem sogenannten „Wüstensalz" aus Persien kommt keinerlei Zusatz zu diesem Schinken-Kunstwerk, das die Köstlichkeit der Permakulturschweine wohl deutlicher nicht unter Beweis stellen könnte. „Verarbeitungstechnik spielt natürlich schon auch eine Rolle", meint Kranzelbinder, „aber das Wichtigste ist einfach die Erfahrung." Der Mann ist noch jung, da kann man sich ja auf was gefasst machen.

Foto: Salami vom Fleisch der Sonnhof-Schweine

Franz Strohmeier: Schilcher mit Zeit und Liebe

Den Schilcher könnte man als Paradebeispiel für die Slow-Food-Idee bezeichnen: Die wahrscheinlich schon von den Kelten aus Wildreben selektionierte Blaue-Wildbacher-Rebe, aus der dieser Rosé seit Jahrhunderten gekeltert wird, ist einzigartig und existiert quasi nur in der Weststeiermark; mit der Schutzmarke „Weißes Pferd" – Weine mit diesem Siegel müssen zu hundert Prozent aus Blauem Wildbacher bestehen, zu hundert Prozent aus der Steiermark stammen und sich einer Verkostung unterziehen – besitzt der Schilcher einen der rigorosesten Kontrollmarken in der österreichischen Weinszene; der Schilcher repräsentiert sehr stark den Boden, auf dem er gewachsen ist, und kann im Extremfall fast schon „salzig" mineralisch schmecken; und nicht zuletzt ist der Schilcher ein wesentlicher Bestandteil der regionalen kulinarischen Kultur, Inbegriff einer Landschaft und ideale Begleitung zu den lokalen Spezialitäten.

Was aber nicht heißt, dass sich der Schilcher nicht auch weiterentwickeln kann. Franz Strohmeier, Winzer in Lestein bei St. Stefan ob Stainz, war zum Beispiel einer der Ersten, die aus der tiefdunklen Traube auch ernstzunehmenden Rotwein kelterten, sein seit 1992 hergestellter Schilchersekt (seit 1997 gänzlich selbst versektet und degorgiert) nahm in seinem Angebot bald eine sehr wichtige Position ein, auch eine Trockenbeerenauslese vom Blauen Wildbacher mit fast 300 Gramm Restzucker füllte er ab. Selbst bei der Abfüllung nach Lagen und Crus war Franz Strohmeier einer der Pioniere; die entscheidende gedankliche Wende erfuhr er aber, als er die Gelegenheit hatte, uralte Schilcher der Jahrgänge 1939 bis in die Fünfzigerjahre aus einem Privatkeller zu probieren. Abgesehen davon bewirtschaftete er seine Weingärten schon seit sechs Jahren biodynamisch, nach der Lehre Rudolf Steiners, und begann 2006 noch dazu Experimente mit einer

Wein & Sektmanufaktur F. u. C. Strohmeier
8511 St. Stefan ob Stainz, Lestein 148
Tel. 0676/383 24 30, www.strohmeier.at
Zertifizierter Bioproduzent

Ausbauweise gänzlich ohne Schwefel. Das galt in den vergangenen 2000 Jahren als unmöglich bis wahnsinnig, wird seit einiger Zeit aber von immer mehr – vor allem biodynamisch arbeitenden – Winzern probiert.

Franz Strohmeier etwa machte die Erfahrung, dass die hohe Säure, die für den Schilcher nun einmal typisch ist, eine sehr stabilisierende Wirkung hat und dass aufgrund der Vermeidung von synthetischen Giften im Weingarten natürliche Hefen im Wein nicht nur sehr viel besser existieren, sondern den Wein auch vor Oxidation schützen können. Bis zu eineinhalb Jahren ruhen und reifen diese Weine im Fass, Strohmeier überlässt sie dabei weitgehend ihrer eigenen Entwicklung und greift kaum ein, abgefüllt wird gänzlich ohne Filter. „Meine Kollegen setzen primär auf Primärfrucht“ (damit sind die duftig-beerenfruchtigen Komponenten des Schilchers gemeint), sagt Franz Strohmeier, er legt seinen neuen Schilcher mit der Bezeichnung „Trauben, Liebe und Zeit“ da eher ganzheitlicher und komplexer an, als Spiegelbild des Terroirs und des Jahres sozusagen. Diese Weine haben nichts von der heiteren Oberflächlichkeit eines typischen Schilchers der vergangenen zwanzig Jahre, sondern wirken ruhig, balanciert, tiefgründig, mineralisch und mit einer unheimlich fordernden Würze. Daran, in Zukunft auch seine Schilchersekte ohne Schwefel herzustellen, arbeitet Strohmeier noch. Und seiner Aussage, „man kann das, was von Natur aus da ist, nicht hinbiegen, so wie’s der Markt will“, kann man ohnehin einfach nur zustimmen.

Foto: Wildbacher Rosé

Friedrich Hasewend: Es lebe die Prozedur!

Schilcher, Kernöl und Verhackert sind als Eckpunkte weststeirischer Regionalkulinarik ja durchwegs und auch über die Landesgrenzen hinaus bekannt. Friedrich Hasewend, Fleischhauer, Wirt und nicht zuletzt Kinobesitzer in Eibiswald im südweststeirischen Schilcherland, nimmt sich aber auch jener Spezialitäten an, die weniger Bekanntheit genießen, und zwar deshalb, weil sie aufgrund der mühsamen und langwierigen Herstellung kaum noch wer zubereitet.

Das Kübelfleisch zum Beispiel: Früher war das im Schmalz konservierte Schweinefleisch unverzichtbarer Bestandteil jeder Buschenschankjause, wer sich die Herstellungsprozedur vergegenwärtigt, wird allerdings verstehen, dass das südweststeirische Kübelfleisch mittlerweile den Status einer exotischen Rarität besitzt. Hasewend schlachtet die Schweine, die allesamt aus dem Naturpark rund um Eibiswald stammen, selbst und stressfrei. Dann werden Hals, Schlögel, Fricandeau und Kögerl, „mit dem Schwarterl drauf", mit Meersalz, Lorbeer, Knoblauch und Wacholder sechs Wochen lang gesurt, abgespült, über Buchenspänen geselcht, anschließend auf 72 Grad Kerntemperatur gekocht, warm in Bottiche gefüllt und mit Schmalz ausgegossen. Zwei Wochen verbringt das „Kübelfleisch" – aus Hygienegründen verwendet Friedrich Hasewend natürlich längst Kunststoff- und Metallbehälter statt der ursprünglichen Holzbottiche – im Schmalz, was dieser gekochten, geselchten und gesurten Spezialität noch eine ganz spezielle Aromakomponente und Mürbheit verleiht.

Hasewends Meisterfleischerei
8552 Eibiswald 39
Tel. 03466/422 16
www.hasewend.at

GENUSS REGION ÖSTERREICH

Noch viel aufwendiger aber ist die Zelodec, eine traditionelle Rohwurst aus der heute slowenischen Untersteiermark, die Friedrich Hasewend gemeinsam mit Anton Koschak, Sulmtaler-Pionier, Winzer und Wirt der Keltentaverne in Heimschuh, entwickelte. Für diese Wurst – der Name bedeutet auf Slowenisch „Magen" – werden mageres Schweinefleisch, etwas Speck und Rindfleisch mit Meersalz (aber ohne Nitrite oder andere E-Zusätze) vier Tage mitei-

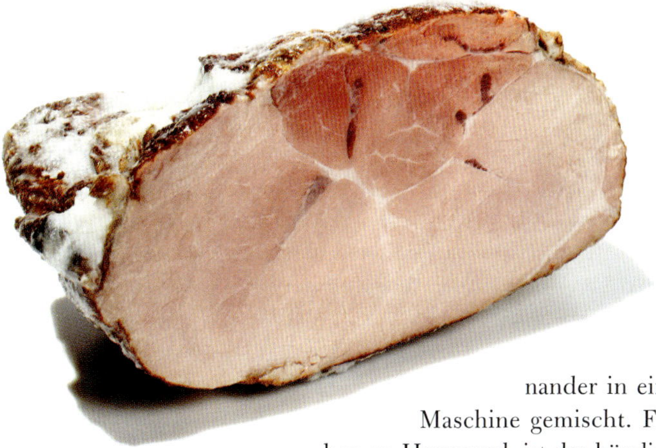

nander in einer Maschine gemischt. Früher, so Hasewend, ist das händisch in Trögen gemacht worden und hat wohl noch länger gedauert. Danach werden die Teile wieder getrennt, das Schweinefleisch gewolft, der Speck von Hand geschnitten und das Rindfleisch ganz fein vermahlen, denn das gibt die Bindung. Mit einer selbstverständlich geheimen Gewürzmischung kommt die wiedervermischte Masse dann in den sogenannten „Bimmerling", einen Wurmfortsatz des Rinderdarms, zwei Zelodecs pro Bimmerling gehen sich da aus. Das Ganze wird dann gepresst, kalt geräuchert und in einer fünf Monate dauernden Reifezeit auf vierzig bis 45 Prozent abgetrocknet – „viele Arbeitsschritte, aber dafür kostet's auch ein bisserl was". Das Ergebnis ist eine extrem kompakte, würzige und absolut köstliche Salami, wie es sie in Österreich nicht viele gibt.

Und was in Österreich auch nur Friedrich Hasewend herstellt, ist die Sulmtaler Hendl-Galantine, nach einem Rezept der legendären Grazer Kochbuchautorin Katharina Prato (1818–1897), die es ermöglicht, Sulmtaler Huhn das ganze Jahr über zu genießen: Dazu werden ganze Stücke von Brust und Keule mit einer Farce in eine mit Hendlhaut ausgelegte Form gefüllt, gekocht und leicht geräuchert. Die Galantine kann dünn aufgeschnitten und kalt oder dick als warmes Gericht genossen werden. Und was bei Friedrich Hasewend auch noch sehr besonders ist, sind die regelmäßigen Film-Frühstücke, wo man zu diversen Arthouse-Filmen den thematisch passenden Brunch bekommt – die Fans reisen dafür sogar aus Deutschland an.

Foto: Kübelfleisch

Waltraud Jöbstl: moderne Edelbrände mit alter Tradition

Die Grenze zu Slowenien ist nur ein paar Kilometer entfernt und die Koralpe in Sichtweite. Und dieser Bergrücken, der Kärnten und die Steiermark voneinander trennt, war nicht immer nur aufgrund seiner Radaranlage oder der Skipisten bekannt, sondern bis vor gar nicht so vielen Jahren vor allem als wichtiges Industrie- und Bergbaugebiet: Der Kern des Gebirges besteht aus hochwertigem Quarz, auch Kohle wurde abgebaut, was insgesamt hervorragende Bedingungen für Glashütten gab.

Und wo es Schwerindustrie gab, da gab es auch Schnaps. „Schnaps 'brennt ist hier immer schon worden", erklärt Waltraud Jöbstl, ein bisschen offiziell für den Eigengebrauch und wohl auch ein bisschen inoffiziell für die Aufbesserung das kargen Daseins. Gebrannt wurde an den Hängen der Koralpe vor allem das, was man anders nicht mehr verwerten konnte oder wovon reichlich da war, also Zwetschken, übriggebliebener Schilchermost, Schilchertrester und Schilchergeläger. Gerüchte besagen, dass das maria-theresianische Brennrecht, das jedem Hof das Brennen eigener Früchte während einer zu beantragenden Zeitspanne erlaubt, ein klein wenig gebeugt wurde, indem man das Brennen von überaus unergiebigem Trester oder Geläger zwar anmeldete, tatsächlich aber Wein oder Most brannte, was einen weitaus besseren Ertrag versprach ...

Foto: „Aurum" Apfeltrester

Der Geschichte des weststeirischen Schnapsbrennens hat Waltraud Jöbstl ein eigenes kleines Museum gewidmet, in dem man nicht nur historische Schnapsflaschen und Brennkessel aus allen Epochen bestaunen kann, sondern auch ihre ersten eigenen Schnapsfässer aus Maulbeer und Eiche. Ende der Achtzigerjahre begann sich Waltraud Jöbstl – ihre Familie besitzt den Wein- und Obstbaubetrieb am Schilcherberg schon seit etlichen Generationen – ganz nach weststeirischer Tradition (hier war das Schnapsbrennen nämlich immer schon Frauensache, der Vorlauf wurde auf den Höfen immer schon als Medizin verwendet, etwa zum Einreiben der Tiere) auf die Herstellung feiner Edelbrände zu konzentrieren. Den Anfang machten Brände der eigenen Äpfel, die Sorten Idared und McIntosh, bald experimentierte Waltraud Jöbstl aber auch mit dem regionalen Basisschnaps, dem Schilcherbrand. Die Vielzahl der diversen Jöbstl'schen Brände aus den unterschiedlichsten Formen und Zuständen der Blauen-Wildbacher-Traube sind fast schon unüberschaubar: fassgelagerter Schilcherhefe-Brand zum Beispiel, Traubenbrand aus der Blauen-Wildbacher-Traube, ebenfalls im Holzfass gereift, ein wuchtiger Tresterbrand vom Schilcher und natürlich ein Schilcher-Weinbrand, beide mit Holzfassreifung. Im Gegensatz zu anderen Bränden aus dem überaus umfangreichen Sortiment Waltraud Jöbstls (dreißig verschiedene Brände!) stammt die Rohware sämtlicher Schilcherbrände ausschließlich aus dem eigenen Weinbaubetrieb, den seit einigen Jahren ihr Sohn Johannes führt und mit mitunter außergewöhnlichen Schilchervarianten (Trockenbeerenauslese, Eiswein oder ein „Schnürlwein" – ein Süßwein aus an Schnüren getrockneten Wildbacher-Trauben) auf sich aufmerksam macht. Ganzer Stolz und Highlight des Schilcherbrand-Sortiments sind die zwei Edelbrände – ein Schilcher-Tresterbrand und ein Schilcher-Weinbrand – der jungen „Cigar"-Serie mit etwas höherem Alkohol und besonders langer Fasslagerung.

Brennerei Jöbstl
8551 Wernersdorf, Am Schilcherberg 2
Tel. 03466/42 37 91
www.brennerei-joebstl.at

Maria Lampl: die gesunde Mischung

Wenn man Maria Lampls Bauernhof erst einmal gefunden hat, weiß man sofort, worum's geht: Kräuter allenthalben und an jedem Platz, an der Hausmauer des 400 Jahre alten Hofs, in kleinen, in Stein eingefassten Beeten, in Fensterkisterln. Aber das sei alles nur zur Zierde, sagt Frau Lampl, sei einerseits Tradition hier in der Weststeiermark und andererseits ja auch gerade wieder groß im Kommen, und zwar nicht nur in der Weststeiermark.

Ihre Kräuter, mit denen sie ihre Tees, Kräutersalzmischungen und Essenzen zubereitet, wachsen auf wirklichen Feldern, meistens auf eher steilen Hanglagen, von der Sonne schön beschienen, vom Wind gut durchlüftet, „einfach optimal", wie Maria Lampl attestiert.

Der Kräuteranbau hat hier auf den kleinen Höfen im weststeirischen Hügelland immer schon Tradition, gewerblich wurde er trotz idealer Klimabedingungen aber kaum ausgeführt, höchstens ein kleines Zusatzeinkommen für die Bäuerinnen, Hausgebrauch oder eben die Hofverschönerung, das war's.

Maria Lampl begann vor dreißig Jahren mit dem Anbau von Kräutern, zuerst als Vertragsbäurin für ein Kräuterprojekt der Agrosserta, der steirisch-kärntnerischen Molkereigenossenschaft; als das aber eingestellt wurde, musste sich Maria Lampl eigene Vertriebswege suchen, kreierte ihre eigenen Tees und verkaufte auf Bauern- und Weihnachtsmärkten. Schon 1999 stieg sie auf biologische Bewirtschaftung um, dass sie zu hundert Prozent nur eigene Kräuter verarbeitet, ist Ehrensache, Hundertprozentigkeit auch hinsichtlich der Handarbeit – beim Kräuteranbau obligatorisch. Schon mit der Sense würde man enormen Schaden verursachen, erklärt Frau Lampl, nur die Ernte mit der Sichel oder händisches Pflücken würden gewährleisten, dass die Kräuter oder Blüten den Boden nie berühren. Modernität dafür bei der Trocknung: In den ersten Jahren arbeitete sie zwar noch mit „Dachbodentrocknung", ihre 42-Quadratmeter-Trocknungsanlage ist zwar weniger romantisch, würde dafür raschere Trocknung und daher höhere Qualität erbringen, und Überhitzungen könne man im Gegensatz zum Dachboden ebenfalls vermeiden.

Die Lampl-Kräutertees sind sind nicht nur köstlich, sondern auch wunderschön, „weil ein Tee muss auch bunt sein". Malvenblüten, Kornblume, Ringelblume, Lindenblüten und Kamillen verleihen den unterschiedlichen Grüns der getrockneten Blätter die farbigen Kleckse. Um nicht apothekenpflichtig zu sein, dürfen einige Kräuter in den Tees nicht zu mehr als zwanzig Prozent enthalten sein, das schränkt Maria Lampls Kreativität natürlich schon ein bisschen ein, sie „streckt" ihre Mischungen also mit wohlschmeckenden, aber „neutralen" Himbeer- und Brombeerblättern, die Früchte – in diesem Fall Nebenprodukte – werden zu Marmelade verkocht.

Maria Lampl baut Kornblume, Lavendel, Bohnenkraut, Salbei, Melisse, Goldmelisse und Malve an, wobei die Malve besonders aufwendig zu ernten sei, da sie nur einen Tag blüht, am teuersten ist die Goldmelisse, weil deren Blütenblätter in mehreren Durchgängen von der Blüte abgepflückt werden müssen. Die „starken" Kräuter kommen in die Mischungen für Fleisch, Gemüse und Pizza, die milderen werden ins Kräutersalz gemischt.

Kräuterhof Johann und Maria Lampl
8544 St. Ulrich in Greith
Kopreinigg 34, Tel. 03465/25 95
Zertifizierter Bioproduzent

Foto: Kräutertee

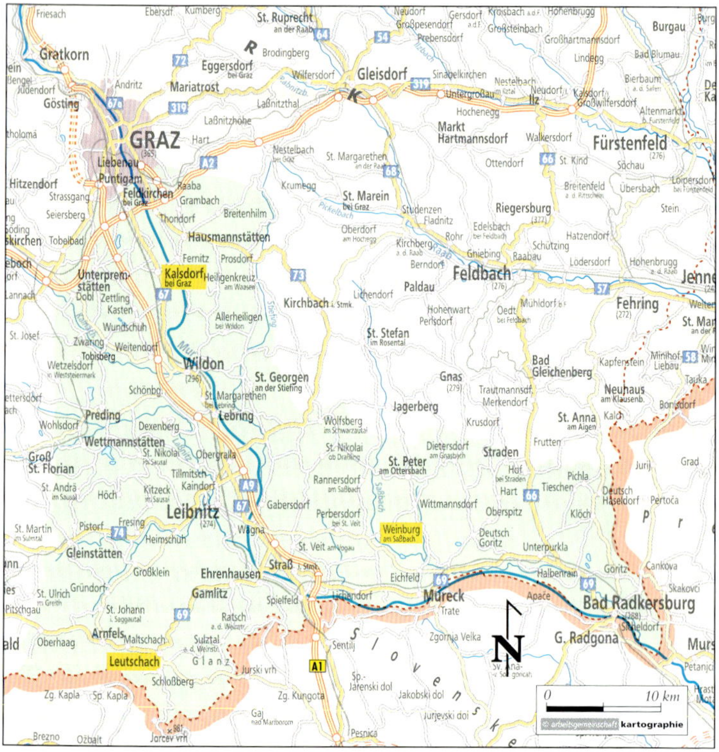
GRAZ
Gratkorn
Gösting
Andritz
Mariatrost
Eggersdorf bei Graz
St. Ruprecht an der Raab
Gleisdorf
Fürstenfeld
Liebenau
Puntigam
Feldkirchen bei Graz
Hausmannstätten
Unterpremstätten
Kalsdorf bei Graz
Kirchbach i. Stmk.
St. Marein bei Graz
Riegersburg
Feldbach
Paldau
Fehring
St. Stefan im Rosental
Wildon
St. Georgen an der Stiefing
Lebring
Preding
Wettmannstätten
Groß St. Florian
Leibnitz
Gnas
Bad Gleichenberg
Jagerberg
St. Peter am Ottersbach
Straden
St. Anna am Aigen
Neuhaus am Klausenb.
Gleinstätten
Ehrenhausen
Gamlitz
Straß i. Stmk.
Mureck
Weinburg am Saßbach
Bad Radkersburg
G. Radgona
Arnfels
Leutschach
Glanz
Slovenske
N
0
10 km
kartographie

Südsteiermark

Der südlichste Teil der Steiermark, die Region um Leibnitz – zwischen Mur, Deutschlandsberg und Slowenien –, wird zu Recht auch die „steirische Toskana" genannt. Die Landschaft ist außerordentlich schön, geprägt von Weinbergen, Pappeln, Kastanien und dem „Klapotetz", dem eigentlichen Wahrzeichen der Region: achtflügelige, klappernde Windräder, die ihren Dienst als Vogelscheuchen versehen. Drei Weinstraßen schlängeln sich durch die größte zusammenhängende Weinbauregion der Steiermark. Vorbei an den bekanntesten Weinorten, wo in den „Buschenschenken" traditionellerweise ab September Sturm getrunken und gebratene Maroni für frühherbstliche Stimmung sorgen. Bekannt ist die Südsteiermark primär für herausragende Weißweine, allen voran Welschriesling, Sauvignon blanc, Muskateller und Weißburgunder, die sich auf den zum Teil extrem steilen Hängen mit mineralischem Untergrund wohlfühlen. Leicht macht es die Natur den Winzern aber nicht. Das starke Gefälle macht maschinelles Arbeiten nahezu unmöglich. Auch der hohe Niederschlag, viel Sonne im Sommer und kalte Winter sind nur mit viel Feingefühl bei der Arbeit zu regulieren, vor allem im biologischen Weinbau. Abgesehen vom Wein spielen auch die regionalen Spezialitäten Kren, Käferbohnen und Kürbiskernöl eine bedeutende Rolle in dieser genussreichen Region. Aber auch das Bierbrauen hat in der Steiermark eine lange Tradition. Der Leutschacher Hopfen hat historische Wurzeln, die sich bis ins 19. Jahrhundert zurückverfolgen lassen, und feiert gerade sein großes Comeback.

Gerhard Forstner: der Bier-Alchimist

Steiermark und Bier, das ist seit langem eine gute Kombination. Die Brauerei Göss bei Leoben, die Brauerein Puntigam und Reininghaus bei Graz zählten über Jahrzehnte und Jahrhunderte hinweg zu den bedeutendsten Großbrauereien Österreichs, mittlerweile existieren sie zwar noch als Marken und Betriebsstätten, gehören aber tatsächlich zum internationalen Bierkonzern Heineken.

Damit hatte Gerhard Forstner aber nie etwas zu tun, weder mit den großen noch mit den sehr großen Brauereien. Forstner war Optiker, änderte 1980 aber sein Leben, ging in einen asiatischen Tempel, begann danach ein Leben als Biobauer in Gamlitz, besondere Getreide und daraus gebackenes Brot waren sein Thema, „ich lebte damals das Leben eines Heiligen", sagt er. Eine neuerliche Lebensveränderung brachte ihn schließlich nach Kalsdorf bei Graz, wo er im Jahr 2000 ein uraltes Gebäude mit Rauchküche übernahm. Geld hatte er zwar überhaupt keines, aber die Idee, aus dem Getreide, mit dem er sich so lange beschäftigt hatte, Bier zu brauen. Forstner leaste sich also eine winzige Gasthausbrauerei mit 250 Litern Sudvolumen, braute ein „Blondes", ein „Rotes" und ein „Schwarzes" Bier, wie man das mit solchen Miniaturanlagen nun einmal macht. Die Biere waren tadellos, unterschieden sich geschmacklich aber kaum, „und da begann ich dann, ein bisschen an den Rezepturen zu tüfteln".

Forstner Biere
8401 Kalsdorf bei Graz, Dorfstraße 52
Tel. 03135/542 28
www.forstner-biere.at
Zertifizierter Bioproduzent

Sein Zugang war ein einfacher: „Ich hab's nie gelernt, und damit weiß ich auch nicht, was ich falsch machen kann", tatsächlich erinnert sich Forstner aber nicht daran, dass er je einen Sud wegschmeißen hätte müssen, im Gegenteil: Als es darum ging, für Conrad Seidl, Österreichs führenden Bier-Journalisten, ein spezielles Bier zu kreieren, fiel die Wahl gerade auf ihn, den verrückten Quereinsteiger. Er besorgte sich also britische Ale-Hefe und braute drauflos, „ohne je in meinem

Leben ein Ale getrunken zu haben“. Das dunkle, intensive, körperreiche „Styrian Ale“ begeisterte nicht nur den Journalisten, sondern gewann kurz danach sogar die Wertung der Spezialbiere in der österreichischen Kleinbrauerei-Staatsmeisterschaft.

Mittlerweile arbeitet Gerhard Forstner mit acht verschiedenen Hefen, obergärig und untergärig, mit neun verschiedenen Hopfensorten und mit zwölf verschiedenen Malzen, „da ist die Variationsbreite schon relativ groß“, 47 verschiedene Biere hat er mit seiner winzigen Brauanlage schon gebraut. Biere wie seinen Doppelbock mit 7,5 Prozent Alkohol und 18,3° Stammwürze, ein „Brew Secco“ mit drei Gärvorgängen, das in Champagnerflaschen gefüllt wird und es auf stattliche 8,5 Prozent bringt, ein „Triple 22“ nach belgischer Starkbiertradition mit Nachgärzeiten von bis zu zwölf Monaten und nicht zuletzt sein bisher außergewöhnlichstes Bier, das „5 vor 12“: Dieses Bier lässt Forstner nicht weniger als viermal gären, ober- und untergärige Hefen, sogar Wein- und Champagnerhefen setzt er ein, für die Errechnung des Stammwürzegehalts musste er das Gebräu in ein Labor einschicken, die rekordverdächtigen 32° schaffte sein Messgerät einfach nicht. Forstners Biere sind generell unfiltriert und machen eine Nachgärung in der Flasche durch. Das gibt feine, lebendige Kohlensäure, relativ lange Lagerfähigkeit und vor allem einen fantastischen Geschmack. Die Forstner-Biere schmecken nach Frucht, nach Beeren, nach Nüssen, nach allen Bitterkomponenten, die einem einfallen. Diese Biere trinkt man nicht einfach so zum Essen, eher isst man etwas zu seinen Bieren.

Foto: Roggenspezialbier

Johann Raggam: Wollschweinsalami

Johann Raggam war einer der Ersten in Österreich, die in den Neunzigerjahren mit der Zucht von Woll- oder Mangalitzaschweinen begannen. Statt auf Masse setzte er damals auf Qualität und auf eine vom Aussterben bedrohte Tierrasse. Bei der ersten Schlachtung erlitt Raggam allerdings einen großen Schreck: Mit zwanzig Zentimeter Rückenspeck hatte er definitiv nicht gerechnet. Die Fleischqualität war zwar hervorragend, aber die enormen Mengen Fett blieben ihm übrig.

Also begann sich Johann Raggam, der von Anbeginn an auf Direktvermarktung setzte, Arten der Weiterverarbeitung zu überlegen: Bauchspeck, Kräuterspeck, Paprikaspeck, Verhackertes, Grammelschmalz und Leberpastete werden von ihm und seiner Frau selbst hergestellt. Das Herzstück seiner Produktion aber ist die hervorragende Wollschweinsalami. Alle Rezepturen wurden von ihm selbst entwickelt und – im wahrsten Sinne des Wortes – erarbeitet. Nicht immer hat alles so funktioniert, wie er es sich vorgestellt hat.

Am langwierigsten und schwierigsten aber war die Anfangsphase in der Salamierzeugung. Vor allem im Sommer war es fast nicht möglich, die Luftfeuchtigkeit und Temperatur im ehemaligen Weinkeller ausreichend zu regulieren, weshalb er immer wieder mit Schimmelbefall zu kämpfen hatte. Seit sechs Jahren befindet sich nun aber im Keller der Familie Raggam – gleich neben der Räucherkammer, dem kleinen Produktionsraum und dem Kühlraum – auch ein Reiferaum für diese Spezialität des Hauses.

Zwei unterschiedliche Arten werden hergestellt: die „Feine“ und die Specksalami. Für die Specksalami wird weißer Rückenspeck händisch in kleine Würfel geschnitten und in die Masse eingearbeitet. Die Basis ist reines Fleisch, das sehr kalt verarbeitet und ausschließlich mit Salz und einem speziellen ungarischen Salamigewürz aromatisiert wird. Die Specksalami, mit einem Speckanteil von 16 Prozent, würzt Johann Raggam zusätzlich mit grünen Pfefferkörnern. Bevor die beiden Wurstsorten – in Hautfaserdarm gefüllt und händisch gebunden – für sechs bis acht Wochen im Reiferaum zu den unvergleichlichen Delikatessen heranreifen, werden sie ein paar Tage kalt geräuchert.

Johann und Bärbl Raggam
8481 Weinburg, Siebing 1
Tel. 03472/82 76

Zwischen siebzig und achtzig Schweine hält Johann Raggam zurzeit, alle sechs bis sieben Wochen werden circa 220 Kilo verarbeitet. „Wir sind ein kleiner Familienbetrieb und machen alles selbst.“ Die Produkte sind enorm gefragt, vor allem bei der Salami empfiehlt es sich, rechtzeitig im Voraus zu bestellen.

Foto: Specksalami mit Rückenspeck vom Wollschwein

Sepp Muster: Akzente setzen für individuelle Weine

Mit dem traumhaft gelegenen, 1860 erbauten Gutshof am Leutschacher Schlossberg und seinen umliegenden Weingärten hatte sich Sepp Musters Vater einst den Traum vom eigenen Weingut erfüllt. Seit zehn Jahren setzt Sepp Muster dort nun gemeinsam mit seiner Frau Maria seine Vision von biologisch-dynamischem Weinbau um.

Lange Zeit hat es allerdings nicht so ausgesehen, als ob der Anfang der Neunzigerjahre mit seinen ersten Weinen bereits als Shootingstar gefeierte Ausnahmewinzer jemals wieder mit Wein zu tun haben würde. Ein Zerwürfnis mit seinem Vater und ein schwerer Verkehrsunfall beendeten die kurze Karriere des neuen Hoffnungsträgers, und er verließ den Betrieb für die nächsten sechs Jahre. Auf einer Indienreise lernte Sepp Muster bei einem Lehrgang die biologisch-dynamische Wirtschaftsweise kennen und war dermaßen beeindruckt, dass er zu seiner Frau sagte: „Wenn wir jemals wieder Wein machen sollten, dann so.“ Unmittelbar nach der Übernahme des elterlichen Hofs (und einer Versöhnung mit dem Vater) begannen Sepp und Maria Muster bereits biodynamische Präparate in den Weingärten auszubringen, in Österreich damals ein Novum. Nach zwei Jahren „Probelauf“ entschlossen sie sich dann, den Betrieb – ohne offene Hintertüre – umzustellen.

„In der Natur spielt Zeit keine Rolle. Schwierig ist es nur, wenn man mit Erwartungshaltungen an die Sache herangeht, die der Natur nicht entsprechen“, weiß Sepp Muster. Durch die Arbeit mit den Präparaten sind nicht nur die kargen Böden lebendiger geworden, auch die Trauben bilden ihre spezifische Sortencharakteristik viel stärker aus. Genau das möchte Muster in seinen vielschichtigen, individuellen Weinen einfangen: das Wesentliche.

Weingut Sepp und Maria Muster
8463 Leutschach
Schlossberg 38
Tel. 03454/700 53
www.weingutmuster.com

Er setzt konsequent auf Sortenvielfalt und Bodenunterscheidung. Aromasorten kultiviert er in eher sandigen Lagen, seine Hauptrebsorte

Sauvignon blanc wächst auf Böden mit höherem Tonanteil. Sepp Muster lässt die Reben wachsen, wie sie möchten. Kultiviert werden sie nach der „Umkehr- oder Eindrahterziehung“, einer sehr ursprünglichen Methode, die seiner Meinung nach der Rebe und den klimatischen Gegebenheiten der Region am ehesten entspricht. Durch sehr genaue Beobachtung versucht Muster festzustellen, wie es den Reben geht und ob er etwas für sie tun kann. „Man braucht nur Akzente zu setzen, dann bekommt alles eine Eigendynamik.“ Und: „Man muss die Prozesse, die im Weingarten stattfinden, auch zulassen anstatt sie zu verhindern“, hat er für sich erkannt.

Im Keller hat der Winzer dann nicht mehr viel Arbeit, „wir schauen einfach nur zu“. Alle Weine werden ausschließlich in Holzfässern gelagert, Weißweine im Schnitt ein bis zwei Jahre, die Roten bis zu vier, eingegriffen wird nicht. In den letzten Jahren hat Sepp Muster viele Erfahrungen gemacht und sehr viel „Spaß“ mit den Ergebnissen. Die Konsumenten waren Anfangs irritiert, weil Musters Weine anders schmecken als bisher, aber viele anspruchsvolle Kenner haben die polarisierenden Muster-Weine bereits für sich entdeckt. 2005 vergrub er erstmals – nach altem georgischem Weinvorbild – Tonamphoren mit einem Verschnitt aus Sauvignon blanc und Morillon für ein Jahr lang im Boden. Gepresst wurde die Traubenmaische erst nach diesen zwölf Monaten in der Erde, danach wurde sie noch ein weiteres Jahr im Fass gelagert. Der Name dieses außergewöhnlichen und mit „herkömmlichen“ Weinen nur schwer vergleichbaren Weins ist Programm: „Erde“.

Foto: Sauvignon blanc

Das Sulmtaler: ein herrliches und herrschaftliches Huhn

Lange Zeit war das Sulmtaler ein Mythos – in den Erinnerungen der Steirer zwar lebendig als sagenhaft großes und köstliches Huhn und als solches auf Speisekarten auch immer wieder verheißen. In der Realität der Hühner-Massenzucht war das Huhn aber eigentlich verschwunden. Anton Koschak, Winzer in Heimschuh im Sulmtal und Betreiber der Keltentaverne, hatte das Sulmtaler Backhendl eigentlich immer schon angeboten – bis ihn 1989 ein Gast darauf hinwies, dass zwischen einem im Sulmtal zubereiteten Huhn und einem echten Sulmtaler schon ein großer Unterschied bestehe. Und so wurde Koschak neugierig und machte sich auf die Suche.

Über viele Jahre hinweg war er einer der wenigen Züchter, die das echte Sulmtaler am Leben hielten und daran arbeiteten, Zuchtlinien zu erstellen und eine Herde aufzubauen. 2004 wurde das Projekt schließlich auf professionelle Beine gestellt, eine Vermarktungs GmbH gegründet, man fand Bauern, die sich mit den strengen Vorgaben – gentechnikfreies Futter aus der Region (Mais, Sonnenblumenkerne etc.) und überaus großer Auslauf – einverstanden erklärten. 2007 präsentierte man das Huhn der Öffentlichkeit und stieß im feinschmeckerischen Österreich auf enormes Interesse. Mittlerweile wird das Sulmtaler in 15 Betrieben gezüchtet, die größte Herde besteht aus 600 Tieren, „uns war klar, dass wir bei diesem Huhn mit den üblichen Preisstrukturen nicht zurechtkommen", sagt der Leiter des Projektes, Georg Zöhrer, weshalb das Angebot auch immer der Nachfrage hinterherhinken wird, „das Sulmtaler ist ein Nischenprodukt".

Sulmtaler Vermarktungs-GmbH
8452 Großklein, Nestelbach 52
Tel. 03456/24 54
www.sulmtaler.at

Wobei es das früher keineswegs war. Denn schon vor vielen Jahrhunderten stellte sich heraus, dass in der Steiermark nicht nur der Mais besonders gut gedieh, sondern als direkte Folge auch die Hühner besondere Qualität erlangten. Über Jahrhunderte hatten sie sich hier besonders gut entwickelt, was auch dem kaiserlichen Landwirtschaftsbeamten Armin Arbeiter auffiel, der 1850 aus

dem „steirischen Landhuhn-Schlag“ ein Championhuhn züchtete und es „Sulmtaler“ nannte. Dieses Huhn erlangte europaweit Aufsehen aufgrund seiner Robustheit und Fleischqualität, weshalb der kaiserliche Erlass herausgegeben wurde, das Sulmtaler fortan auf allen Höfen zu halten. Die Besonderheit und das Qualitätsmerkmal des Huhns, nämlich sein extrem langsames Wachstum, wandelten sich nach den Weltkriegen und mit dem Auftauchen turbowachsender Hybridhühner allerdings zum Nachteil und ließen es fast verschwinden: Ein original Sulmtaler braucht 24 bis 28 Wochen, bis es seine optimale Fleischqualität erreicht hat, herkömmliche Masthühner schaffen das heute in vier Wochen – dass die beiden geschmacklich nichts miteinander zu tun haben, ist damit aber klar. Neben dem dunklen, mürb-festen Fleisch ist auch sein gelbes Fett ein besonderes Qualitätsmerkmal des steirischen Huhns, „wie Maibutter“, schrieb schon Katharina Prato.

Als „natürliches“ Huhn legt das Sulmtaler nur bis in den November hinein Eier, braucht dann ein halbes Jahr Wachstum, weshalb es Sulmtaler Hendln nur von September bis März gibt. Ein Huhn erreicht dann 1,3 bis zwei Kilo, der „Kaiserhahn“ – er verfügt über etwas gröberes Fleisch – 2,20 bis 2,80 Kilo, ebenso die kulinarische Krönung der Sulmtaler Gesellschaft, der besonders zarte Kapaun, ein kastrierter Hahn.

Foto: Bratfertiges Sulmtaler Huhn

JOGLLAND
Fischbacher Alpe
Wechselpaß
Friedberg
Pinggau
Pinkafeld
Vorau
Birkfeld
Fischbach
Pöllau
Hartberg
Oberwart
Passail
Anger
Weiz
Semriach
Gleisdorf
Brodingberg
St. Ruprecht an der Raab
Pischelsdorf in der Stmk.
Bad Waltersdorf
Burgau
Ilz
Fürstenfeld
GRAZ
Mariatrost
Eggersdorf bei Graz
Markt Hartmannsdorf
Riegersburg
Feldbach
Jennersdorf
Fehring
St. Marein bei Graz
Hausmannstätten
Kirchbach i. Stmk.
St. Stefan im Rosental
Kapfenstein
Bad Gleichenberg
Wildon
Lebring
St. Georgen an der Stiefing
Gnas
Straden
Hof bei Straden
St. Anna am Aigen
Neuhaus am Klausenb.
St. Peter am Ottersbach
Wettmannstätten
Preding
Feldkirchen
Kalsdorf bei Graz
Unterpremstätten
10 km
arbeitsgemeinschaft kartographie

Oststeiermark

Die Oststeiermark, eingebettet zwischen Mur, Mürz, Wechsel und Lafnitz, kann alles. Sie ist sozusagen ein steirischer Querschnitt, gilt als Österreichs Obstkorb und Apfelzentrum, verfügt über alpine Bereiche mit entsprechenden Traditionen der Fischzucht, der Jagd und der Almwirtschaft, über ein weitläufiges Hügelland, in dem die bäuerliche Schweinezucht fest verankert war und ist, und mit der Klöcher Weinstraße über eines der traditionsreichsten Weinbaugebiete Europas. Entsprechend viel gibt es hier zu essen und zu trinken. Aber damit nicht genug, hat in dieser Region, die in den vergangenen zwanzig Jahren sicher der kulinar-dynamischste Flecken in ganz Österreich war, noch dazu Österreichs neue Schnaps- und Essigszene ihren Ursprung, wird eine der besten und mit Sicherheit die fairste Schokolade Europas erzeugt, werden gerade wieder uralte Gemüsekonservierungsmethoden entdeckt und erforscht oder Käse kreiert, wie man sie außerhalb der Bregenzer Käsestraße noch nicht oft verkosten durfte. Woran das liegt, dass gerade hier alles so vielfältig, vielseitig und köstlich ist, lässt sich schwer sagen. Muss man auch nicht, denn mit vollem Mund soll man ohnehin nicht sprechen.

Biobauernhof Scharler: die scharfe Vielfalt

Vor etwa dreißig Jahren war der Bauernhof von Walter Scharler noch einer von vielen anderen rund um Gleisdorf: nicht allzu groß, nicht allzu spezialisiert, „von allem ein bisserl was", kleinstrukturiert und damit nicht allzu zukunftsorientiert. Biolandbau kannte Walter Scharler primär aus dem Fernsehen, lernte 1988 bei einem Fortbildungskurs aber eine Biobäurin kennen, sah sich ihren Betrieb an und entschied, so bald wie möglich umzustellen.

Wobei: Das Prinzip der Kleinstrukturiertheit und die Idee des „von allem ein bisserl was" blieb beim Biohof Scharler aufrecht, wenngleich ein bisschen anders geartet: Vor zehn Jahren wurde Walter Scharler nämlich auch Mitglied bei der Arche Noah und einer der „Vielfalter" des Vereins. Auf den etwa zehn Hektar Ackerfläche werden bis zu 200 Gemüse-, Getreide- und Salatpflanzen angebaut, die primär am Bauernmarkt in Gleisdorf verkauft werden. Aus Getreiden wie Roggen, Dinkel, Weizen und Emmer bäckt man eigenes Brot, an Salaten hat der Scharler-Hof „so ziemlich alles" zu bieten: also den Grünen Oststeirer, den unvergleichlichen Forellenschluss, das Grazer Krauthäuptel, den extravaganten Spargelsalat, bei dem der spargelförmige Strunk als Gemüse verwendet wird, oder den Neuseeländer Spinat. Dazu kommen über zwanzig verschiedene Paprikasorten, ein paar Gurkensorten (darunter auch solche, die man nicht isst, mit denen man sich aber den Rücken schrubben kann ...), sechs bis sieben Sorten Melanzani in allen nur denkbaren Farben und Formen, diverse Zucchinigattungen, Rote Rüben in sämtlichen Farben (zum Beispiel rot-weiß geringelt, die sogenannte Zielscheibenrübe), unterschiedliche Kohlgattungen und Kartoffel. Mit 105 verschiedenen Gattungen ist der Paradeiser aber sicher eine der wichtigsten Pflanzen für den Biohof Scharler, die farbenfrohen Früchte aus aller Welt, in allen Farben und Formen werden hauptsächlich frisch am Bauernmarkt verkauft oder zum etwas anderen Paradeismark verarbeitet. Die besondere Liebe Walter Scharlers gehört aber wohl den Chilis, von denen er immerhin an die dreißig im Programm hat – einer schärfer als der andere. Von der berüchtigten Habanero gibt es gelbe und rote, die auch mit Honig und Essig zu Chilipasten verarbeitet werden, unreife, grüne Schoten – die aber kaum weniger scharf sind – werden zu grüner Sauce. Unter der etwas harmlosen Bezeichnung „buntes Allerlei" legen die Scharlers unterschiedliche Chilisorten auch in Essig ein – man sollte gewappnet sein, dass es sich hier nicht um den klassischen Pfefferoni handelt. Wie viele Schärfegrade auf der unter „Chiliheads" gerne verwendeten Scoville-Skala die oststeirischen Biosaucen haben, hat man noch nicht austesten lassen, „aber sie sind schon sehr scharf". So könnte man es auch sagen. Das Schärfste, was sich derzeit im Scharler'schen Anbau findet, ist eine indische Neuzüchtung. Wenn aus der eine Sauce gemacht wird, dann hoffentlich mit Warnhinweis.

Biohof Scharler
8200 Gleisdorf, Wetzawinkel 25
Tel. 03112/20 82
www.bio-scharler.at

Die Samengewinnung der Pflanzenvielfalt ist ein Teil der Arbeit und geschieht ständig, die mitunter hochmodernen Gewächshäuser werden auch im Winter genutzt, etwa um widerstandsfähige asiatische Salate wie Mitsuna, „Grüner Schnee" oder Stilmus zu ziehen.

Foto: Eingelegtes Gemüse und Chilipaste

Arzberger Stollenkäse: Reden ist Silber, käsen ist Gold

Wie kommt es normalerweise zu großartigem Käse? Indem man hervorragende Milch in einer ganz speziellen und geeigneten Region nach jahrhundertealter Tradition und mit über Generationen vererbten Rezepten verkäst, reift, pflegt, affiniert.

Beim Arzberger Stollenkäse aus der Region des oststeirischen Almenlandes war das ganz anders – bis auf die hervorragende Milch. Denn an dessen Ausgangspunkt stand der große Erfolg des „Almo“, einer regionalen Fleischmarke, die nach strengen Regeln erzeugtes, hochwertiges Almochsenfleisch bietet. Aber Ochsen brauchen Mutterkühe, deren Milch aber kaum Gewinn bringt, weshalb man Karl Möstl, der in der Nähe von Arzberg seit 37 Jahren ein florierendes Unternehmen für Molkereitechnik betreibt, fragte, ob man da nicht was machen könnte.

Und Karl Möstl, der mit Käse bis dahin nur recht indirekt zu tun gehabt hatte, dachte nach und kam auf die Idee, einen Käse zu erzeugen, der in den Silberstollen Arzbergs reift. Vom 12. Jahrhundert an wurde in der kleinen Gemeinde nämlich nach dem kostbaren Erz geschürft, 1927 wurden die Stollen aufgelassen. Vor einigen Jahren schon überlegte man sich, die in den Schiefer geschlagenen, mit absolut konstanter Temperatur von zehn Grad Celsius und einer Luftfeuchtigkeit von 96 bis 98 Prozent ausgestatteten Stollen als Heilstollen auszubauen. Die Initiative schlief zwar ein, Möstl konnte aber auf Messdaten zurückgreifen und investierte schon einmal 40.000 Euro, noch ohne zu wissen, ob das mit der Käsereifung klappen würde. Das Reizvolle an der Idee: Silber wirkt selbst in minimaler Dosierung antibakteriell, was in Verbindung mit der hohen Luftfeuchtigkeit ein fantastisches Käseergebnis erbringen müsste …

Das Projekt begann also Anfang 2007 verhältnismäßig unauffällig und leise, ein altes Knappenhaus wurde zur Käserei und zum geschmackvollen Präsentationsraum umgestaltet, ein Nebenstollen – der Bergbauverein unterhält hier außerdem einen Schau- und Lehrstollen – zum hochmodernen Käsereiferaum mit Geruchsschleuse und Belüftung umgebaut. Die Rohkäse – Kuhmilchrohlinge von 6,5 bis 7 Kilo – holte man sich in der Anfangszeit noch von der Obersteirischen Molkerei in Knittelfeld, im Frühling 2009 wurde aber eine eigene Sennerei-Käserei in Betrieb genommen, deren Rohkäse in Zukunft die Toplinie des Sortiments darstellen sollen.

Das junge, dynamische Projekt liefert schon jetzt eindrucksvolle Ergebnisse: Ein „normaler" Bergkäse gewinnt in den sechs Monaten Stollenreifung unglaublich an Geschmeidigkeit und Komplexität, auch der stollengereifte mittelharte Schnittkäse „Erzherzog Johann" der Knittelfelder Molkerei ist nicht wiederzuerkennen. Höhepunkt des Sortiments ist derzeit aber fraglos der acht Monate gereifte und mit Rotwein gewaschene „Erzherzog Johann", ein Käse von unglaublicher Dichte und Komplexität, der an einen guten Gruyère durchaus heranreicht. Topprodukt der Zukunft wird der „Teichalmer" aus Rohkäsen der eigenen Sennerei sein, schon im Herbst 2009 gibt es aller Voraussicht nach einen stollengereiften Rohmilch-Weichkäse mit Weißschimmel und Rotschmiere.

Franz Möstl
Arzberger Stollenkäse
8126 Passail, Arzberg 104 (Betrieb)
Tel. 03179/27 47 20
www.moestl-anlagenbau.com

Foto: Erzherzog-Johann-Käse
im Stollen gereift

Ölmühle Fandler: das Gefühl von Jahrzehnten

Die Ölmühle Fandler ist heute sozusagen der Inbegriff hochwertiger, kaltgepresster Öle aus österreichischer Produktion. Der gute Ruf der Öle fußt nicht zuletzt auf dem Pioniergeist Robert Fandlers, der Mitte der Siebzigerjahre vor der Entscheidung stand, das Familienunternehmen entweder in Richtung billiger Massenware zu verändern oder sich zu spezialisieren.

Robert Fandler wählte den zweiten Weg. Schon vor zwanzig Jahren setzte der Ölpionier unter anderem auf biologische Öle, beschränkte sich auf das weniger ertragreiche, aber hinsichtlich Geschmack und Erhalt der Inhaltsstoffe zweifellos bessere Verfahren der Kaltpressung und blieb außerdem den alten Stempelpressen, die hier seit den Fünfzigerjahren ihren Dienst verrichten, treu.

Ölmühle Fandler
8225 Pöllau, Prätis 1, Tel. 03335/22 63
www.fandler-oil.com
GENUSS REGION ÖSTERREICH
Mo–Fr 7.30–18, Sa 7.30–12 Uhr
Zertifizierter Bioproduzent

Zum Begriff wurde Fandler im Laufe der Achtziger- und frühen Neunzigerjahre zwar vor allem durch sein Kürbiskernöl – dabei hätte das im Betrieb gar nicht so sehr Tradition, erzählt die Tochter und heutige Betriebsleiterin Julia Fandler. Die Bauern der Umgebung – die Mühle besteht seit etwa 300 Jahren, Julia Fandlers Urgroßvater übernahm sie 1926 – hätten hier vielmehr sämtliche Ölfrüchte zum Pressen gebracht, „oft auch nur zwei Hände voll". Dass gutes Öl nur aus guter Rohware gepresst werden kann, ist heute zwar klar, Robert Fandler kostete es aber Jahre der Überzeugungsarbeit bei seinen Lieferanten, dass er nicht die billigste, sondern ausschließlich nur die beste Ware haben wollte. Weitere Jahre braucht es, für jede Ölsaat oder Nuss eine individuelle Methode zu entwickeln, ein Öl zu gewinnen, das möglichst viele der hochwertigen Inhaltsstoffe enthält, das aber vor allem auch das Aroma so präzise wie möglich zum Ausdruck bringt. „Ob wir zwölf oder 14 Prozent Öl aus der Rohware gewinnen, ist eigentlich egal, auf den Duft und den Geschmack kommt es an", sagt Julia Fandler.

Insofern entspricht es zwar überhaupt nicht heutigen Erzeugerrichtlinien oder ISO-Philosophien, es erstaunt aber gerade in diesem Betrieb so gar nicht, dass überhaupt nicht nach festgelegten Parametern und Programmen gearbeitet wird, sondern ausschließlich mit Erfahrung und Fingerspitzengefühl. Das heißt, der Pressmeister entscheidet angesichts der Beschaffenheit, dem Wassergehalt, der Größe und physiologischen Reife der Rohware, wie fein geschrotet und vor allem wie warm und wie lang geröstet wird. Und wann der Zeitpunkt in der „Wärmepfanne", bei der die Sesam- oder Kürbiskern- oder sonstige Paste das beste Öl freigibt, erreicht ist, wird hier nicht mittels Sensor bestimmt, sondern per Fingerprobe. „Bis man das heraußen hat, dauert es Jahre", erklärt Julia Fandler.

Neben den beiden Stempelpressen ist auch eine große Kakaobutterpresse in Betrieb, zu der man sich entschlossen hat, weil sie sich automatisch befüllen lässt und weil man durch diese zusätzliche Presse Nachtarbeit vermeiden konnte, „denn die entspricht nicht unserem Lebensprinzip". Fandler-Öle werden nicht filtriert, die Biolinie umfasst mittlerweile fast das gesamte Spektrum (17 konventionelle, 15 biologische), und neben heimischen Ölsaaten werden auch Exoten wie zum Beispiel die Macadamianuss gepresst, „ich kenne niemand, der beim Verkosten dieses Öls nicht lächelt", sagt Julia Fandler.

Foto: Öle aus der Biolinie

Labonca:
Schweineglück braucht Zeit

Es ist natürlich anmaßend, sich als Mensch ein Urteil über das Glück von Haustieren bilden zu wollen. Die „Sonnenschweine" des Labonca-Hofs in Burgau – Labonca ist der altslawische Name für die Lafnitz, die über viele Kilometer hinweg die Oststeiermark und das Südburgenland voneinander trennt und neben der die Schweine hier leben – machen aber bei aller Skepsis einen nicht nur glücklichen, sondern sogar fröhlichen Eindruck.

2003 begannen Norbert und Ulrike Hackl, die bis dahin schon gute Erfahrungen mit der Direktvermarktung ihrer Fleischprodukte gemacht hatten, die Sache mit der Landwirtschaft auf komplett neue Beine zu stellen: Mit dem Ziel einer ganzjährigen Freilandhaltung wurden aus den alten Rassen Schwäbisch-Hällisch und Duroc Schweine gekreuzt, die diese Bedingungen nicht nur aushalten, sondern auch schätzen; auf riesigen Weiden von insgesamt 22 Hektar, mit reichlich Suhlen, weiden und wühlen etwa 250 „Sonnenschweine" nach Topinambur, zugefüttert werden nur Biogetreide, Erbsen und Pferdebohnen, die Fortpflanzung geschieht nach eigenem Gutdünken der Schweine und somit problemlos, „abgeferkelt" wird sowohl im tiefsten Winter als auch in der brütenden Hitze des Lafnitztaler Sommers. Zwölf bis 14 Monate brauchen die Schweine unter diesen Bedingungen, um ein Schlachtgewicht von 140 Kilo zu erreichen, das ist zwar viel, aber dafür sei das Eiweiß

dieser „trainierten Säue“ besonders hochwertig, viel besser verdaulich als das von Turbomastschweinen, das intramuskuläre Fett ideal für die Verarbeitung zu hochwertigen Spezialitäten, erklärt Franz Wirth.

Der übernahm 2007 als ausgebildeter Koch, der sich auch schon während seiner Zeit als Küchenchef in der Therme Blumau mit sowohl regionalen als auch hochwertigen und artgerecht erzeugten Zutaten auseinandersetzte, die Umsetzung der außerordentlichen Fleischqualität in entsprechende Produktqualität. Und zwar in Form von Produkten, „bei denen man den Mehrwert des Fleisches dieser besonderen Schweine einfach auch bemerken kann“, also Rohschinken, Rohwürste und Speckspezialitäten. Frischfleisch ist – auch wenn die Qualität des „Sonnenschweins“ fraglos überdurchschnittlich ist – demgemäß kaum das Thema, dazu ist das Fleisch der 160 bis 170 jährlich am Hof selbst und „mit Respekt und Dank“ geschlachteten Tiere schlichtweg zu wertvoll.

Labonca Biohof
8291 Burgau 54
Tel. 0664/432 16 39
www.labonca.at
Ab-Hof-Verkauf Fr 8–14 Uhr

„Mutig sein mit Kräutern und Gewürzen“ nennt Franz Wirth als sein Motto, das nicht nur zu außergewöhnlichen Schmalzkreationen – etwa Brennnessel-Ingwer-Aufstrich, Leberpastete mit flambierten Äpfeln, Schmalz mit scharfen Blüten oder mit Kurkuma und Estragon – führt, sondern auch zu einem fantastischen gekochten und gebratenen Gewürzspeck (mit leicht currywürzigem Schabzigerklee). Highlights des Sortiments sind aber fraglos der acht bis zehn Monate gereifte („wir geben den Schweinen Zeit zum Leben und den Schinken Zeit zum Reifen“) „Edel-Bauch“ nach Art des italienischen Pancetta, ein herrlicher Gourmetspeck, die würzige, magere „Edel-Nuss“ und vor allem der „Edel-Schopf“, mit reinem Naturkristallsalz aus Aussee verarbeitet, auf der Zunge zergehend, ebenso schön wie köstlich, einer der besten Rohschinken des Landes.

Foto: Luftgetrocknete Rarität: Edel-Bauch

Tino Pölzer: Honorarkonsul und Essig-Gesandter

Es sieht ein bisschen anders aus als erwartet. Denn dass die kleine Straße über die kleinen Hügeln, auf denen ein paar kleine Häuschen stehen, zu einer topmodernen Fabrikationshalle mit Verwaltungsgebäude im skandinavischen Stil, vor dem ein Jaguar parkt, führt, damit rechnet man ja nicht unbedingt.

Und bis vor ein paar Jahren sah das durchaus auch noch anders aus, erzählt Tino Pölzer, Herausgeber einer Regionalzeitung, Gastronom in Graz und Honorarkonsul von Lettland. In den Achtzigerjahren von der Biobewegung sozialisiert hatte sich der studierte Ethnologe – die Biobauern der Oststeiermark waren schon Thema seiner Diplomarbeit – 1990 im oststeirischen Brodingberg einen kleinen, verfallenen, einsamen Bauernhof gekauft. Was es gab, waren alte Apfelbäume der unterschiedlichsten Sorten; er und seine Familie verpressten die Früchte zu Apfelsaft, „aber so viel Saft konnte keiner trinken", weshalb er auch bald mit der Essigvergärung zu experimentieren begann. 1996 zog die Familie Pölzer schließlich auf den inzwischen renovierten Bauernhof, 1999 wurden die Bio-Apfelessige erstmals vorgestellt und kamen sofort gut an. Bis 2005 produzierte die Familie Pölzer auf dreißig Quadratmetern, dann kam der Zeitpunkt, erklärt der Essig-Unternehmer, sich zu entscheiden, mit der Produktion aufzuhören oder größer zu werden.

Er entschied sich für Zweiteres. Pölzer ist ein geschickter Marketingstratege, er weiß, was er will, und er weiß, was er kann. Den Essig zu „entzaubern" ist sein Ziel, denn da gäbe es keine Geheimnisse. Und biologisch sei selbstverständlich, aber gut aussehen und gut schmecken müsse das Produkt natürlich auch. Pölzer hat seine Produktion – maximal kann er derzeit tausend Liter pro Tag herstellen – weitgehend standardisiert: Er verarbeitet die Äpfel von 130 Bauern, ausschließlich biologische Ware, ausschließlich von Hochstammbäumen, ausschließlich alte, einheimische Sorten, wobei die

Pölzer Essigspezialitäten
8063 Brodingberg
Wetterkreuzweg 1
Tel. 03117/35 56-11
www.essigkultur.at

Sortenzusammensetzung weniger bedeutend ist, „jeder Apfel trägt das Seine zum Essig bei“. Angebotsknappheit an solchen Äpfeln kenne er trotz der weniger werdenden Streuobstanlagen nicht, sagt Tino Pölzer, denn er zahle einen extrem guten Preis. In eigenen Projekten werde auch daran gearbeitet, bestehende Anlagen biologisch zertifizieren zu lassen und sie damit für seine Produktion zu erschließen. Die Äpfel werden nach dem modernsten Stand der Technik gepresst, zu Most vergoren, in einem Acetator innerhalb von 24 Stunden unter geregelten und kontrollierten Bedingungen zu Essig weitervergoren, pasteurisiert und dann – je nachdem, ob Apfel-Balsam-Essig oder Kräuteressig – in gebrauchten Barriques oder Tanks gelagert. Mit österreichischen Biokräutern – Basilikum, Salbei, Zitronenthymian und Holunderblüten – begann die Pölzer'sche Essig-Karriere, mit den Balsamessigen sei der Erfolg gekommen, meint Tino Pölzer. Seine Kreationen, etwa Balsamessig mit Himbeer- oder Zwetschkensaft – kommen im Ausland überaus gut an, für den japanischen Markt wurde ein mit vierzig Prozent Honig versetzter Trinkessig mit 1,8 Prozent Säure entwickelt, Chili-, Ingwer- und Krenessige befinden sich bereits in Planung, ab Herbst 2009 gibt es Pölzer-Essig auch koscher, das „Halal“-Zertifikat für den islamischen Raum besitzt er schon. Pölzer-Essige werden zu 85 bis neunzig Prozent exportiert – und das nicht nur nach Lettland.

Foto: Apfelessige

Fischbacher Grubenkraut: Oh la la! Experimentelle Archäologie

„Grubenkraut" war bis in die Siebzigerjahre des 20. Jahrhunderts das Herzstück bäuerlicher Vorratswirtschaft in den Fischbacher Alpen und eine weitverbreitete Methode, um über die Sauerkrautsaison hinaus haltbare Krautreserven anzulegen.

Seit letztem Jahr wird in Fischbach die Krautrarität nach historischem Vorbild wieder hergestellt. Die Ethnologin Waltraud Froihofer und ihr Mann Walter Sommersguter gingen aufgrund begeisterter Berichte über den Wohlgeschmack der längst vergessenen Spezialität der Tradition und der Herstellung von Grubenkraut nach. Da kaum schriftliche Aufzeichnungen über diese archaische Form der Gemüsekonservierung existieren, waren die beiden auf die mündlichen Überlieferungen von „Zeitzeugen" angewiesen. Die älteren Bewohner von Fischbach können sich noch gut erinnern, wie die frischgeschnittenen Krautköpfe in großen, kegelförmigen Kupferkesseln über offenem Feuer im Freien kurz überkocht und danach zum Trocknen in der Sonne aufgelegt wurden.

Das durch die Sonne „gebleichte" Kraut wurde dann einzeln in die mit Holzpfählen ausgekleideten Gruben eingeschichtet, auf Stroh und

Kopf an Kopf. Abgeschlossen wurde wieder mit einer Schicht Stroh (ursprünglich Kümmelstroh) das Ganze mit Gewichten beschwert und die Grube danach verschlossen.

Vor Weihnachten wurde traditionellerweise keine dieser Gruben geöffnet – je später, desto besser, denn in der Grube setzt aufgrund der im Kraut vorhandenen Milchsäurebakterien eine langsame, natürliche Gärung ein. Grubenkraut ist daher sehr lange haltbar, laut Berichten bis zu fünf Jahren.

Am Froihof – Waltraud Froihofer und Walter Sommersguter
8654 Fischbach 82
Tel. 03170/285, 0699/11 35 01 42
www.grubenkraut.at
Zertifizierter Bioproduzent

Da leider nicht überliefert ist, welche Krautsorte ursprünglich für die Herstellung von Grubenkraut verwendet wurde, haben Froihofer und Sommersguter 2009 sieben verschiedene alte Sorten mit ähnlichem Format – laut Überlieferung wurde flachköpfiges Kraut verwendet – auf ihrem Krautacker ausgesetzt. Die Sorte, die sich am besten in der (eher rauen) Witterung bewährt, werden die Kraut-Forscher für ihr Grubenkraut schließlich weitervermehren. Neben der Pflege der traditionellen Grubenkrauterzeugung werden im Rahmen eines Generhaltungsprojekts auch Thüringer Waldziegen, die vom Aussterben bedrohten Waldschafe und Pinzgauer Rinder am Hof gezüchtet. Da keine expliziten Grubenkraut-Rezepte überliefert sind, wurden gemeinsam mit dem steirischen Koch Hermann Krainer unterschiedliche Zubereitungsvarianten ausprobiert und präsentiert. Zurzeit wird ein Verein zur „Erhaltung und Förderung des Grubenkrauts“ gegründet.

Foto: Grubenkraut, geviertelt

Fink's Delikatessen: die Region im Einmachglas

Steirische Obst- und Gemüsespezialitäten in reiner Handarbeit in hübschen Gläsern eingelegt, das sind die Delikatessen von Bettina und Hans-Peter Fink.

Marmeladen und Sauergemüse haben den früheren Küchenchef des Hotel Sacher in Wien und seine Frau, ebenfalls gelernte Köchin, von Anfang an begleitet. Als Bereicherung von Frühstücksbuffets, zu Vorspeisen, Fleisch oder Käse haben die beiden Obst und Gemüse aus der umliegenden Region süß oder pikant verarbeitet. Angekommen ist das Fink'sche Eingemachte überall sehr gut. Das ließ ihnen schließlich keine Ruhe mehr: „Kann man daraus nicht mehr machen?", überlegten sie, und nach einem Jahr „Probelauf" in der Produktionsstätte und mit der Unterstützung von Essigpionier Alois Gölles, beschlossen die zwei, mit einer eigenen Produktion zu starten.

Fink's Echte Delikatessen
8262 Ilz, Walkersdorf 23
Tel. 03385/260, www.finks-haberl.at

Regionale Rohstoffe nach alten Rezepturen, in reiner Handarbeit und ohne Zusatzstoffe zu verarbeiten lautete das ambitionierte Programm. Immer auf der Suche nach überlieferten Rezepten, interessanten Obst- und Gemüsesorten, Kräutern und Gewürzen reisen Bettina und Hans-Peter Fink viel, schauen sich viel an und probieren viel aus. Besonders alte Obstsorten wie Maschansker-Äpfel, Quitten, Hauszwetschken oder Weingartenpfirsiche, die in der Steiermark noch kultiviert werden, haben es ihnen angetan.

Die Kombination aus steirischer Tradition und dem kreativen Spiel mit den unterschiedlichsten Aromen macht letztlich die Besonderheit der Fink'schen Delikatessen aus. In der kleinen Manufaktur in Walkersdorf werden die perfekt gereiften Früchte unmittelbar nach Anlieferung händisch verarbeitet, denn auch nur die geringste Zwischenkühlung würde den Geschmack negativ beeinflussen, sind sie überzeugt. Und die Erhaltung des jeweils spezifischen, reinen Eigengeschmacks ist ihnen ganz besonders wichtig. Bei den Marmeladen sorgen zudem schöne, große

Foto: Eingelegte Delikatessen von Fink's

Fruchtstücke für den entsprechenden Biss und unterstreichen den natürlichen Charakter der Produkte. So werden die Marillen-, Weichsel-, Erdbeer- und Himbeermarmeladen nicht passiert und enthalten auch nur so viel Zucker, wie es die Haltbarkeit gerade eben erfordert. Dafür wird – wie etwa auch im Weinbau üblich – der Zuckergehalt der Früchte gemessen und der Zuckerzusatz exakt darauf abgestimmt. Das Sauergemüse wird nur in hochwertigem Qualitätsessig eingelegt.

Klassiker im Sortiment sind mittlerweile die Essigzwetschken, -kirschen, -schalotten und die -eierschwammerl. Absolute Renner sind die nach traditioneller Art eingelegten schwarzen Nüsse, Vogelbeeren und Wildapferln in Sirup. Mit einer Reihe unterschiedlicher Chutneys aus Kürbis, Marille, Roten Rüben, Tomaten oder Zwetschken gelang es den Finks sogar besonders gut, eine indische Spezialität regional zu adaptieren.

Das Einmachglas ist mittlerweile übrigens zum Markenzeichen von Bettina und Hans-Peter Fink geworden. Davon zeugen nicht zuletzt die zahlreiche Gläserobjekte und -installationen im angrenzenden Restaurant Haberl, wo Hans-Peter Fink seit 2008 eine südoststeirische Küche der Extraklasse kocht, sowie der attraktive Verkaufsraum in den ehemaligen Stallungen des Betriebs.

De Merin: regionales Genussbewusstsein

Für Topweine ist die 2000-Seelen-Pfarre Straden seit langem hinreichend bekannt. Um auch die landwirtschaftlichen Produkte zu bewahren, sichtbar zu machen und deren Veredelung zu fördern, haben sich einige genusssinnige Menschen – allen voran Topwinzer Albert Neumeister – 2004 zusammengeschlossen und Bewundernswertes geleistet. „Wir wollten, dass die Landwirte ihre fabelhaften regionalen Produkte nicht nur ernten und an den Handel liefern, sondern auf traditionelle Weise selbst weiterverarbeiten und veredeln", erzählt der Initiator von De Merin. Albert Neumeister war überzeugt, dass „der Mehraufwand an Energie auf der einen Seite mehr Lebensqualität, Produktbezug und regionale Verbundenheit auf der anderen Seite bedeutet".

Greißlerei De Merin
8345 Straden 5
Tel. 03473/759 57
www.demerin.at

Erste Treffen mit den Landwirten und bereits erfolgreichen Produktveredlern und -vermarktern aus ganz Österreich wurden organisiert. Die sehr emotionalen Botschaften konnten die Stradener Bauern überzeugen, einen neuen Weg einzuschlagen. Schließlich wurde die Gemeinschaft De Merin gegründet, benannt nach Henricus de Merin, dem Gründer der Pfarre Straden. Hinsichtlich der Produktverarbeitung gab es keinerlei Vorgaben, die Menschen sollten das machen, was sie wollen und können. Hilfestellung erhielten sie dabei allerdings von namhaften Spitzenköchen, die den Produzenten in offenen Verkostungen auf Wunsch Tipps und Anregungen erteilten. Zugleich wurden strenge Qualitätskontrollen eingeführt und sogenannte Qualitätszirkel gegründet, in denen die eingereichten Produkte von einer Fachjury verkostet wurden, denn nur qualitativ höchstwertige Ware sollte unter der Marke De Merin vermarktet werden.

In einem aufgelassenen Kaufhaus in Straden eröffnete die Gemeinschaft eine „Greißlerei", in der die gesamte Produktlinie angeboten wird: Essig, Kürbiskernöl, Wein, eingelegtes Gemüse und Pilze, Marmeladen, Honig, Säfte, Tees, Brände, Spezialitäten vom Wollschwein,

Biofleisch, Ziegen- und Schafkäse, Bauernbrot, Mehlspeisen, Nudeln und weitere Delikatessen – alles auf dem Gebiet der Pfarrgemeinde Straden gewachsen und verarbeitet. Das Ergebnis: Die Produzenten wurden selbstbewusster und entdeckten die Liebe zu ihren eigenen Produkten, freut sich Albert Neumeister. Darüber hinaus gelang es, durch die handwerkliche Verarbeitung der Rohstoffe ein neues Traditionsbewusstsein in Straden zu schaffen. Zahlreiche prominente Botschafter aus Kunst und Kulinarik konnten für das Projekt begeistert werden, sie sorgen dafür, den Bekanntheitsgrad von De Merin über die Region auszudehnen. Eine weitere Filiale der Greißlerei gibt es bereits im Salzburger Gwandhaus und auch im Hotel Das Eisenberg im burgenländischen St. Martin an der Raab werden die Produkte geführt.

Foto: Kürbiskernöl, Bandnudeln, Chilipaste, Erdbeerkonfitüre mit Schokolade

Weingut Krispel: Neusetzer „Lardo“

Der erfolgreiche Winzer Anton Krispel ist Quereinsteiger mit „einem guten Bauchgefühl“, wie er selbst sagt. Als der gelernte Schlosser 1988 die kleine Landwirtschaft seiner Eltern übernahm, machte er sich zuerst Gedanken über mögliche Nebenerwerbstätigkeiten. Mit Gästezimmern und einer kleinen Buschenschank wurde der Grundstein für den heutigen imposanten Weinbaubetrieb mit angeschlossenem „Ess- und Trinkgut“ sowie dem neuen Verkaufsladen „Kostgut“ gelegt. Er habe ganz einfach ständig innovative Ideen umgesetzt, beschreibt Anton Krispel die Entwicklung.

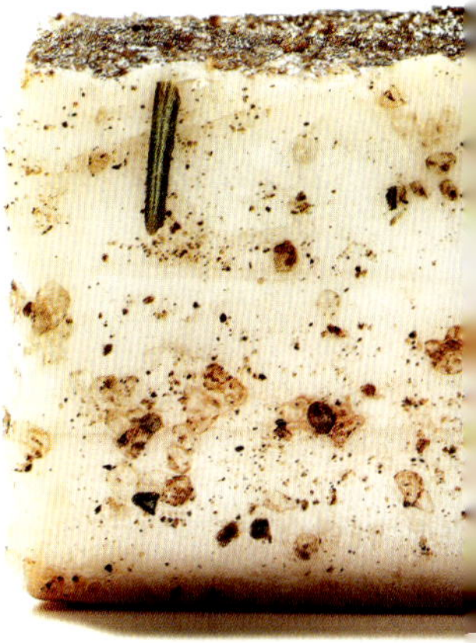

Eine davon war, sich 1999 für das vom Aussterben bedrohte Wollschwein einzusetzen. Er wollte die alte Schweinerasse wieder in der Region ansiedeln und der Landwirtschaft mit einem Topprodukt eine neue Wertigkeit verleihen. Die Ortschaften Straden oder Neusetz sollten untrennbar mit Wollschweinprodukten in Verbindung gebracht werden, Bodenständiges sollte nicht verlorengehen, sondern eine neue Dynamik entfalten.

Und das ist ihm gelungen. Den sogenannten „Neusetzer“, einen zartschmelzenden, reinen Fettspeck, gibt es nun seit zehn Jahren, und er gilt als eines der Topprodukte der Region. Lange experimentierte der Autodidakt mit dem Speck der fettreichen Wollschweine, bis er auf die heutige Verarbeitungsmethode stieß: Mit grobem Meersalz und Kräutern reift der Speck sechs oder neun Monate in „Basalt-Sarkophagen“. Der heimische Stein habe sich am besten bewährt, erzählt der „anfänglich kulinarische Ba-

Weingut Krispel
Anton und Daniela Krispel
8345 Hof bei Straden, Neusetz 29
Tel. 03473/78 62, www.krispel.at

nause“, der den italienischen Fettspeck „Lardo“ – der in Marmorwannen reift – bis dato gar nicht gekannt hatte. Ausschlaggebend für seine Rückenspeck-Experimente war damals vielmehr der Fettspeck, den er von einem steirischen Bauern bekam.

Den „Neusetzer“ stellt Anton Krispel übrigens selbst her: Im modernen Kühlraum reift die Delikatesse bei einer Luftfeuchtigkeit von 65 Prozent und sechs bis acht Grad Temperatur in den Steintrögen und kann von Besuchern durch ein guckkastenartiges Fenster – unterlegt mit akustischer Information – besichtigt werden. Von den Anfängen der Krispel'schen Speckerzeugung zeugt noch die erste kleine und sozusagen „historische“ Basaltform im Eingangsbereich des „Kostguts“, wo zu den beiden Rückenspeckvarianten Neusetzer „Klassik“ oder „Fein“ auch die entsprechenden Weinbegleiter „Neusetzer Weiß“ und „Neusetzer Rot“ aus dem eigenen Weingut angeboten werden.

Dass er mit seinem Produkt dem Wollschwein sozusagen den „Rücken stärken“ konnte, freut Krispel besonders. Mittlerweile sind bereits 250 Tiere auf Bauernhöfen in der Umgebung verteilt, wo sie bis zur Verarbeitung aufwachsen. In Kooperation mit einer kleinen Metzgerei in Straden werden außerdem Salami, Pasteten, Aufstriche und ein köstlicher, 15 Monate am Knochen gereifter Schinken vom Wollschwein erzeugt.

Foto: Neusetzer Fein – Speck vom Wollschwein

Alois Gölles: die Quintessenzen

Zeit ist einer der wesentlichsten Erfolgsfaktoren des „Geschmacksverstärkers" Alois Gölles. Denn Zeit lässt er sowohl seinen Bränden als auch seinen Essigen, damit sie reifen und ihre unvergleichlichen Aromen ausbilden können. Sorgfalt, Können, allerhöchste Qualität der Ausgangsprodukte, modernste Technik und jahrzehntelange Erfahrung tragen das Übrige bei, um die Quintessenzen steirischer Früchte in hochprozentiger oder saurer Form in Flaschen zu bringen. Schon Alois Gölles' Vater war – als einer der Ersten, die sich auf Obstbau spezialisierten – Pionier. Auf seinen acht Hektar Anbaufläche setzte er damals, 1958, ganz auf den Apfel, den er als Tafelobst vermarktete. Schnaps zu brennen hatte aber auch in der Familie Gölles – wie in der gesamten Region – eine lange Tradition, früher wurden allerdings nur Früchte, die als Tafelobst nicht verwertbar waren, gebrannt. Mit dieser Tradition brach Alois Gölles und setzte mit seinen Produkten damit völlig neue Maßstäbe am Edelbrandsektor. Er verarbeitet von Anfang an nur bestes und vollreifes Obst, denn er wusste, dass nur aus hervorragenden Rohstoffen duftige Brände erzeugt werden können. Seine Schnäpse kamen sofort so gut an, dass er 1986 den Betrieb umstellte und eine professionelle Brennanlage errichtete.

Gölles, Manufaktur für edlen Brand & feinen Essig
8333 Riegersburg, Stang 52
Tel. 03153/75 55, www.goelles.at
Zertifizierter Bioproduzent in Umstellung

Der absolute Qualitätsverfechter ließ sich von Anfang an nicht beirren, kalibrierte seine Brände kräftiger als üblich und erzielte dadurch intensivere Aromen und größere Langlebigkeit. In weiterer Folge ersetzte er das klassische Edelobst in den eigenen Gärten durch eine Vielfalt an aromatischen alten Sorten wie Kriecherln, Hauszwetschken, Maschansker-Apfel, Hirsch- oder Saubirnen. Auch erntefrische Vogelbeeren, Quitten, Holunder, Marillen, Pfirsiche, Kirschen, Himbeeren und Brombeeren aus der Region verarbeitet er zu hocharomatischen, fruchtigen Destillaten, wobei das Obst immer ohne weitere Zusätze in Maischetanks natürlich vergoren und anschließend in Kupferkesseln doppelt gebrannt wird.

Foto: Tomatenessig mit Zerstäuber

Vom Feinbrand trennt Alois Gölles Vor- und Nachlauf großzügig ab, füllt nur das Herzstück, je nach Sorte, in Glasballons oder Edelstahl, wo es mindestens ein bis zwei Jahre lagert. Apfel- und Zwetschkenbrand bleiben acht bis zehn Jahre in Eichenfässern, bevor sie mit 45 Prozent Alkoholvolumen dicht und geschmacksintensiv in die Flaschen gelangen.

Ebenfalls revolutionär war Alois Gölles' erster Essig. Vom Modeneser Aceto balsamico inspiriert, stellte er – in einer Zeit, in der Essig noch kein kulinarisches Thema war – nach derselben Methode einen Apfel-Balsam-Essig her, den er acht Jahre lang im Fass lagern ließ. Als Anfang der Neunzigerjahre die ersten Balsamicoverkostungen stattfanden, konnte der Erfolgsbrenner auch mit seinem Edelessig reüssieren. Aufgrund zahlreicher Anfragen nach weiteren Essigsorten wurde schließlich 1996 mit der Essigmanufaktur ein zweites Betriebsstandbein geschaffen. Klassiker wie Apfel-, Most-, Weiß- und Rotweinessig, Fruchtessige aus Birne, Himbeere, Kirsche, Marille, Zwetschke oder Quitte sowie die „Exoten" Bier- und Tomatenessig umfassen das erweiterte Sortiment.

Durch die ausschließlich natürlichen Inhaltsstoffe sind die Gölles-Essige zudem besonders weich und bekömmlich. Vom Apfel-Balsam-Essig und den holzgereiften Apfel- und Zwetschkenbränden werden unter der Bezeichnung XA mittlerweile auch zwanzig Jahre gereifte Raritäten angeboten. Guter Geschmack benötigt eben wirklich Zeit, das hat Alois Gölles früh erkannt.

Johann Koller: Trendsetter in Sachen Kürbis

Viel hatte Johann Koller, ein gelernter Tischler, mit Landwirtschaft ja nicht am Hut gehabt. Und als sich die Frage stellte, in den Familienbetrieb zu investieren oder aufzuhören, entschied er sich für Letzteres und ging nach Wien zur Polizei. Der Kürbisacker wurde aber weiterhin bestellt, die eigenen Kerne zu Öl gepresst oder geröstet. Und das Öl war gut, denn durch die besonders lehmigen Böden der Region können die Kürbisse länger am Feld reifen, was die Qualität der Kerne deutlich verbessert. Bei der Familie Koller wurde daher schon immer sehr spät geerntet, lieber wurden ein paar verfaulte Kürbisse in Kauf genommen als minderwertige Kerne.

Für das milde, nussige Öl fanden sich jedenfalls bald begeisterte Abnehmer in Wien, und die Aufträge – „bring doch ein Öl mit" – wurden immer zahlreicher. Als Johann Koller feststellte, dass er mit Kürbiskernöl und Knabberkernen „nicht mehr weiterkommt", begann er sich mit den Essgewohnheiten der Städter auseinanderzusetzen. Im Trend war damals die mediterrane Küche, also beschloss er, gemeinsam mit einem befreundeten Gastronomen ein – damals einigermaßen neuartiges – Kürbiskernpesto herzustellen. Und damit kamen die Dinge ins Laufen. Das steirische Pesto war ein derartig großer Erfolg, dass sich Johann Koller karenzieren ließ und sich anschickte, den Kürbisanbau um Speisekürbisse zu erweitern und die Pestoproduktion zu intensivieren.

In einem nächsten Schritt produzierten Koller und sein Partner Kürbispasta aus Fruchtfleisch und Hartweizengrieß, die aufgrund des großen Anklangs ebenfalls sofort in das kleine Sortiment aufgenommen wurde. Weitere kulinarische Trendforschung wurde betrieben und die Erkenntnis gewonnen: Trüffel sind total in. Das Luxusprodukt mit etwas Einfachem zu kombinieren war die Herausforderung. Im Schmalz vom Vulcanoschwein fand Johann Koller einen wunderbaren Geschmacksträger für Trüffel und Kürbiskern und zudem eine besondere regionale Spezialität. Der Erfolg stellte sich abermals sofort ein.

Kürbis innovativ weiterzuverarbeiten ist mittlerweile nicht mehr nur Steckenpferd, sondern auch ein berufliches Standbein des Teilzeitpolizisten und leidenschaftlichen Musikers. Dass er in der Zwischenzeit auf ein regionales Netzwerk zurückgreifen kann, macht die Sache einfacher und zugleich spannender. Die Wertschöpfung aus der Region ist für Johann Koller ein sehr wesentlicher Aspekt seiner Arbeit. Das Trüffelschmalz wurde um ein Kürbisschmalz, ein süßes Kürbisschmalz und ein reines Trüffelschmalz erweitert. Ein fruchtig-pikantes Kürbis-Chutney, Kürbismarmelade und bissfester Kürbis, süß-sauer eingelegt, runden das Angebot ab. Alle Produkte werden in reiner Handarbeit und in kleinen Chargen hergestellt, nahezu alle Zutaten stammen aus der Region.

Kürbishof Koller
8350 Fehring
Weinberg an der Raab 78
Tel. 03155/34 14
www.kuerbisatelier.at

GENUSS REGION ÖSTERREICH

Zeitgleich mit dem Jubiläum „10 Jahre Kürbis of Koller“ wird heuer auch der neue Verkaufsraum, das sogenannte „Kürbisatelier“, in den ehemaligen Stallungen des Hofs eröffnet. Neben den eigenen Erzeugnissen werden hier Kunstwerke rund um das Thema Kürbis ausgestellt und für interessierte Gruppen Pasta mit Pesto zubereitet.

Foto: Kürbiskernpesto und Kerne

Weingut Farnleitner: reinsortig rot

Im steirischen Thermenland, nahe der burgenländisch-slowenischen Grenze, setzt der ehemalige Topsommelier Gunther Farnleitner gemeinsam mit seiner Frau Birgit, PR-Beraterin, seit 2000 ein für die Region eher untypisches, ambitioniertes Projekt um: Sie produzieren ausschließlich Rotweine. Ihre Hauptrebsorte ist der Pinot noir, flächenmäßig gefolgt von Merlot. Aber auch autochthonen Sorten wie dem Zweigelt, dem St. Laurent und vor allem dem Blauen Wildbacher gilt das Interesse der Quereinsteiger. Diese sehr unterschiedlichen Sorten bieten ihnen ein breites geschmackliches Spektrum. Alle vier werden reinsortig ausgebaut, wobei jeweils nur das beste Traubenmaterial verwendet wird, die Cuvée „rot a0“ rundet das Sortiment ab. Einzig der Pinot noir wird heuer erstmals zusätzlich als Lagenwein ausgebaut.

Eigenständigkeit und Sortentypizität stehen bei den Farnleitner-Weinen stets im Vordergrund. Die mikroklimatischen Gegebenheiten der Region sollen ebenfalls im Wein zum Ausdruck kommen. Der Blaue Wildbacher verkörpert für Gunther Farnleitner durch seine Individualität und Eigenständigkeit die Eigenschaften der Umgebung ganz besonders gut.

Nachhaltiges Wirtschaften ist ein weiterer wichtiger Aspekt: Seit nunmehr einem Jahr befindet sich der Betrieb in der Umstellungsphase auf biologische Wirtschaftsweise. Auf ihrem Weingut am Liedlberg betreibt die Familie Farnleitner auch eine bemerkenswerte kleine

Buschenschenke. Mit herrlichem Blick in die umliegenden Weingärten können hier ausgesuchte Spezialitäten der näheren oder weiteren Region, wie Hammerfleisch, Bauerngselchtes, Schaf- und Ziegenkäse, sowie die selbstgemachten Delikatessen genossen werden.

Unter der Marke „Farnleitners Feinstes“ wird eine kleine, feine Produktlinie eingelegter und eingekochter Spezialitäten angeboten. In kleinen Chargen stellt Birgit Farnleitner etwa knackigen, eingelegten Spargel, eingelegte Käferbohnen und Zucchini her. Auch ein fruchtig-pikantes Marillen-Ingwer-Chutney, Marillensenf sowie Holundergelee mit rotem Pfeffer und ein äußerst delikater Himbeer-Schokoladen-Aufstrich werden in Gläser gefüllt. Die Rohstoffe dafür stammen von bäuerlichen Kleinstbetrieben und einem Biohof aus der Umgebung, der Essig für die Marinaden aus der Manufaktur Gölles, die Schokolade von Zotter aus Riegersburg. Mit ihren Produkten möchten Birgit und Gunther Farnleitner regionalen Grundprodukten eine stärkere Identität verleihen, sie legen daher größten Wert auf die Widererkennbarkeit der verarbeiteten Zutaten.

Weingut Farnleitner
8353 Kapfenstein, Neustift 60
Tel. 03157/300 01
www.weingut-farnleitner.at
Zertifizierter Bioproduzent in Umstellung

Foto: Pinot noir

Zotter Schokoladen: Gut, sauber, fair – from bean to bar

Nachhaltig und trotzdem erfolgreich? Mit dieser Fragestellung wird Josef Zotter immer häufiger konfrontiert. Vor kurzem erst waren Studenten der Harvard-Universität im steirischen Bergl, um den Erfolg des Zotter'schen Paradebetriebs für eine Arbeit zu diesem Thema zu analysieren.

Der Ausnahme-Chocolatier ist absolut kompromisslos, wenn es um das Thema Nachhaltigkeit geht. Und bio müsse heute sowieso völlig außer Debatte stehen, fordert er. Und dass Spitzenlebensmittel ganz generell Nachhaltigkeitskriterien zu erfüllen haben, gehört ebenfalls unabdingbar zu seinem Selbstverständnis.

Seinen Betrieb führt er in dieser Hinsicht vorbildlich. Seine außergewöhnlichen Bioschokoladen sind einzigartig und weltweit bekannt. Der gelernte Koch hat im Zuge seiner Auseinandersetzung mit Schokolade das eminente Spannungsfeld Kakao und die Problematik der Produktion in den Herkunftsländern kennengelernt. Sehr rasch wurde ihm klar, dass auf diese Art und Weise keine gute Qualität erzeugt werden kann. Er erkannte akuten Handlungsbedarf vor Ort, „Fair Trade" schien für ihn die einzig adäquate Lösung. Darüber hinaus steht Zotter im Rahmen eines Privat-Public-Partnership-Projekts in Nikaragua Produzenten zur Seite und berät sie hinsichtlich Verbesserungen der Lagerung, Fermentierung

Foto: Bioschokoladen

und Trocknung der Kakaobohnen. Regelmäßig werden Kakaobauern auch in die Manufaktur nach Bergl eingeladen, wo sie Einblicke in die Verarbeitung und somit ein besseres Verständnis für den Produktionskreislauf bekommen.

Zotter Schokoladen Manufaktur
8333 Riegersburg, Bergl 56
Tel. 03152/55 54
www.zotter.at

Mit einem „Schokoladewerk" hat er sich 2006 den Traum eines autarken Betriebes erfüllt, seitdem stellt er „from bean to bar" alles selbst her. 200 verschiedene Produkte werden mit einer Maschine erzeugt. Somit wird notwendiges, oftmaliges Adjustieren im Sinne von Diversität, Vielfalt und Experimentierfreudigkeit gerne in Kauf genommen.

Mit seinen Schokoladen wollte Zotter schon seit jeher eine neue Richtung einschlagen und sich vom konventionellen „Einheitsbrei" abheben. Das gelang ihm bereits mit den handgeschöpften Kreationen, für die er hauchdünne Schichten unterschiedlicher Massen übereinanderstreicht und in Schokolade tunkt. Seine mit Käse, Grammeln, Essig, Wein, Bier und in Bälde auch mit Fisch veredelten Schokoladen sind europaweit Kult. Das gegossene Pendant zu den „Handgeschöpften" ist die Serie „Labooko": reinsortige und gewürzte, weiße, helle und dunkle Cru-Schokoladen. Jeweils zwei Tafeln aus Bohnen unterschiedlicher Herkunft, mit verschieden hohem Kakaogehalt, unterschiedlichem Röstgrad, Walzendruck und Conchierzeiten in einer Packung, eine Anregung zum Vergleich. Erstmals erzeugt er auch reine Fruchtschokolade in zehn unterschiedlichen Couleurs, für die Kakaobutter anstelle von Milch mit Fruchtpulver verarbeitet wird. Josef Zotter hat immensen Spaß daran, scheinbar Verwegenes und Neues auszuprobieren. Vieles davon sei überhaupt erst aus Fehlern entstanden, berichtet er.

Im hochfrequentierten „Schokoladen-Theater" erfährt der Besucher alles über die Entstehung von Schokolade, erhält Einblicke in die gesamten Produktionsabläufe und Kostproben vom Ausgangs- bis hin zu den Endprodukten.

Anhang

Arche des Geschmacks
Gastronomie
Register

Die Arche des Geschmacks

Arche-Produkte

Die „Arche des Geschmacks" ist das „Weltkulturerbe" des Essens. Sie beherbergt derzeit 830 Pflanzenarten, Nutztierrassen sowie lokale und regionale Lebensmittel aus insgesamt 52 Ländern, die unter den gegenwärtigen ökonomischen Bedingungen am Markt nicht bestehen können oder die in ihrer Existenz gefährdet sind. Die „Arche des Geschmacks" ist ein internationales Projekt der Slow Food Stiftung für biologische Vielfalt und ein eingetragenes Warenzeichen von Slow Food International.

Folgende 11 Arche-Produkte kommen aus Österreich:

- Bregenzerwälder Bergkäse
- Crocus Austriacus – Wachauer Safran
- Innviertler Abgereifter
- Krainer Steinschaf
- Lungauer Rahmkoch
- Lungauer Tauernroggen
- Riesen von Aspern
- Sulmtaler Huhn
- Talggen
- Vorarlberger Riebelmais
- Waldschaf
- Waldviertler Blondvieh
- Weingartenknoblauch
- Weingartenpfirsich

Förderkreis- oder Presidi-Produkte

Stehen bei den Arche-Produkten gefährdete Nutztierrassen, Pflanzen und Lebensmittel im Mittelpunkt, so ist es bei den Förderkreis- oder Presidi-Produkten der Produzent und sein Produkt. Förderkreise sind regionale Zusammenschlüsse, die besonders gefährdete Produkte von herausragender Qualität und regionaler kulinarischer Bedeutung sowie ihre Produzenten unterstützen. Das Ziel ist, die Presidio-Auszeichnung zu erlangen – sie wird durch die Internationale Slow Food Stiftung für Biodiversität vergeben – und das Produkt in höchster Qualität erfolgreich am Markt zu platzieren, damit es auch für zukünftige Generationen erhalten bleibt.

Presidi-Produkte aus Österreich:

- Corcus Austriacus – Wachauer Safran
- Grubenkraut
- Lungauer Tauernroggen
- Wiener Gemischter Satz
- Wiesenwienerwald Elsbeerbaum

Mehr Informationen zu diesem Thema und zu den Arche- und Presidi-Produkten sowie die Kriterien, die für eine Nominierung zu erfüllen sind, finden Sie auf **www.slowfood-wien.at.**

Gastronomie

Wien

Hollmann Salon, *1., Grashofgasse 3 (Heiligenkreuzerhof), Tel. 01/961 19 60-40, www.hollmann-salon.at, Mo–Fr 12–15, 18–22, Sa 10–15, 18–22 Uhr*
Wunderschön gestaltetes Avantgarderestaurant in den Gewölben des Heiligenkreuzerhofs. An zwei lange Tafeln werden moderne und oft auch humorvolle Kreationen serviert, die aus Produkten gemacht werden, die aus höchstens hundert Kilometern angeliefert werden. Der Bio-Anteil ist überaus hoch, speziell auch das Fleisch, das von Tieren stammt, die komplett gekauft und dann bis zum letzten Stück verkocht werden.

Kurz, *1., An der Hülben 1, Tel. 01/512 85 59, www.restaurant-kurz.at, Mo–Fr 11–15, 18–24 Uhr*
Andreas Kurz ist Produktfanatiker; seit der Eröffnung seines Lokals im Jahr 2006 wird hier fast ausschließlich mit österreichischer Topware gearbeitet. Wer die Produzenten sind und woher die Ware stammt, ist auf einer Tafel verzeichnet. Kreative Wiener Küche mit Herkunftsnachweis.

M-ART, *1., Börseplatz 3, Tel. 01/535 98 61, www.m-art.at, Mo–Fr 8–1, Sa 17–1 Uhr*
Kreative Küche mit Zeitgeist und Urbanität, zubereitet aber ausschließlich aus Produkten aus Wien oder der unmittelbaren Umgebung Wiens, das ist das Motto des jungen Michael Baumkirchner. 95 Prozent der verwendeten Produkte werden Baumkirchners strengen Vorgaben gerecht, Kreationen wie geschmorte Schweinsbackerln mit Erbsencreme und geräucherter Kalbszunge begeistern durch kreative Verve.

Gastwirtschaft zum weißen Tiger, *2., Schmelzgasse 9, Tel. 01/968 17 23, Mo–Fr 11–23 Uhr*
Ein Traditionsgasthaus mitten in der Leopoldstadt, frisch renoviert und mit neuer Ästhetik ausgestattet, Wiener Wirtshausküche auf ho-

hem Niveau und nur mit den besten Zutaten, die am Markt erhältlich sind. Und wenn was aus ist, was schon mal passieren kann, dann ist's halt aus. Schnelles Geld ist hier weniger wichtig als Fairness den Gästen und Mitarbeitern gegenüber.

Saint Charles Alimentary, *6., Gumpendorfer Straße. 33, Tel. 0676/586 13 65, www.saint.info, Mo–Fr 12–16 Uhr*
Ein winzig kleines Lokal mit offener Küche und nur acht Sitzplätzen, in dem Manfred Hofer die Kooperation zwischen der St.-Charles-Apotheke und dem Biohof Adamah kulinarisch umsetzt. Absolute Transparenz ist hier oberste Maxime.

die burgermacher, *7., Burggasse 12, Tel. 0699/11 58 95 99, www.dieburgermacher.at, Di–Sa 11.30–22.30 Uhr*
Barbara Kunze und Jan Bahr haben sich auf der Slow-Food-Uni in Polenzo kennengelernt, nun braten sie Burger. Allerdings solche, die aus dem Fleisch von artgerecht und biologisch gehaltenen Tieren gemacht und in Demeter-Weckerln vom Kaschik gesteckt werden, mit selbstgemachtem Ketchup, Süßkartoffelchips & Co.

noi, *16., Payergasse 12/Yppenplatz, Tel. 01/403 13 47, www.noi.at.vu, Di–Fr 11–24, Sa 9–24 Uhr, So je nach Saison*
Der Yppenplatz zählt zu den Hotspots der neuerwachenden Wiener Marktszene, und Denise Amanns noi ist die erste Adresse. Gekocht wird in einer offenen Küche mitten im Lokal, und zwar kreative Köstlichkeiten kreuz und quer über den Erdball, alles natürlich bio.

Wetter, *16., Payergasse 13/Yppenplatz*
Ein neues Lokal, das die Yppen-Szene zweifellos bereichern wird (bei Redaktionsschluss war das Lokal noch nicht geöffnet): Rätus Wetter,

Mitbegründer und kulinarischer Leiter des legendären Expedit, forscht hier nach den Ursprüngen der europäischen Küche, zubereitet wird vornehmlich mit Waren, die er unmittelbar vom Markt oder von Biolieferanten bezieht.

Nells Gastwirtschaft, *18., Alsegger Straße 26, Tel. 01/479 13 77, www.nells.at, Mo–Sa 16–2, So 11–2 Uhr*
Ein uriges Gasthaus mitten in Gersthof, lange Jahre als Szenelokal geführt, jetzt wieder ein wenig auf den Boden der ursprünglichen Gastronomie zurückgekehrt. Verarbeitet werden größtenteils biologische Produkte, im Idealfall von alten, heimischen Rassen und Sorten.

Jutta Kalchbrenner, *Buschenschank in Residence, 19., an wechselnden Orten, z.B. Kamaldulenserhof, 19., Sieveringer Straße 170, Info über Standorte und Öffnungszeiten: www.jutta-ambrositsch.at*
Eine junge Quereinsteiger-Winzerin aus Wien, die sich besonders um den Wiener Gemischten Satz verdient gemacht hat. Ihr „Buschenschank in Residence" bezieht – länger oder kürzer – Quartier in aufgelassenen oder kaum mehr bespielten Heurigen-Locations, zu essen gibt's Heurigen-Klassiker, allerdings auf Topniveau, und Aufstriche oder Salate mit Kräutern aus dem biologisch bewirtschafteten Weingarten.

Niederösterreich

Buchinger's Gasthaus zur Alten Schule, *2122 Riedenthal bei Wolkersdorf, Wolkersdorfer Straße 6, Tel. 02245/825 00, www.buchingers.at, warme Küche Do–So 11.30–14.30, 17.30–22 Uhr*
Manfred Buchinger – gefeierter Küchenchef im Wiener Intercontinental – ging ins Weinviertel, als das noch ein echtes kulinarisches Entwicklungsland war. Er arbeitete viel mit und an den lokalen Produzenten, grub alte, authentische Rezepte aus und modernisierte sie. Weinviertler Erlebnisküche.

Weiler, *2136 Laa an der Thaya, Staatsbahnstraße 60, Tel. 02522/23 79, www.weilerlaa.at, Di–Sa ab 10, So 9–15 Uhr*
Martin Weiler interpretiert in seinem Gasthaus die regionale Weinviertler Küche zeitgemäß und vor allem saisonal. Eingesetzt werden großteils Zutaten aus dem Weinviertel, im September lautet das Thema etwa Kürbis, Erdäpfel und Zwiebel – „Bodenschätze unserer Heimat".

Haslauerhof, *2402 Haslau an der Donau, Hauptstraße 17, Tel. 02232/802 21, www.haslauerhof.at, Do–So 11–24 Uhr*
Die Donau-Auen liegen gleich daneben, Donaufische, Wildkräuter und Wild sind daher reichlich vorhanden. Roland Lukesch verbindet das alles zu einer überaus saisonalen und regional geprägten Küche mit hohem Erlebniswert.

Bittermann, *2464 Göttlesbrunn, Abt-Bruno-Heinrich-Platz 1, Tel. 02162/811 55, www.bittermann-vinarium.at, Mi–So 11.30–22 Uhr*
Nach Manfred Buchinger das zweite Schulhaus, das zum regionalen Topgasthaus wurde: Adi Bittermann war schon in Wien legendär für seine Innereiengerichte, hier wurde das Sortiment noch verfeinert und vor allem um Spezialitäten aus der Region Carnuntum ergänzt. Im ersten Stock bietet das Vinarium einen Komplettüberblick über die Weinszene der Region Carnuntum.

Triad, *2853 Krumbach, Ödhöfen 25, Tel. 02646/83 17, www.triad-machreich.at, warme Küche Mi–Sa 12–14, 18–21.30, So 11.30–18.30 Uhr*
Die beste Adresse der kulinarisch durchaus interessanten Buckligen Welt. Die Machreichs präsentieren auf einem zum geschmackvollen Restaurant umgebauten Bauernhof eine Landküche der Jetztzeit, allerdings mit regionalen Zutaten wie Lamm und Kaninchen von lokalen Bauern und mit Produkten, die man sonst kaum wo bekommt, etwa Brotaufstrich aus Leindotteröl oder Bauernhofeis mit Safran.

Zum Lustigen Bauern, *3424 Zeiselmauer, Kirchenplatz 1, Tel. 02242/704 24, www.zumlustigenbauern.at, Mi 16–23, Do–So 11–23 Uhr*
Norbert Payer bereitet in seinem wunderschönen alten Gasthaus nicht nur die Fische aus der nahen Donau und die alten Apfelsorten aus den nahen Hainen und die Kräuter von den nahen Wiesen zu einer wunderbaren Slow-Food-Wirtshausküche. Er geht sogar so weit, Rezepte derer nachzukochen, die vor 2000 Jahren hier in Zeiselmauer waren: Die römischen Menüs im Lustigen Bauern sind kulinarische Allgemeinbildung mit Geschmack.

Gut Oberstockstall, *3470 Kirchberg am Wagram, Oberstockstall 1, Tel. 02279/23 35, www.gutoberstockstall.at, Mi 17–21, Do–Sa 11.30–21, So 11.30–15 Uhr*
Autark ist das Gut Oberstockstall zwar nicht, aber es fehlt nicht viel: eigener Wein, eigenes Gemüse, eigene Lämmer, Ziegen und Kaninchen, eigenes Obst, eigene Kräuter. Der mittelalterliche Freihof mit seinem malerischen Restaurant und seinen Gärten ist ein Genussparadies schlechthin.

Schwarz, *3521 Nöhagen 13, Tel. 02717/82 09, www.gasthaus-schwarz.at, Küche Sommer: Mi–So 11.30–13.30, 18–20.30; Küche Winter: Fr–So 11.30–13.30, Do–So 18–20.30 Uhr*
Waldviertler Knödeln, Schweinsbraten, Karpfen, gefüllte Kalbsbrust – auf den ersten Blick schwer zu verstehen, was Österreichs Gourmetwelt beim Schwarz so in Entzückung versetzt. Bei näherer Betrachtung: Besser kann man all diese Sachen nicht kochen. Die Produkte stammen allesamt aus der nächsten Umgebung, die Ganseln sind Kult, die Weinkarte ebenso.

Loibnerhof, *3601 Dürnstein, Unterloiben 7, Tel. 02732/828 90, www.loibnerhof.at, Mi–So 11.30–21 Uhr*
Das Wachauer Gasthaus schlechthin: gutbürgerliche Küche mit Schwerpunkt auf Wachauer und Waldviertler Spezialitäten. Fische aus

der Region stehen hier immer am Speiseplan, das Rieslingbeuscherl und die Blunzen sind legendär, und wenn Marillensaison ist, dann gibt's sowieso Grund zum Feiern.

Perzy, *3874 Litschau, Rottal 22, Tel. 02865/84 33, Mi–Sa 17–22, So, Fei 11–22 Uhr*
Ein Waldviertler Wirtshaus am Rande der Zivilisation, kompromisslos und pur. Gekocht wird hier das, was im Waldviertel immer schon gekocht wurde, nur halt um die Nuance besser. Hundertprozentige kulinarische Authentizität.

Burgenland

Heuriger auf Gut Oggau, *7063 Oggau, Hauptstraße 31, Tel. 0664/206 92 98, Aussteckzeiten unter www.gutoggau.at*
Biodynamisches Demeter-Weingut mit interessanter Wein-Philosophie und regelmäßiger Buschenschank, bei der explizit feine Deftigkeiten aus dem Umkreis oder von Slow-Food-affinen Produzenten serviert werden.

Inamera, *7071 Rust, Oggauer Straße 29, Tel. 02685/64 73, www.inamera.at, Küche Fr, Sa 11.30–14.30, Mi–Sa 18–22, So 11.30–22 Uhr*
Urburgenländische Kochkultur in Verbindung mit asiatischen Gewürzen und französischer Küche – pannonische Fusionsküche par excellence. Die besten Zutaten der unmittelbaren Gegend fließen in die Inamera-Küche ein.

Taubenkobel, *7081 Schützen am Gebirge, Hauptstraße 33, Tel. 02684/22 97, www.taubenkobel.at, Do–Sa 12–14.30, Mi–Sa 18-22, So 12–22 Uhr*
Gastronomische und kulinarische Lokomotive des Burgenlands. Natürlich werden hier die feinsten Produkte der ganzen Welt zu kreativer Kopf-Küche verfeinert, Burgenländisches wird aber immer entweder

eingearbeitet, zitiert, variiert oder steht überhaupt im Mittelpunkt. Eins der Toprestaurants in Europa, dank „Greißlerei" auch für kleinere Budgets erschwinglich.

Gut Purbach, *7083 Purbach am Neusiedler See, Hauptgasse 64, Tel. 02683/560 86, www.gutpurbach.at, Küche Mo, Do–Sa 12–14.30, 18–21.30, So 12–21.30 Uhr*
Berühmt ist Max Stiegl vor allem wegen seiner grandiosen und extrakreativen Innereienmenüs. Die Speisekarte dieses modernen Restaurants in altem Gemäuer kombiniert aber generell regionale Produkte von Bauern der Leithaberg-Region mit internationaler Stilistik. Spannend!

Landgasthaus am Nyikospark, *7100 Neusiedl am See, Untere Hauptstraße 59, Tel. 02167/402 22, www.nyikospark.at, Mi–So 10–24 Uhr*
Erste Adresse im Ort. Ein ehemaliges Offizierscasino, geschmackvoll zum Restaurant gemacht, kreativ-moderne Küche, zubereitet vorwiegend aus regionalen Produkten von den Wäldern, Feldern, Weiden, Gärten aus der Region, und natürlich vom Neusiedler See.

Zur Dankbarkeit, *7141 Podersdorf am See, Hauptstraße 39, Tel. 02177/22 23, www.dankbarkeit.at, Küche Mo, Di, Fr 11.30–14, 17.30–21, Sa, So 11.30–21 Uhr*
Das urburgenländische Gasthaus schlechthin. Vorne eine rustikale Schank, im Speisesaal gibt's seit jeher pannonische Spezialitäten wie jiddische Hühnerleber, Fischsuppe und natürlich die Gerichte vom pannonischen Weiderind.

Illmitzer, *7142 Illmitz, Sandgasse 16, Tel. 02175/2147, www.illmitzer.com, Mi–So 10–22 Uhr*
Sympathisches, modernes Gasthaus, das vornehmlich die Produkte des Seewinkels – Weiderind, Dinkelnudeln, Illmitzer Kürbisse, Fische vom Neusiedler See – zu einer schmackhaften, saisonalen Regionalküche zubereitet.

Wachter-Wieslers Ratschen, *7474 Deutsch Schützen, Am Ratschenberg, Tel. 03365/200 82, www.ratschen.at, Küche Mi–Sa 11.30–15, Di–Sa 18–22, So 10–21 Uhr*
Zum modernen Panoramarestaurant umgestalteter Weinkeller, in dem Zickentaler Moorochse, südburgenländische Weidegans, Pilze, Beeren und Wild aus den umliegenden Wäldern mit Kräutern des eigenen Kräutergartens zu einer tollen, modernen pannonischen Küche kombiniert werden.

Leitgeb, *Zum Alten Weinstock, 7571 Rudersdorf, Hauptstraße 13, Tel. 03382/716 21, www.zumaltenweinstock.at, Mi–Mo 8–24 Uhr*
Gutbürgerliches Gasthaus, in dem sowohl regionale, südburgenländische Esstraditionen als auch die Zutaten der Region immer schon im Mittelpunkt standen. Das Spektrum reicht von der Uhudler-Traube bis zum Zickentaler Moorochsen.

Türkenwirt, *8382 Mogersdorf 23, Tel. 03325/82 45, www.tuerkenwirt.com, Di–So 11–23 Uhr*
Wilde Mischung unterschiedlicher Stile, aber das regionale Produkt und die saisonale Spezialität werden hier großgeschrieben: Kitz vom Bauern, Uhudler, südburgenländische Kürbisse etc.

Steiermark

Schwalbennest, *8010 Graz, Franziskanerplatz 1, Tel. 0316/81 88 92, Di–Fr 8–20, Sa, So 9–20 Uhr*
Focus der steirischen Slow-Food-Organisation: In diesem sympathischen, kleinen Doppelstock-Café bekommt man eine breite Palette äußerst ursprünglicher steirischer Spezialitäten, sowohl flüssig als auch fest.

Haberl & Fink's, *8262 Ilz, Walkersdorf 23, Tel. 03385/260, www.finks-haberl.at, Küche Do–Mo 12–14.30, 18–21.30, So 12–19 Uhr*
Steirisches Traditionsgasthaus, das 2008 nicht nur neu gestaltet wurde (die Gläser der Fink's-Delikatessen dienen als Luster und Installation),

sondern mit Hans-Peter Fink auch einen grandiosen Küchenchef und Compagnon erhielt: Fink bereitet hauptsächlich regionale Produkte einerseits typisch ländlich, andererseits kreativ verfeinert und veredelt zu.

Steira Wirt, *8343 Trautmannsdorf 6, Tel. 03159/41 06, www.steirawirt.at, Mo, Di, Do–Sa 12–14.30, 18–21.30, So 12–17 Uhr*
In den vergangenen Jahren stark an Popularität gewinnender Gasthof der Familie Rauch, der mit reichlich Stilbewusstsein zu einem oststeirischen Genuss-Eldorado gemacht wurde. Hauptsächlich regionale bis lokale Produkte, allerdings unglaublich international und delikat zubereitet.

Koschak, *8451 Heimschuh, Nestelberg 43, Tel. 03456/24 01, www.koschak.at, Fr–Di 11.30–15, 18–21 Uhr*
Ausgangspunkt der Sulmtaler Rettung, und deshalb immer auch erste Adresse für den Genuss dieses herrlichen Vogels. Malerisches Gasthaus abseits der Trampelpfade, eigener Wein, typisch steirische Küche auf gutbürgerlichem Niveau.

Rauch-Hof, *8510 Stainz, Wald 21, Tel. 03463/28 82, www.rauch-hof.at, Küche Mi–So 12–14.30, 18–22 Uhr*
Eine urige Hütte, eine winzige Karte, aber dafür sind die Fische aus eigener Zucht und das Gemüse aus eigenem Anbau einfach unvergleichlich gut. Sehr pur, sehr echt.

Jagawirt, *8511 St. Stefan ob Stainz, Sommereben 2, Tel. 03143/81 05, www.jagawirt.at, Do–Di 11.30–21 Uhr, Winter-Öffnungszeiten telefonisch erfragen*
Werner Goach ist sozusagen ein Pionier der Regionalität. Auf dem malerischen Gasthof der Familie wird nicht nur Regionales regional zubereitet, sondern sogar hauptsächlich Produkte vom eigenen Hof. Das „Waldschwein“ war schon vor Jahren legendär, mittlerweile wird eine Vielzahl alter Schweinerassen gezüchtet und zu unglaublichen Köstlichkeiten verarbeitet.

Hasewend's Kirchenwirt, *8552 Eibiswald 39, Tel. 03466/422 16, www.hasewend.at, Küche Di–So 9–22 Uhr*
Ein gastronomisches Gesamtkunstwerk: Kirchenwirt, Fleischhauerei, Hotel, Dorfkino – und abgesehen davon bekommt man hier neben einer Reihe regionaler Spezialitäten aus regionalen Produkten hauseigene Spezialitäten wie Kübelfleisch, Zelodec und die Sulmtaler Galantine.

Wirtshaus Steirereck am Pogusch, *8625 Turnau, Pogusch 21, Tel. 03863/20 00, www.steirereck.at, Do–So 10–23 Uhr*
Jeder kennt es, fast jeder liebt es. Die Idee der Regionalität und des Kontaktes zwischen Wirt und Produzent wird hier einigermaßen an die Spitze getrieben. Zahlreiche Bauern der Region produzieren speziell fürs Steirereck, die Fische stammen aus dem Nachbarort, die Schweine teils aus eigener Zucht. Erlebnisgastronomie, wie sie uns gefällt.

Holzer, 8692 Neuberg an der Mürz, *Hauptstraße 9, Tel. 03857/83 32, www.hubertholzer.com, Mo 9–15, Do–So 9–24 Uhr*
Ein Gasthaus, bei dem einem das Herz aufgeht. Gerichte von einer Feinheit und Delikatesse, der man kaum anmerkt, dass die ursprünglichen Rezepturen und die Zutaten aus einer Gegend stammen, die den Menschen früher ganz schön was abverlangt hat.

Gasthof Krenn, *8951 Pürgg 11, Tel. 03682/222 74-0, www.puergg.at/krenn, Mi–So 11.30–21 Uhr*
Ein verzauberter Ort, in dem die Zeit stillzustehen scheint. Natürlich ist Pürgg längst ein Ziel für Touristenbusse, und beim Krenn wird darauf auch durchaus Rücksicht genommen. Dennoch ein magischer Ort (vor allem die Veranda!), an dem man die unvergleichlich deftige Kost des Ennstales und Ausseerlandes bekommt.

Namens-, Orts-, Stichwortregister